労働者派遣法を読むだけでは解らない

派遣・請負の労務管理 Q&A

木村 大樹 著
Daijyu Kimura

経営書院

はじめに

　人が働く過程においては日々様々な問題が発生し、解決を迫られています。
　本書は、そのような日々発生するような労働問題について具体的に受けた質問に対して回答したことなどを編集したものです。
　質問の内容は、どうしても質問される方が人材会社関係の方たちが多いために派遣や請負の問題が多くなっていますが、労務や安全衛生に関する質問についてもできるだけ多く取り上げています。
　また、質問の中には労働局や労働基準監督署といった行政機関への対応の仕方について尋ねるものが含まれたり、単なる法的な解説だけでは十分ではなく、行政機関の反応の仕方を考慮した上で対応せざるを得ないのではないかと思われる場合がありますので、回答の中にそのような要素を入れ込んだものも相当含まれています。
　本書の原稿を編集する過程で派遣法改正の審議が進み、再改正が行われることになり、その結果本書の内容の一部については将来使えなくなるものが出てくることになりましたが、その法改正の審議を仄聞する限りでは法律そのものに理解・認識に欠けるのではないかと思われることが行政や業界団体の反応から見られます。
　また、多くの企業が法務・コンプライアンス部門を設けるようになりましたが、その能力についていえば、本当に十分といえるのだろうかと思われるような場面にもよく遭遇することがあります。
　そういった問題意識を持ちながら仕事をしていますと、一つひとつの具体的な問題をどう解決していくのかという能力を養成し、高めて行く努力が必要ではないかと考えています。
　そういった意味で、本書が広くご活用頂ければと考えています。そして、そのことを通じて、それぞれにおける労働問題の解決や改善に役立てて頂ければ、これにすぐる喜びはありません。
　また、本書は、一つひとつの具体的な問題に対して必要とする部分を読んで活用して頂くために、一つの問に対する完結を目指しています。そのため解説には、重複して説明している場合もあります。

2014年4月

木村大樹

目　次

第1部　派遣の管理

第1節　派遣の基本的な枠組み……………………………………3

1．派遣の意義…………………………………………………3
　ア　派遣の範囲……………………………………………3
　イ　出向労働者の派遣……………………………………4
　ウ　委託者の派遣…………………………………………9
　エ　派遣労働者に対する派遣先による賃金の支払い……10
　オ　派遣労働者からの誓約書……………………………17
　カ　派遣労働者の管理業務………………………………22
2．業務の範囲…………………………………………………24
　ア　建設業務………………………………………………24
　イ　医療関連業務…………………………………………26
3．派遣元の事業所……………………………………………29
4．欠格事由、許可の取消、事業の停止命令など……………32
5．グループ企業への派遣……………………………………37
6．派遣労働者の個人情報の取扱い…………………………43

第2節　労働者派遣契約……………………………………………47

1．個別派遣契約の締結………………………………………47
2．労働者派遣契約の変更……………………………………48
3．労働者派遣契約の保管……………………………………54
4．派遣先の都合による休業の場合の補償…………………55
5．海外派遣……………………………………………………56
6．派遣労働者の特定…………………………………………59
7．労働者派遣契約の解除……………………………………63

第3節　派遣労働者の就業…………………………………………71

1．有期雇用派遣労働者の無期雇用への転換………………71
2．均衡待遇……………………………………………………71
3．派遣期間中の直接雇用……………………………………73

4．派遣労働者の引き抜き………………………………………………76
  5．日雇派遣……………………………………………………………79
  6．1年以内に離職した労働者の派遣………………………………90
  7．派遣元責任者………………………………………………………97
  8．派遣労働者の受入れ………………………………………………100
  9．派遣受入期間の制限………………………………………………101
    ア　派遣受入期間の制限……………………………………………101
    イ　派遣受入期間の制限の例外……………………………………108
    ウ　就業の場所ごとの同一の業務…………………………………117
    エ　抵触日…………………………………………………………124
    オ　抵触日の到来に対する対応……………………………………128
  10．労働契約申込み義務………………………………………………149
  11．労働契約申込みなし制度…………………………………………149
  12．派遣先責任者………………………………………………………152
  13．派遣労働者が加入する労働組合と派遣先との団体交渉………154
  14．派遣労働者の労働条件……………………………………………155
    ア　年次有給休暇……………………………………………………155
    イ　特殊健康診断……………………………………………………156

第2部　請負の管理

第1節　請負に関する基本的事項……………………………………163
  1．請負と委託（準委任）の違い……………………………………163
  2．請負業務の範囲……………………………………………………167
    ア　品質管理業務……………………………………………………167
    イ　労働者派遣の禁止業務の請負…………………………………170
  3．請負業務の完了の時期……………………………………………174
  4．請負に関する規制…………………………………………………175
  5．請負のジョイントベンチャー……………………………………182

第2節　告示第37号……………………………………………………187
  1．告示第37号の制定の経緯…………………………………………187
  2．告示第37号の内容…………………………………………………189
  3．作業に関する指揮命令……………………………………………196

- ア　作業に関する指揮命令 ……………………………196
- イ　発注者名の掲示物・配布物の使用 ……………197
- ウ　職長の発注者主催の会議への出席 ……………200
- エ　混在 ……………………………………………………201
- オ　朝礼 ……………………………………………………205
- カ　改善活動 ………………………………………………205
- キ　コンピュータ制御 …………………………………205
- ク　物の流れのコントロール …………………………209
- ケ　ISOの監査と研修 …………………………………210
4．技術指導 ……………………………………………………212
5．請負労働者の能力評価 …………………………………214
6．請負労働者の労働時間管理 …………………………216
7．就業規則 ……………………………………………………217
8．作業着 ………………………………………………………218
9．請負労働者の安全衛生管理 …………………………219
10．請負労働者の配置 ………………………………………222
- ア　請負事業主の責任者・リーダー …………………222
- イ　名刺への請負労働者の名前の記載 ……………223
- ウ　作業場所の指示 ……………………………………224
11．請負代金 ……………………………………………………224
12．報奨金の支払 ………………………………………………232
13．旅費・交通費 ………………………………………………233
14．機械・設備 …………………………………………………233
- ア　機械設備の賃貸借 …………………………………233
- イ　同一の機械・設備の複数の事業者による使用 …237
- ウ　機械・設備の保守・管理 …………………………246
- エ　機械・設備の故障 …………………………………248
- オ　賃貸された機械・設備に対する発注者の権限 ……253
15．管理事務所 …………………………………………………254
16．製品・部品の受け渡し …………………………………255
- ア　材料・資材の調達 …………………………………255
- イ　製品・部品の受け渡し ……………………………257
17．企画・専門的な技術・経験 …………………………259

第3節　その他 ……………………………………………………264

1．請負と直接雇用 ……………………………………………264
2．請負事業主のラインへの発注労働者の投入 ……………266
3．請負事業主の資格などの確認 ……………………………269
4．請負労働者への提案手当の支給 …………………………271
5．請負ガイドライン …………………………………………272
6．請負のキャンセルと下請法 ………………………………278

第3部　労務の管理

第1節　雇用と個人請負・委託 ……………………………………283

第2節　仕事相談会 …………………………………………………284

第3節　労働者の募集 ………………………………………………285

1．紹介料（募集手当）………………………………………285
2．募集時の賃金 ………………………………………………287
3．反社会的勢力の排除 ………………………………………288
4．入社祝金 ……………………………………………………290

第4節　複数事業所で就業することを内容とする労働契約の締結…291

第5節　有期労働契約の無期労働契約への転換 …………………293

第6節　出向と転籍 …………………………………………………299

1．出向 …………………………………………………………299
2．転籍 …………………………………………………………307

第7節　服務規律 ……………………………………………………310

第8節　賃金 …………………………………………………………313

1．派遣先ごとの賃金 …………………………………………313
2．雇用期間の違いによる賃金の違い ………………………314

3．業務の変更による役職手当の不支給 ………………………………315
　　4．時間外手当 ……………………………………………………………316

第9節　労働時間 ………………………………………………………………319
　　1．労働時間の範囲 ………………………………………………………319
　　2．複数就業者の労働時間 ………………………………………………320
　　3．事業場外のみなし労働時間 …………………………………………323

第10節　年次有給休暇 …………………………………………………………326

第11節　安全衛生 ………………………………………………………………329

第12節　送迎 ……………………………………………………………………330

第13節　継続雇用 ………………………………………………………………332

第14節　雇止め …………………………………………………………………333

第15節　社会・労働保険 ………………………………………………………340
　　1．労災保険 ………………………………………………………………340
　　2．再就職手当 ……………………………………………………………340
　　3．社会保険の適用 ………………………………………………………341

第4部　労働行政機関への対応

第1節　労働局の派遣、請負などに関する指導 ……………………………345

第2節　労働基準監督署への対応 ……………………………………………360

第3節　労働基準監督署が作成した「調査復命書」や「鑑定書」の開示 …361

第 1 部

派遣の管理

第1部
派遣の管理

第1節　派遣の基本的な枠組み

1．派遣の意義

ア　派遣の範囲

> **問1**　あるセミナーで、派遣会社の役割として「労働者のエージェント機能として、労働者のスキルに応じた賃金交渉、職場環境の改善、契約期間の持続など（新たな就業先、休業補償など）といった労働者にとって働きやすい労働環境を維持することで、不安定性の解消に努めている」という説明を受けました。派遣会社としては、このような役割を果たしていけば良いという理解で良いでしょうか。

答　労働者派遣法は、第2条第1号において、労働者派遣について「自己の雇用する労働者を、当該雇用関係の下に、かつ、他人の指揮命令を受けて、当該他人のために労働に従事させることをいい、当該他人に対し当該労働者を当該他人に雇用させることを約してするものを含まないものとする」と定義しています。

　ここでいう「自己」とは、派遣会社（派遣元）をいいますから、派遣会社は派遣労働者を雇用し、派遣している期間中も派遣労働者を雇用しなければなりません。

　派遣会社の役割として労働者のエージェント機能と呼ばれるものを全て否定するものではありませんが、少なくとも派遣会社は派遣労働者の雇用主としての役割があることを前提として、これと矛盾しない範囲で行う必要があります。

　特に、派遣労働者の賃金や職場環境、雇用契約期間などは、派遣労働者の労働条件ですので、派遣労働者の雇用主である派遣会社と派遣労働者の間で定めるものですので、派遣会社は派遣先と交渉すればよいということではなく、派遣会社が派遣労働者と交渉すべき立場にあります。

したがって、派遣会社としてはそのような役割を果たすべき立場にあることを十分認識した上で、ご対応ください。

イ　出向労働者の派遣

問 2　在籍出向させている労働者を、特定労働者派遣事業として出向先から顧客に対し派遣させることは可能なのでしょうか。

答　ご質問は、特定労働者派遣事業において対象とする派遣労働者とはどのような派遣労働者で、その対象の中に出向している労働者を含めることができるのかという問題と出向と労働者派遣法や職業安定法との関係はどのような関係にあるのかという問題の2つが含まれていますので、その2つの問題に分けて考えてみたいと思います。

1　特定労働者派遣事業において対象とする派遣労働者

労働者派遣事業には、特定労働者派遣事業と一般労働者派遣事業との2種類があります。両者の違いは、派遣労働者の雇用形態によるものです。なお、特定労働者派遣事業に該当するか一般労働者派遣事業に該当するかについては事業所ごとに判断されますので、1つの事業所で特定労働者派遣事業と一般労働者派遣事業とを同時に行うことはないことに留意する必要があります。

このうち、特定労働者派遣事業は、常時雇用される労働者だけを対象とする労働者派遣事業である。常時雇用されるとは、契約の形式の如何を問わず、その派遣元と派遣労働者とが実態的に期間の定めのない継続的な労働契約を締結し、特定の派遣先との労働者派遣契約が終了しても労働契約は継続する雇用形態をいい、具体的には、次の場合です。

① 　期間の定めなく雇用されている者
② 　例えば、2月、6月など一定の期間を定めて雇用されているが、その雇用期間が反復継続されることにより、事実上期間の定めなく雇用されている者と同様と認められる者（過去1年を超える期間について引き続き雇用されているか、または採用の時から1年を超えて引き続き雇用されると見込まれる者）
③ 　日々雇用されているが、その雇用期間が反復継続されることにより、事実上期間の定めなく雇用されている者と同様と認められる者（過去1年を

超える期間について引き続き雇用されているか、または採用の時から1年を超えて引き続き雇用されると見込まれる者）

常時雇用される場合には、1つの労働者派遣契約が終了した場合でも他の派遣先に派遣されるか、または適当な派遣先がなくとも労働関係が継続されますから、賃金（または休業手当）も継続して支払われます。

常時雇用される労働者だけを対象とする特定労働者派遣事業は、派遣労働者の雇用が保障されていますので、届出制により行うことができることになっており、派遣労働者の雇用が保障されておらず、特別の管理が必要な一般労働者派遣事業と比較して、緩やかな規制となっています。

ご質問は、在籍出向の場合に、出向先においても「常時雇用される労働者」に該当するかということです。

一般に、在籍出向とは、「使用者（出向元）が、その使用する労働者（出向労働者）との間の労働契約に基づく関係を継続すること、第三者（出向先）がその出向労働者を使用することおよびその出向先が出向労働者に対して負う義務の範囲について定める契約（出向契約）を出向先との間で締結し、出向労働者が、その出向契約に基づき、出向元との間の労働契約に基づく関係を継続しつつ、その出向先との間の労働契約に基づく関係の下に、その出向先に使用されて労働に従事すること」をいうものと解されています。

したがって、出向労働者は、出向元だけではなく、出向先にも雇用されていると評価することができますので、出向先に雇用される労働者であることは間違いがありません。問題は、出向先に「常時雇用される労働者」に該当するか否かです。上記の常時雇用される労働者に関する取扱いだけをみれば、これに該当することも可能であるようにも思えますが、在籍出向の場合には、仮に出向元と常時雇用される関係であったとしても、出向先には通常一定期間在籍するだけなので、このように一定期間だけ雇用される関係を常時雇用されるという関係にあると言えるかについては、はなはだ疑問と言わざるを得ません。むしろ、常時雇用される労働者には該当しないと考えるのが常識的な解釈ではないでしょうか。

ただし、現在の「常時雇用される労働者」に関する運用は、上記のように「1年を超える期間について引き続き雇用されているか、または1年を超えて引き続き雇用されると見込まれる」場合には、「常時雇用される労働者」に該当するという取扱いになっていますので、そのような取扱いを前提とすれば、特定労働者派遣事業に該当すると認められる可能性は十分にあります。

なお、特定労働者派遣事業については、一般労働者派遣事業と統合して許可制とすることが予定されています。

2　出向と労働者派遣法や職業安定法との関係

それ以上に問題となるのは、出向労働者を出向先が労働者派遣の対象とするようなことが本当に出向と言えるかです。

在籍出向は、出向元の雇用する労働者を、当該雇用関係の下に、出向先に雇用させる出向契約をして、出向先の指揮命令の下で出向先のために労働に従事させるものですので、労働者派遣（労働者派遣法第4条第1号）には該当しませんが、一般に供給契約に基づいて労働者を他人の指揮命令を受けて労働に従事させることをいい、労働者派遣法に規定する労働者派遣に該当するものを含まない労働者供給（職業安定法第4条第6項）の1類型に該当すると考えられます（図参照）。

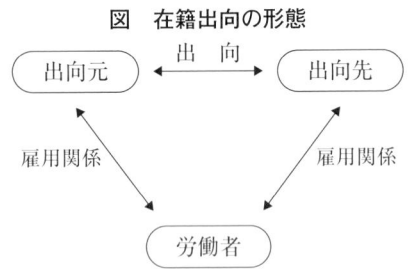

図　在籍出向の形態

職業安定法第44条は「労働組合等が厚生労働大臣の許可を受けて無料で行う場合（同法第45条）を除くほか、何人も、労働者供給事業を行い、またはその労働者供給事業を行う者から供給される労働者を自らの指揮命令の下に労働させてはならない」と規定していますが、出向を行う目的が、①関係会社において雇用機会を確保するため、②経営指導や技術指導の実施のため、③人材開発の一環として、④企業グループ内の人事交流の一環として行われる限りは、出向が形式的に繰返し行われたとしても、社会通念上、事業として行われていると評価されることはありません。職業安定法で原則禁止されているのは労働者供給事業であって、労働者供給ではありませんので、出向が事業として行われていなければ、違法ではありません。

一方、出向者を労働者派遣の対象とすることは、その出向は出向先がその派遣先に労働者派遣することを目的としていると考えられ、一般的には業と

第1部　派遣の管理

して行われるもの、つまり、労働者供給事業に該当する可能性が高いと考えられます。そうなると、出向労働者を出向先が適法にその出向先に労働者派遣するということは難しいのではないかと考えられます。

なお、たとえば、特定労働者派遣事業の管理業務を勉強するために、出向元が出向先に労働者を出向させるということは十分可能であると考えられますが、出向先がさらにその出向労働者を派遣労働者とすることには問題があると考えられます。

問 3　派遣先であるＸ社から見れば２次の業者であるＢ社から１次の業者であるＡ社に在籍出向している労働者を、さらにＸ社に労働派遣したいと考えていますが、可能ですか。また、その際のＢ社からＡ社への出向目的は単なる「出張」としたいと考えていますが、問題ないでしょうか。

答　**1　在籍出向と労働者供給事業**

在籍出向は、一般に、「出向元が、出向させる労働者との間の労働契約に基づく関係を継続すること、出向先が出向労働者を使用することおよび出向先が出向労働者に対して負う義務の範囲について定める出向契約を出向先との間で締結し、出向労働者が、その出向契約に基づき、出向元との間の労働契約に基づく関係を継続しつつ、出向先との間の労働契約に基づく関係の下に、出向先に使用されて労働に従事すること」をいいます（図参照）。

図　在籍出向の形態

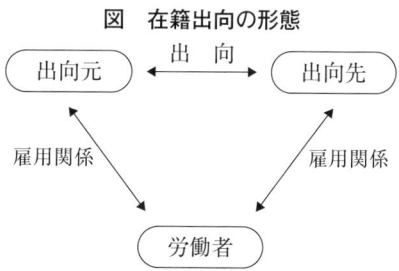

したがって、在籍出向の場合には、出向元・出向先の双方と出向する労働者との間に雇用関係がありますが、職業安定法第4条第6項は、労働者供給について、「供給契約に基づいて労働者を他人の指揮命令を受けて労働に従

事させることで、労働者派遣法に規定する労働者派遣に該当するものを含まないもの」をいうと定めており、在籍出向は、労働者供給の1類型に該当します。

　職業安定法第44条は、労働組合等が許可を受けて無料で行う場合を除き、労働者供給事業については全面的に禁止していますが、在籍出向が①関係会社において雇用機会を確保するため、②経営指導や技術指導の実施のため、③人材開発の一環として、④企業グループ内の人事交流の一環として、などを目的として行われる限りは、それが形式的に繰返し行われたとしても、社会通念上、業として行われることはありません。このため、一般に在籍出向は、このような目的で行われる限りは、労働者供給には該当しても、労働者供給事業には該当しないために、職業安定法違反の問題は発生しません。

　しかしながら、在籍出向を偽装して、実質的に事業として行っている場合には、労働者供給事業に該当するものとして、職業安定法違反の問題が生じます。

　例えば、企業がその労働者を業務を請け負わせる請負事業会社に出向させるような場合に、その目的が技術指導を行うことにより、請負会社の強化を図るために出向させるのであれば、労働者供給事業には該当しないと考えられます。ただし、この場合には、請負会社側の技術者などに技術移転のための技術指導を行っていることが必要であり、請負会社の作業員に指揮命令する人員を供給する目的であるとすれば、いわば管理者供給事業になる可能性があり、労働者供給事業として職業安定法第44条違反の問題が生じます。

　また、派遣会社からユーザーに対しその労働者を出向させる場合には、派遣会社から労働力を供給する形態として、出向という形態が使われていた可能性があり、労働者供給事業に該当する可能性が高いと考えられます。

2　ご質問について

　したがって、ご質問のケースについては、2次業者の従業員を1次業者へ在籍出向させる目的がどのような目的で行われるのかによって、事情が異なります。

　仮に、2次業者から1次業者に単純な労働力の提供を目的とするのであれば、労働者供給事業に該当し、違法となります。出向目的が人材出張では何を目的にしているのか明確ではありませんが、その目的が1次業者が別会社に労働者派遣をさせるために、在籍出向という方法をとるのであれば、事業として行われているとみるしかなく、労働者供給事業に該当するものとし

て、違法となります。

　労働者派遣法は、許可を受けないで一般労働者派遣事業を行った者や労働者派遣事業を行うことが禁止されている業務について、労働者派遣事業を行った者については、1年以下の懲役または100万円以下の罰金に処する旨の規定（同法第59条）がありますが、このような労働者派遣事業を行う者から労働者派遣の役務の提供を受けた派遣先にはこのような罰則規定はありません。しかし、労働者供給事業につては、労働者供給事業を行う者から供給される労働者を自らの指揮命令の下に労働させてはならないと規定し、労働者供給事業を行う者から労働者の供給を受けることも禁止しており、違反者には1年以下の懲役または100万円以下の罰金に処する旨の規定（同法第64条）があります。

　このため、ご質問のケースで、休職派遣（在籍出向）が労働者供給事業に該当すると判断される場合には、1次業者も2次業者も1年以下の懲役または100万円以下の罰金が科されることになりますので、注意が必要です。

ウ　委託者の派遣

問 4　当社は施行管理者の派遣を行っています。設備会社と当社との間の契約は派遣契約ですが、当該派遣契約に基づいて、1人親方が委託で就労してもよいものでしょうか。といいますのも、当該施行管理者は68歳で、「社会保険には入りたくない。国保のままでいきたい」というので、委託契約でいくしかないかと考えています。

答　労働者派遣法第2条第1号は労働者派遣を「自己の<u>雇用する</u>労働者を、当該<u>雇用関係</u>の下に、かつ、他人の指揮命令を受けて、当該他人のために労働に従事させることをいい」と規定していますので、派遣元である貴社が当該施行管理者を雇用しない限り、労働者派遣には該当しません。

　一方、職業安定法第4条第6項は労働者供給について「供給契約に基づいて労働者を他人の指揮命令を受けて労働に従事させることをいい、労働者派遣に該当するものを含まない」と規定していますので、貴社が雇用していない施行管理者を他人である派遣先が指揮命令して労働に従事させれば、労働組合等以外禁止されている労働者供給事業に該当して違法になります。

　ところで、当該施行管理者は「社会保険には入りたくない」とのことです

が、健康保険法第3条第1項第8号は「健康保険組合の承認を受けた者（健康保険の被保険者でないことにより国民健康保険の被保険者であるべき期間に限る）は健康保険の被保険者となることができない」旨規定しています。

したがって、健康保険組合の承認を受けることができれば、貴社で雇用していても、国民健康保険の被保険者であり続けることはできます。

ただし、厚生年金保険の方は「適用事業所に使用される70歳未満の者は厚生年金保険の被保険者とする」という規定があり、68歳ですとその対象となります。また、「厚生年金基金の承認を受けた者は厚生年金保険の被保険者となることができない」旨の規定はありませんから、適用除外という訳にはいきません。

もう1つの方法は、当該施行管理業務を貴社が委託を受けて、当該施行管理者に再委託する方法です。この場合には、貴社に委託した者は当該施行管理者に対して指揮命令して労働に従事させることができません。

シルバー人材センターのようなやり方ですが、貴社に委託した者、貴社と当該施行管理者がそのようなやり方について合意し、その合意に沿って実施すれば出来ないことはありません。

エ　派遣労働者に対する派遣先による賃金の支払い
1）提案手当の支給

問 5　派遣先には提案制度があり、それを派遣労働者にも適用していて、提案してきた派遣労働者には、派遣先が直接雇用する労働者の場合と同じように提案手当を直接支給していますが、問題がありますか。

答　**1　労働者派遣事業における3者間の関係**

労働者派遣事業においては、派遣元、派遣先および派遣労働者の3者間の関係は、次のような関係にあります。
① 派遣元が派遣労働者を雇用していること
② 派遣元と派遣先との間に労働者派遣契約が締結され、この労働者派遣契約に基づき、派遣先は派遣労働者を指揮命令し、派遣先のために労働に従事させることができること
③ 派遣先は派遣労働者を雇用することなく、指揮命令し、派遣先のために労働に従事させること

ここでいう「雇用関係」とは、労働者が事業主の支配を受けて、その規律の下に従属的地位において労働を提供し、その提供した労働の対償として事業主から賃金、給料その他これらに準ずるものの支払を受けている関係をいい、労働者派遣事業に該当するためには、派遣元と派遣労働者との間に雇用関係が継続していることが必要であり、一方、派遣先と派遣労働者との間には雇用関係があれば、労働者派遣事業には該当しません（図参照）。

図　労働者派遣における3者間の関係

```
              労働者派遣契約
      派遣元 ←──────────→ 派遣先
           ＼              ／
       雇用関係          指揮命令
             ＼          ／ 関係
              ＼        ／
              労働者
```

2　派遣労働者と派遣先との間に雇用関係が生じる場合

　黙示の雇用関係に関し、最高裁は、「使用者と労働者の間に雇用関係（労働契約）が存在するためには両者の意思の合致が必要であるが、労働契約の本質は使用者が労働者を指揮命令し監督することにあるので、明示された契約の形式だけではなく、労務供給の具体的な実態により、両者間に事実上の使用従属関係があるかどうかを判断し、使用従属関係があり、かつ、両者間に客観的に推認される黙示の意思の合致がある場合には、黙示の労働契約の成立が認められることがある（安田病院事件　最高裁第3小法廷平成10年9月8日労判745-7）」としています。

　労働者派遣事業においても、派遣先と派遣された労働者の間の労働契約に関し、次のように判断した判例があります。

① 　労働者が派遣元との間の派遣労働契約に基づき派遣元から派遣先に派遣された場合でも、派遣元が形式的存在に過ぎず、派遣労働者の労務管理を行っていない反面、派遣先が派遣労働者の採用、賃金額その他の就業条件を決定し、配置、懲戒などを行い、派遣労働者の業務内容・期間が労働者派遣法で定める範囲を超え、派遣先の正規職員の作業と区別し難い状況となっており、派遣先が派遣労働者に対して労務

> 給付請求権を有し、かつ賃金を支払っていると認められる事情がある場合には、労働者派遣契約は名目的なものに過ぎず、派遣労働者と派遣先との間に黙示の労働契約が成立したと認める余地がある（一橋出版事件　東京高裁平成18年6月29日労判921-5、最高裁第一小法廷平成18年11月2日）。
> ②　派遣労働者と派遣先との労働契約が成立したといえるためには、単に両者の間に事実上の使用従属関係があるというだけではなく、諸般の事情に照らして、派遣労働者が派遣先の指揮命令の下に派遣先に労務を提供する意思を有し、これに関し派遣先がその対価として派遣労働者に賃金を支払う意思が推認され、社会通念上、両者間で労働契約締結する意思表示の合致があったと評価できるに足りる特段の事情が存在することが必要である。派遣元が企業としての実体を有せず、派遣先の組織の一部と化したり、派遣先の賃金の支払の代行機関となっていて、派遣元の実体が派遣先と一体と見られ、法人格否認の法理を適用しうる場合またはそれに準ずるような場合には、派遣労働者と派遣先の間に労働契約が成立していると認めることができる（いよぎんスタッフサービス事件　高松高裁平成18年5月18日労判921-33、最高裁第二小法廷平成21年3月27日労判991-14）。

3　提案制度および提案手当の適用と雇用関係

　提案制度は、業務の改善に資する事項について、従業員などから提案する制度で、これを派遣労働者に適用する場合であっても、派遣労働者はもともと派遣先のために労働に従事することが想定されていますので、そのことがただちに派遣先と派遣労働者の間に雇用関係があるとはいえないと考えられます。

　これに対し、提案手当を派遣労働者に適用する場合に、提案手当が賃金に該当するか否かが問題となります。

　賃金は、一般に、労働者と使用者の間の使用従属関係の下で行う労働に対してその報酬として支払うものをいい、労働の対償であるか否かについては、次の判断基準によります。

> ①　任意的、恩恵的なものは、一般に賃金ではない。ただし、その支給について、労働協約、就業規則、労働契約などによってあらかじめ支

給条件が明確にされたものは、賃金である（伊予相互金融事件　最高裁第三小法廷昭和43年5月28日判時519-89）。
② 福利厚生施設は賃金ではない。
実物給付については、できるだけ広く福利厚生施設と解し、賃金としては取り扱わない。ただし、社会保険料の労働者負担のように必然的な支出を補うものは賃金である。
③ 企業設備の一環とされるものは賃金ではない。
業務遂行に必要な費用の実費弁償である旅費や交際費などは、賃金には該当しない。

提案手当は、労働者が行う提案という労務の提供に対する対価であると考えられ、賃金の1種とみるべきものと考えられます。

前記の判例に照らせば、派遣先が派遣労働者に賃金を支払っていると認められる事情がある場合には、派遣先と派遣労働者の間に雇用関係があると認められる可能性があります。

労働者派遣法は、労働者派遣事業には「派遣先に対し派遣労働者を派遣先に雇用させることを約してするものを含まない（同法第2条第1号）」としていることからすれば、派遣先と派遣労働者の間に雇用関係があるには、労働者派遣事業に該当しないことになります。

なお、この場合には、労働者供給事業に該当しますが、労働者供給事業については、労働組合等が許可を受けて無料で行う場合を除き、全て禁止されています。

4　ご質問について

以上の点を考慮すると、労働者派遣事業において、派遣先が派遣労働者に提案手当を直接支給することは、適当ではありません。

このような場合には、派遣元と派遣先の間の労働者派遣契約において、派遣労働者に対する提案制度の適用に関するルールを定め、これに基づき、派遣元が派遣労働者に手当を支給する仕組みを整備することが適当であると考えられます。

2）インセンティブの支給

問 6　派遣先から、派遣契約に基づく派遣料金とは別に派遣労働者

が営業で新規契約を獲った件数によって表彰するいわゆるインセンティブを派遣先が支給するとの契約を締結したいとの申出があります。このような契約には、どのような問題があるのでしょうか。

答　労働者派遣事業においては、派遣元、派遣先および派遣労働者の3者間の関係は、次のような関係にあります。
① 派遣元が派遣労働者を雇用していること
② 派遣元と派遣先との間に労働者派遣契約が締結され、この労働者派遣契約に基づき、派遣先は派遣労働者を指揮命令し、派遣先のために労働に従事させることができること
③ 派遣先は派遣労働者を雇用することなく、指揮命令し、派遣先のために労働に従事させること

ここでいう「雇用関係」とは、労働者が事業主の支配を受けて、その規律の下に従属的地位において労働を提供し、その提供した労働の対償として事業主から賃金、給料その他これらに準ずるものの支払を受けている関係をいい、労働者派遣事業に該当するためには、派遣元と派遣労働者との間に雇用関係が継続していることが必要であり、一方、派遣先と派遣労働者との間には雇用関係があれば、労働者派遣事業には該当しません（図参照）。

図　労働者派遣における3者間の関係

```
        労働者派遣契約
  派遣元 ←――――――→ 派遣先
      ↖           ↗
   雇用関係    指揮命令
              関係
         ↘   ↙
         労働者
```

黙示の雇用関係に関し、最高裁は、「使用者と労働者の間に雇用関係（労働契約）が存在するためには両者の意思の合致が必要であるが、労働契約の本質は使用者が労働者を指揮命令し監督することにあるので、明示された契約の形式だけではなく、労務供給の具体的な実態により、両者間に事実上の使用従属関係があるかどうかを判断し、使用従属関係があり、かつ、両者間に客観的に推認される黙示の意思の合致がある場合には、黙示の労働契約の

成立が認められることがある（安田病院事件　最高裁第3小法廷平成10年9月8日労判745-7）」としています。

　労働者派遣事業においても、派遣先と派遣された労働者の間の労働契約に関し、次のように判断した判例があります。

---

① 　労働者が派遣元との間の派遣労働契約に基づき派遣元から派遣先に派遣された場合でも、派遣元が形式的存在に過ぎず、派遣労働者の労務管理を行っていない反面、派遣先が派遣労働者の採用、賃金額その他の就業条件を決定し、配置、懲戒などを行い、派遣労働者の業務内容・期間が労働者派遣法で定める範囲を超え、派遣先の正規職員の作業と区別し難い状況となっており、派遣先が派遣労働者に対して労務給付請求権を有し、かつ賃金を支払っていると認められる事情がある場合には、労働者派遣契約は名目的なものに過ぎず、派遣労働者と派遣先との間に黙示の労働契約が成立したと認める余地がある（一橋出版事件　東京高裁平成18年6月29日労判921-5、最高裁第一小法廷平成18年11月2日）。

② 　派遣労働者と派遣先との労働契約が成立したといえるためには、単に両者の間に事実上の使用従属関係があるというだけではなく、諸般の事情に照らして、派遣労働者が派遣先の指揮命令の下に派遣先に労務を提供する意思を有し、これに関し派遣先がその対価として派遣労働者に賃金を支払う意思が推認され、社会通念上、両者間で労働契約締結する意思表示の合致があったと評価できるに足りる特段の事情が存在することが必要である。派遣元が企業としての実体を有せず、派遣先の組織の一部と化したり、派遣先の賃金の支払の代行機関となっていて、派遣元の実体が派遣先と一体と見られ、法人格否認の法理を適用しうる場合またはそれに準ずるような場合には、派遣労働者と派遣先の間に労働契約が成立していると認めることができる（いよぎんスタッフサービス事件　高松高裁平成18年5月18日労判921-33、最高裁第二小法廷平成21年3月27日労判991-14）。

　インセンティブを派遣先が支給する場合には、そのインセンティブが賃金に該当するか否かが問題となります。

　賃金は、一般に、労働者と使用者の間の使用従属関係の下で行う労働に対

してその報酬として支払うものをいい、労働の対償であるか否かについては、次の判断基準によります。

> ① 任意的、恩恵的なものは、一般に賃金ではない。ただし、その支給について、労働協約、就業規則、労働契約などによってあらかじめ支給条件が明確にされたものは、賃金である（伊予相互金融事件　最高裁第三小法廷昭和43年5月28日判時519-89）。
> ② 福利厚生施設は賃金ではない。
> 　実物給付については、できるだけ広く福利厚生施設と解し、賃金としては取り扱わない。ただし、社会保険料の労働者負担のように必然的な支出を補うものは賃金である。
> ③ 企業設備の一環とされるものは賃金ではない。
> 　業務遂行に必要な費用の実費弁償である旅費や交際費などは、賃金には該当しない。

　以上の基準に照らせば、本件インセンティブは、派遣労働者が営業で新規契約を獲るという労務の提供に対する対価であり、賃金であると評価せざるを得ません。
　また、前記の判例に照らせば、一般に、派遣先が派遣労働者に賃金を支払っている事情がある場合には、派遣先と派遣労働者の間に雇用関係があると評価されます。
　労働者派遣法は、労働者派遣事業について「派遣先に対し派遣労働者を派遣先に雇用させることを約してするものを含まない（同法第2条第1号）」と規定しており、派遣先と派遣労働者の間に雇用関係があるには、労働者派遣事業に該当せず、労働組合等が許可を受けて無料で行う場合を除き禁止されている労働者供給事業に該当します。
　以上の点から、派遣先が派遣労働者にインセンティブを直接支給することは、派遣先と派遣労働者の間にも雇用関係が発生し、労働者派遣事業には該当しません。
　仮に、派遣労働者にインセンティブが支払われるようにしたい場合には、派遣元と派遣先の間の労働者派遣契約において派遣労働者に対するインセンティブに関するルールを定め、これに基づき、派遣元が派遣労働者に手当を支給する仕組みを整備する必要があります。

オ　派遣労働者からの誓約書

問 7　現在派遣先として派遣労働者を受け入れる時に「機密保持誓約書」を派遣労働者から提出してもらっていますが、問題はありませんか。内容については禁止事項を記入してあり、知り得た情報を第3者に漏洩しない旨の内容で、違反した場合契約終了など雇用関係が問われる様な項目は明記していません。

答　**1　労働関係における誓約書**

労働関係における誓約書とは、一般的には、入社時、または本採用時に、会社に提出させる身元保証書などと一緒に出す書類で、内容的には、就業規則に従うとか、会社に損害を与えた場合は責任をとるとか、会社の名誉を汚さないようにするとかの事項を約束させるもので、それに違反したからといって、ただちに制裁の対象にはなりませんが、実際には就業規則に違反したことを理由に制裁を受けることがあります。また、誓約書の提出をしない場合は解雇の理由になるとする裁判例（名古屋タクシー事件　名古屋地裁昭和40年6月7日労民集16-3-459）もあります。

誓約書は労働者に重い責任を強いるおそれがあるため、内容によっては法令で禁止されている場合もあります。例えば、女性に対して結婚や出産を理由に退職をさせる誓約書（男女雇用機会均等法第9条第1項）や労働組合に入らないという誓約書（労働組合法第7条第1号）は禁止されています。また、損害が発生した場合に前もって賠償金額を決めておくことも禁止されています（労働基準法第16条）。

2　誓約書の提出と労働契約

労働者から誓約書を提出させることについては、誓約書には法的拘束力がないことを理由として、これを事実行為と解する考え方もあります。しかしながら、1でみたように、誓約書にはさまざまな法的効果が発生していて、単なる事実行為と見ることには無理があり、誓約書を提出させることは法律行為であると考えられます。このように考えると、誓約書を提出させる関係にあることは、一般的に、何らかの契約関係にあることを意味していると考えられます。

労働者派遣事業においては、派遣先は、派遣労働者を雇用することなく、指揮命令をして、派遣先のために労働に従事させることを内容としています

が、労働契約は、明示された契約がある場合だけでなく、事実上の使用従属関係があり、この使用従属関係から客観的に推認される黙示の意思の合致がある場合には、黙示の労働契約が成立することがあります。

最高裁は、これについて、次のような考え方を示しています。

「使用者と労働者の間に個別的な労働契約が存在するというためには、両者の意思の合致が必要であるとしても、労働契約の本質を使用者が労働者を指揮命令し、監督することにあると解する以上、明示された契約の形式のみによることなく、当該労務供給形態の具体的実態を把握して、両者間に事実上の使用従属関係があるかどうか、この使用従属関係から両者間に客観的に推認される黙示の意思の合致があるかどうかにより決まる。本件においては、病院の指揮、命令及び監督のもとに病院に対して付添婦としての労務を提供し、病院がこれを受領していたと評価できるから、病院との間に実質的な使用従属関係が存在していたということができ、又、客観的に推認される両者の意思は、労働契約の締結を承諾をしており、両者の間には黙示の労働契約の成立が認められる（安田病院事件　最高裁第三小法廷平成10年９月８日労判745-7）。」

また、労働者派遣事業においても、派遣先と派遣された労働者の間の労働契約に関し、次のように判断した判例があります。

① 労働者が派遣元との間の派遣労働契約に基づき派遣元から派遣先に派遣された場合でも、派遣元が形式的存在に過ぎず、派遣労働者の労務管理を行っていない反面、派遣先が派遣労働者の採用、賃金額その他の就業条件を決定し、配置、懲戒などを行い、派遣労働者の業務内容・期間が労働者派遣法で定める範囲を超え、派遣先の正規職員の作業と区別し難い状況となっており、派遣先が派遣労働者に対して労務給付請求権を有し、かつ賃金を支払っていると認められる事情がある場合には、労働者派遣契約は名目的なものに過ぎず、派遣労働者と派遣先との間に黙示の労働契約が成立したと認める余地がある（一橋出版事件　東京高裁平成18年６月29日労判921-5、最高裁第一小法廷平成18年11月２日）。

② 派遣労働者と派遣先との労働契約が成立したといえるためには、単に両者の間に事実上の使用従属関係があるというだけではなく、諸般の事情に照らして、派遣労働者が派遣先の指揮命令の下に派遣先に労

> 務を提供する意思を有し、これに関し派遣先がその対価として派遣労働者に賃金を支払う意思が推認され、社会通念上、両者間で労働契約締結する意思表示の合致があったと評価できるに足りる特段の事情が存在することが必要である。派遣元が企業としての実体を有せず、派遣先の組織の一部と化したり、派遣先の賃金の支払の代行機関となっていて、派遣元の実体が派遣先と一体と見られ、法人格否認の法理を適用しうる場合またはそれに準ずるような場合には、派遣労働者と派遣先の間に労働契約が成立していると認めることができる（いよぎんスタッフサービス事件　高松高裁平成18年5月18日労判921-33、最高裁第二小法廷平成21年3月27日労判991-14）。

　ご質問のケースでは誓約書に違反した場合の取扱いについては明らかにされていませんが、一般に誓約書に違反した場合には、何らかのペナルティーがあることが想定されます。そうであるなら、前記の基準などに照らしても、誓約書を派遣労働者から提出させている場合には、派遣先と派遣労働者の間に労働契約関係があると判断される可能性は高いと考えられます。
　派遣先と派遣労働者の間に労働契約関係がある場合には、派遣元と派遣先との労働者派遣契約は実質的に労働者供給契約に該当することになり、そのことが認定された場合には、職業安定法第44条違反となります。

3　派遣労働者に機密を保持させるための対応

　以上のことから、派遣先が派遣労働者から誓約書を直接取り付けることは問題があります。仮に既に誓約書を提出させている派遣労働者から派遣先に対し労働契約関係の存在の確認の訴えが起こされた場合には、認められる可能性もあります。
　このため、派遣先における機密の保持に関しては、派遣労働者から派遣元に誓約書を提出させること、派遣労働者に機密の保持違反があった場合には派遣元に違約金などの支払いを求めること、派遣労働者から派遣元に誓約書を提出させる定めをした場合に派遣元に派遣労働者からの誓約書を添付させた報告書の提出を求めること、などを派遣元と派遣先との労働者派遣契約に明確に定めて、その履行を求めることが適当と考えられます。
　仮に派遣元が信頼できないとすれば、そのような派遣元とは労働者派遣契約を結ばないという方法しかありません。さらに、どの派遣元も信頼できないとすれば、派遣労働者を活用するのではなく、派遣先において労働者を直

接雇用して、その労働者から誓約書を提出させて、機密の保持を図るしかないと考えられます。

いずれにしても、派遣労働者を使うということは、他社の労働者を使うということであり、他社の労働者を自社の労働者とまったく同じように使うことはできないことは、十分に銘記していただきたいと思います。

問 8 取引先から「派遣労働者に派遣先宛の守秘義務誓約書を提出させて欲しい」との依頼が多数来ています。当社から派遣労働者が当社社長宛に書いた誓約書の（案）を取引先に提出すれば、取引先も譲歩するのではないかと考え、誓約書（案）を作成致しました。アドバイスを頂きたいと思います。

答 1 誓約書の提出と労働契約

労働者から誓約書を提出させることについては、誓約書には法的拘束力がないことを理由として、これを事実行為と解する考え方もありますが、誓約書違反が就業規則違反として制裁を受けたり、誓約書の提出をしないことが解雇の理由になるとする裁判例（名古屋タクシー事件　名古屋地裁昭和40年6月7日労民集16-3-459）もあるなど誓約書にはさまざまな法的効果が発生していて、単なる事実行為と見ることには無理があり、誓約書を提出させることは法律行為であると考えられます。このように考えると、誓約書を提出させる関係にあることは、一般的に、何らかの契約関係にあることを意味していると考えられます。

労働者派遣事業においては、派遣先は、派遣労働者を雇用することなく、指揮命令をして、派遣先のために労働に従事させることを内容としていますが、労働契約は、明示された契約がある場合だけでなく、事実上の使用従属関係があり、この使用従属関係から客観的に推認される黙示の意思の合致がある場合には、黙示の労働契約が成立することがあります。

最高裁は、これについて、次のような考え方を示しています。

「使用者と労働者の間に個別的な労働契約が存在するというためには、両者の意思の合致が必要であるとしても、労働契約の本質を使用者が労働者を指揮命令し、監督することにあると解する以上、明示された契約の形式のみによることなく、当該労務供給形態の具体的実態を把握して、両者間に事実上の使用従属関係があるかどうか、この使用従属関係から両者間に客観的に

推認される黙示の意思の合致があるかどうかにより決まる。本件においては、病院の指揮、命令及び監督のもとに病院に対して付添婦としての労務を提供し、病院がこれを受領していたと評価できるから、病院との間に実質的な使用従属関係が存在していたということができ、又、客観的に推認される両者の意思は、労働契約の締結を承諾をしており、両者の間には黙示の労働契約の成立が認められる（安田病院事件　最高裁第三小法廷平成10年9月8日労判745-7）。」

また、労働者派遣事業においても、派遣先と派遣された労働者の間の労働契約に関し、次のように判断した判例があります。

① 労働者が派遣元との間の派遣労働契約に基づき派遣元から派遣先に派遣された場合でも、派遣元が形式的存在に過ぎず、派遣労働者の労務管理を行っていない反面、派遣先が派遣労働者の採用、賃金額その他の就業条件を決定し、配置、懲戒などを行い、派遣労働者の業務内容・期間が労働者派遣法で定める範囲を超え、派遣先の正規職員の作業と区別し難い状況となっており、派遣先が派遣労働者に対して労務給付請求権を有し、かつ賃金を支払っていると認められる事情がある場合には、労働者派遣契約は名目的なものに過ぎず、派遣労働者と派遣先との間に黙示の労働契約が成立したと認める余地がある（一橋出版事件　東京高裁平成18年6月29日労判921-5、最高裁第一小法廷平成18年11月2日）。

② 派遣労働者と派遣先との労働契約が成立したといえるためには、単に両者の間に事実上の使用従属関係があるというだけではなく、諸般の事情に照らして、派遣労働者が派遣先の指揮命令の下に派遣先に労務を提供する意思を有し、これに関し派遣先がその対価として派遣労働者に賃金を支払う意思が推認され、社会通念上、両者間で労働契約締結する意思表示の合致があったと評価できるに足りる特段の事情が存在することが必要である。派遣元が企業としての実体を有せず、派遣先の組織の一部と化したり、派遣先の賃金の支払の代行機関となっていて、派遣元の実体が派遣先と一体と見られ、法人格否認の法理を適用しうる場合またはそれに準ずるような場合には、派遣労働者と派遣先の間に労働契約が成立していると認めることができる（いよぎんスタッフサービス事件　高松高裁平成18年5月18日労判921-33、最高

裁第二小法廷平成21年3月27日労判991-14)。

　一般に誓約書に違反した場合には何らかのペナルティーがあることが想定されますので、前記の基準などに照らしても、誓約書を派遣労働者から提出させている場合には、派遣先と派遣労働者の間に労働契約関係があると判断される可能性は高いと考えられます。
　派遣先と派遣労働者の間に労働契約関係がある場合には、派遣元と派遣先との労働者派遣契約は実質的に労働者供給契約に該当することになり、そのことが認定された場合には、職業安定法第44条違反となります。

2　ご質問について

　ご質問にある取引先は、派遣労働者に派遣先宛の誓約書を提出させた場合には、派遣先と派遣労働者の間に労働契約関係があると認められる恐れがあることについての認識が希薄です。
　その結果、派遣労働者が派遣先を相手取って雇用関係の確認訴訟などを起こした場合には、誓約書がその重要な証拠となるということは自覚していないのではないでしょうか。
　また、派遣労働者に派遣先宛に誓約書を提出させたことによって、労働者供給事業に該当するものとして、違法とされる恐れがあることについても認識が欠けているように思われます。
　このため、貴社としては、取引先に対して、前記の関係にあることを十分説明して、派遣労働者から取引先に直接誓約書を提出させないよう、理解を得るようにすることが重要です。

カ　派遣労働者の管理業務

> **問 9**　X社で使用しているA派遣会社の派遣労働者Yに他の社員が従事する業務を管理させる業務(管理業務)を行わせることは可能でしょうか。この場合に、B派遣会社の派遣労働者Zの管理業務をA派遣会社の派遣労働者Yに行わせることは可能でしょうか。

　答　A派遣会社の雇用する労働者Yを、当該雇用関係の下に、かつ、X社の指揮命令を受けて、X社のために労働に従事させることが労働者派遣であり、Yの従事する業務が管理業務である場合には労働者派遣契約にその

旨明記しておくことが必要です。

　この場合に、A派遣会社の雇用する他の労働者をYの指揮命令を受けることになったとしても、これらの労働者をX社の指揮命令を受けて、X社のために労働に従事させること、すなわち労働者派遣とすることも可能です。

　また、「労働者派遣事業と請負により行われる事業との区分に関する基準（昭和61年4月17日労働省告示第37号。以下「告示第37号」といいます）」の要件を満たせば、労働者派遣事業に該当しない請負事業として行うことも可能です。

　X社の雇用する労働者をYの指揮命令を受けることになったとしても、これらの労働者をA派遣会社の指揮命令を受けて、A派遣会社のために労働に従事させることにはなりませんので、X社からA派遣会社への労働者派遣には該当しません。また、X社からA派遣会社への供給契約を結んでいる訳ではありませんから、供給契約に基づいて労働者をA派遣会社の指揮命令を受けて労働に従事させることにもなりません。したがって、労働者供給にも該当しませんので、労働者派遣事業や労働者供給事業に関しては、問題はないと考えられます。

　一方、B派遣会社の派遣労働者Zの管理業務をA派遣会社の派遣労働者Yに行わせることにつきましては、ZをX社のために労働に従事させることにはなると思われますが、A派遣会社の雇用する労働者Yの指揮命令を受けますので、X社のみの指揮命令を受けて労働に従事させることになるかについては疑問があります。派遣労働者YはX社の指揮命令を受けて、X社のために労働に従事しているのですから、Yの派遣労働者Zに対する指揮命令がX社の指揮命令と言えなくもありませんが、少なくとも労働者派遣法はこういう事態を想定していなかったことからすれば、このようなケースについて労働者派遣事業に該当すると断定することは難しいように思われます。そうすると、B派遣会社からX社への労働者派遣には該当しない可能性があります。

　他方、B派遣会社からX社に対してはZをX社の指揮命令を受けて労働に従事させることを目的とする供給契約を結んでいますから、労働者供給に該当する可能性があります。

　労働者派遣に該当せず労働者供給に該当する場合には、労働者供給事業は労働組合等が無料で許可を受けて行う場合を除き禁止されていますから、違法となる可能性があります。

2．業務の範囲

ア　建設業務

問 10　建設業においても、写真管理や墨だしの確認などの現場管理業務を行う労働者については、派遣を受け入れることは可能なのでしょうか。また、現場管理業務といえども、現場の中を移動・確認中に災害の危険がありますが、派遣労働者がケガをした場合の労災保険の適用は、派遣先か派遣元のどちらになるのでしょうか。ケガの程度が小さい場合と、死亡や後遺障害が残るような大きい場合とではどうでしょうか。安全衛生法上の責任および民法上の損害賠償については、どのようになるのでしょうか。

答　**1　建設業務の範囲**

労働者派遣事業が禁止されている建設業務は、「土木、建築その他工作物の建設、改造、保存、修理、変更、破壊若しくは解体又はその準備の作業に係る業務」です。これは、「建設労働者の雇用の改善等に関する法律」により、建設業務については、特別の雇用改善のための措置が行われていることによるもので、このため、土木建築などの工事についての施工計画を作成し、それに基づいて工事の施工の管理を行う施工管理業務は、建設業務には該当しませんので、施工管理業務について労働者派遣事業を行うことは可能です。

2　労災保険の適用

派遣労働者の労働災害については、派遣元の労災保険の保険関係に基づいて給付されますが、その請求にあたっては、派遣元がけがをした日・時間・場所、けがをするに至った状況などについて証明しなければなりません。この場合、派遣元は被災時の状況を直接把握することができず、証明することができないと考えられますので、派遣先は、派遣労働者のけがの状況を把握しておき、その状況を速やかに派遣元に通知し、派遣元が必要な証明を行うことができるようにする必要があります。

また、派遣先が災害の原因を引き起こした場合には第三者災害に該当しますので、ご注意ください。

このほか、派遣先は、派遣元とともに、労働基準監督署に労働者死傷病報

告書を提出しなければなりません。その際、派遣先は、労働者死傷病報告書を提出したら、その写しを派遣元に送付しなければなりません。

なお、労災保険に関しても、労働基準監督署は、派遣先に対して、報告、文書の提出、出頭を命ずること、派遣先の事業所に立ち入り、関係者に質問させ、帳簿書類その他の物件を検査することができます。

3　安全衛生法上の責任

労働安全衛生法の事業者は、本来であれば、派遣労働者の雇用主である派遣元ですが、安全衛生については、派遣労働者の就業に対する具体的な指揮命令や作業環境の重要な要素である設備などの設置・管理に関係しますので、原則として派遣先にこれらの義務を負わせており、このため、労働安全衛生法などの適用の特例が設けられています（労働者派遣法第45条から第47条まで）。

派遣元および派遣先の安全衛生に関する区分としては、一般に、安全管理および就業に伴う具体的な衛生管理については派遣先が、一般的な健康管理については派遣元が、それぞれ責任を負います。

ただし、安全衛生管理体制の選任に関する人数の要件の適用に当たっては、派遣労働者は、派遣先においても、これを含めて人数を計算する必要があります。

また、雇入れ時の安全衛生教育については、雇入れは派遣元と派遣労働者との関係で発生するために派遣元が負いますが、派遣先は、派遣元が雇入れ時の安全衛生教育を適切に行えるよう、派遣労働者が従事する業務について、派遣先で使用する機械・設備の種類・型式の詳細、作業内容の詳細、派遣先の事業所において雇入れ時の安全衛生教育を行う際に使用している教材、資料などを派遣元に対し積極的に提供するとともに、派遣元から雇入れ時の安全衛生教育の委託の申入れがあった場合には可能な限りこれに応じるよう努めるなど必要な協力や配慮を行わなければなりません（派遣先が講ずべき措置に関する指針（平成11年省告示第138号。以下「派遣先指針」といいます）。

4　民法上の損害賠償

民事上の損害賠償請求に関連して示された判例の考え方として、安全配慮義務があり、労働契約法第5条にも規定されています。安全配慮義務は、「ある法律関係に基づいて特別な社会的接触の関係に入った当事者間において、当該法律関係の付随義務として当事者の一方又は双方が相手方に対して

信義則上負う義務として一般的に認められるもの（陸上自衛隊損害賠償請求事件　最高裁第三小法廷昭和50年2月25日労判251-9）」です。

　派遣労働者の場合には、派遣元に雇用されていますが、派遣先の供給した道具で、派遣先の指揮命令の下に働いているので、従来の裁判例に照らせば、派遣先が安全配慮義務を負うことは否定できないと思われます（北川建設・南野興業事件　横浜地裁平成19年6月28日判タ1262-263）。また、派遣元も派遣労働者の雇用主であり、派遣労働者に対して一般的な健康管理責任を負っていますので、派遣元にも安全配慮義務があるものと思われます。したがって、派遣労働者に対しては、派遣元および派遣先それぞれが、その責任に応じて安全配慮義務を負うものと考えられます。

5　建設業務労働者の就業機会確保事業

　労働者派遣法における建設業務に関する取扱いは1のとおりですが、このほか、「建設労働者の雇用の改善等に関する法律」により、「建設業務労働者の就業機会確保事業」として許可制により行うことができる場合があります。

イ　医療関連業務

問11　病院が給食業務を外部の給食会社に委託している場合に、当該給食会社に栄養士の労働者派遣を行い、その派遣労働者をその病院内で就労させることは可能でしょうか。さらに、薬剤師などを請負会社に労働者派遣を行い、その派遣労働者をその病院内で就労させることは可能でしょうか。

答　**1　給食会社が病院から給食業務を受託すること**

　給食会社が病院から給食業務を受託することは、告示第37号で定められた次の基準を満たしている場合には可能です。

1　次の(1)から(3)までのいずれにも該当することにより自己の雇用する労働者の労働力を自ら直接利用するものであること。
　(1)　次の①および②のいずれにも該当することにより業務の遂行に関する指示その他の管理を自ら行うものであること。
　　①　労働者に対する業務の遂行方法に関する指示その他の管理を自ら行うこと

② 労働者の業務の遂行に関する評価などに係る指示その他の管理を自ら行うこと
　(2) 次の①および②のいずれにも該当することにより労働時間などに関する指示その他の管理を自ら行うものであること。
　　　① 労働者の始業および終業の時刻、休憩時間、休日、休暇などに関する指示その他の管理（これらの単なる把握を除く）を自ら行うこと
　　　② 労働者の労働時間を延長する場合または労働者を休日に労働させる場合における指示その他の管理（労働時間などの単なる把握を除く）を自ら行うこと
　(3) 次の①及び②のいずれにも該当することにより企業における秩序の維持、確保などのための指示その他の管理を自ら行うものであること。
　　　① 労働者の服務上の規律に関する事項についての指示その他の管理を自ら行うこと
　　　② 労働者の配置などの決定および変更を自ら行うこと
2　次の(1)から(3)までのいずれにも該当することにより請負契約により請け負った業務を自己の業務として契約の相手方から独立して処理するものであること。
　(1) 業務の処理に要する資金につき、すべて自らの責任の下に調達し、かつ、支弁すること。
　(2) 業務の処理について、民法、商法その他の法律に規定された事業主としてのすべての責任を負うこと。
　(3) 次の①または②のいずれかに該当するものであって、単に肉体的な労働力を提供するものでないこと。
　　　① 自己の責任と負担で準備し、調達する機械、設備もしくは器材（業務上必要な簡易な工具を除く）または材料もしくは資材により、業務を処理すること
　　　② 自ら行う企画または自己の有する専門的な技術もしくは経験に基づいて、業務を処理すること

　ただし、給食受託業務については、労働者派遣事業関係業務取扱要領に「契約書等に食中毒等が発生し損害賠償が求められる等注文主側が損害を

被った場合には、受託者が注文主に対して損害賠償の責任を負う（又は求償権に応ずる）旨の規定を明記していること」と記載されていることに注意する必要があります。

　労働者派遣事業に該当するかは、場所的な概念ではなく、誰の指揮命令を受けて働くかですので、仮に給食受託業務が病院内で行われても、そのことが問題となることはありません。

　問題なのは、給食受託業務に従事する労働者が病院の指揮命令を受けて就業することで、仮に給食受託業務に従事する労働者が病院の指揮命令を受けて就業する場合には給食受託ではなく、労働者派遣事業と評価され、それに労働者派遣を行うことは、二重派遣として、労働者供給事業に該当するため、職業安定法第44条に違反します。

2　栄養士の派遣

　病院などや介護老人保健施設、自宅において行われる傷病者に対する療養のため必要な栄養の指導に関する管理栄養士の業務は、一定の過疎地域などで行う場合や紹介予定派遣で行う場合などを除き、労働者派遣事業が禁止されていますので、注意が必要です。

　それ以外の栄養士の名称を用いて栄養の指導に従事することや管理栄養士の名称を用いて、個人の身体の状況、栄養状態などに応じた高度の専門的知識および技術を要する健康の保持増進のための栄養の指導ならびに特定多数人に対して継続的に食事を供給する施設における利用者の身体の状況、栄養状態、利用の状況などに応じた特別の配慮を必要とする給食管理およびこれらの施設に対する栄養改善上必要な指導などを行うことについては、労働者派遣事業が禁止されていませんので、可能です。

3　薬剤師などの派遣

　病院などにおいて行われる調剤の業務についても、一定の過疎地域などで行う場合などを除き、労働者派遣事業が禁止されていますので、これに該当する場合には、病院が外部の会社にその業務を委託する場合にも、その受託会社に労働者派遣を行うことは禁止されています。

　なお、保健師、助産師および看護師、歯科衛生士、診療放射線技師、臨床検査技師、理学療法士、作業療法士、視能訓練士、臨床工学技士、義肢装具士、救急救命士、言語聴覚士などの業務についても同様の問題があるほか、これらの業務については、保健師助産師看護師法などにより、医師または歯科医師の指示を受けることになっていますので、病院が外部の会社にその業

務を委託することはできないと考えられます。

3．派遣元の事業所

問 12 当社では、現在25の「事業所」について派遣事業所届出を行い、27の「事業所」について職業紹介事業所の届出を行っています。これ以外に、営業や採用について補助的な取次業務を行う16箇所の出先拠点（「事務所」等と呼んでいます）がありますが、これらは、常駐人員が平均2名弱で、責任者も選任しておらず、事業所としていないため、派遣事業所としても職業紹介事業所としても届出をしていません。労働局に確認した上でそういう扱いにしていますが、その「事務所」において、求職者と面接を行って個人情報を預かったり、パソコンに入力したり、あるいは派遣スタッフへ就業条件明示書等を手渡したりすることもあり得ます。解釈によっては、「派遣事業（紹介事業）を行っている」と判断される可能性もゼロではない、との危惧もあり、ご相談する次第です。

・過去の経緯

　以前は、規模の大小に関わらず、全ての拠点で届出をしていました。常駐人員が少なく、独立した組織とは言えない小さな拠点でも、本社や近くの事業所の雇用保険番号と労働保険番号を使い、責任者と職務代行者に関しては、名前だけのような状態でも、とりあえず全て届出していました。ところが、派遣許可更新を前にして、A労働局から、「派遣事業所として届出するなら、事業所として成立させる必要がある。労働保険番号、雇用保険番号を独自で取得しなければならない。責任者と職務代行者を選任し、賃金台帳や従業員名簿を備付け、事務管理機能を持たせなければならない」という指摘を受けました。

　一方で、「出先に置いておく、上位の事業所への取次拠点であれば届出をする必要がない。そこで、仮登録や個人情報の一時預かり、派遣労働者への書類の受け渡し等を行っても構わないが、本登録や派遣労働者管理は行わないようにする必要がある」とも言われました。

　このため、人員体制などを検討し、組織体制を取れる拠点のみを「事業所」として届け出、そうでない拠点は、取次のための「事務所」とし

て届出をしないという方針にしました。
・実務上の区分け
　届出を行っていない「事務所」では次のことを徹底するようにしています。
① コピーを含め書類を保管しない。一時的に保管する場合でも１週間以内に上位の「事業所」に送付する。
② 採用や登録は行わない。データを預って、上位の事業所に送るだけにする。登録や採用決定は上位の「事業所」で行う。
③ 応募者、従業員に、上記①②をよく説明する。

答　ご質問の件は、労働者派遣事業に関しては、労働者派遣事業関係業務取扱要領の「『事業所』の意義」によって判断するほかはないと考えます。

そこでは、「『事業所』とは、労働者の勤務する場所または施設のうち、事業の内容としての活動が有機的、組織的に行われる場所のことであり、作業組織上相当の独立性を有するもので、具体的には雇用保険の適用事業所に関する考え方と基本的には同一であり、次の要件に該当するか否かを勘案することによって判断する」とされています。

① 場所的に他の（主たる）事業所から独立していること
② 経営（または業務）単位としてある程度の独立性を有すること。すなわち、人事、経理、経営（または業務）上の指導監督、労働の態様等においてある程度の独立性を有すること
③ 一定期間継続し、施設としての持続性を有すること

したがって、雇用保険の適用事業所に該当する場合が、原則として「事業所」に該当することになります。逆に言えば、雇用保険の適用事業所に該当しない場合には、原則として「事業所」に該当しないことになります。

このほか、労働者派遣事業関係業務取扱要領では、「事業主が法人である場合でその登記簿上の支店に該当するときは一の事業所として取り扱う」とありますので、本件事務所が支店として登記されていれば、「事業所」に該当することになりますが、登記されていなければ、「事業所」に該当しないことになります。

また、労働者派遣事業関係業務取扱要領では「他の社会保険の取扱い等によっては、一の事業所と認められる場合がある」とありますので、仮に本件事務所が厚生年金や健康保険の適用事業所になっている場合には、「事業所」

に該当することになりますが、厚生年金や健康保険の適用事業所になっていなければ、「事業所」に該当しないことになります。

したがって、貴社の本件事務所が①雇用保険や厚生年金、健康保険の適用事業所になっておらず、かつ、②支店として登記されていなければ、「事業所」に該当しませんから、「事業所」の届出は必要ないことになります。

なお、労働者派遣事業関係業務取扱要領では「派遣労働者に対し派遣就業の指示を行い労働に従事させていると評価できる事業所で、具体的には、就業条件の明示、派遣労働者の労働契約の締結若しくは派遣労働者となろうとする者の登録、派遣労働者の雇用管理の実施等の事務の処理機能を有しているものについては、一般労働者派遣事業を行うと判断される蓋然性が極めて高くなる、特に異なった都道府県に所在する場合についてはそうである」旨記載していますが、この場合でも「『事業所』に該当しないと認められる場合は、当該施設が他の一般労働者派遣事業を行う事業所に附属し一般労働者派遣事業を行っているものとして取り扱い、この場合に届け出る必要があるのは、当該『他の一般労働者派遣事業を行う事業所』である」旨記載していますので、貴社の本件事務所は、届け出る必要がある「一般労働者派遣事業を行う事業所」には該当しないことになると考えられます。

職業紹介事業業務運営要領には「『事業所』の意義」についての記載はありませんが、労働者派遣事業関係業務取扱要領と同様に考えるしかないと考えます。

心配されるのはよく分かりますので、こういうものこそ事業主管轄労働局に相談された方が良いと思います。

その際、事業主管轄労働局に白紙で相談されるのではなく、前記のような貴社の見解をまとめて、できれば、紙で事業主管轄労働局から回答をもらうようにされた方が良いと考えます。

そうすれば、事業主管轄労働局の担当者の交代による心配も解消されるのではないでしょうか。

4．欠格事由、許可の取消、事業の停止命令など

問13 派遣事業の欠格事由、許可の取消、事業の停止命令などについて、解説してください。

答 派遣元は、労働者派遣法による規制の下に労働者派遣事業を行うことができますので、関係法令に違反する場合には、許可の取消や一定期間許可を受けることができないなど事業が立ち行かない事態が生ずるおそれがあります。

しかしながら、現実には、法令遵守（コンプライアンス）の体制が構築されていないために、法令違反が横行しており、事業の存続そのものに影響する事態が発生しています。そこで、労働者派遣事業の欠格事由、許可の取消、事業の停止命令などについて概観し、具体的な事例について解説します。

1 労働者派遣事業の欠格事由

次のいずれかの欠格事由に該当する場合には、特定労働者派遣事業も一般労働者派遣事業もいずれも行うことができません（労働者派遣法6条）。

① 禁錮以上の刑が科され、もしくは労働者派遣法、労働基準法、職業安定法、最低賃金法、建設労働者の雇用の改善等に関する法律、賃金の支払の確保等に関する法律、港湾労働法、育児・介護休業法、労働者派遣法の規定により適用される労働基準法もしくは労働安全衛生法、暴力団員による不当な行為の防止等に関する法律、刑法、暴力行為等処罰に関する法律、出入国管理及び難民認定法の関係規定により罰金の刑が科され、その執行を終わり、または執行を受けることがなくなった日から5年を経過しない者

② 健康保険法、船員保険法、労働者災害補償保険法、厚生年金保険法、労働保険徴収法もしくは雇用保険法の規定により罰金の刑が科され、その執行を終わり、または執行を受けることがなくなった日から5年を経過しない者

③ 成年後見または保佐人の後見を受けている者、復権していない破産者

④ 一般労働者派遣事業の許可を取り消され、取消の日から5年を経過していない者

⑤ 一般労働者派遣事業の許可を取り消された者または特定労働者派遣事業

の廃止を命じられた者が法人である場合に、当該取消しまたは命令の処分を受ける原因となった事項が発生した当時現に当該法人の役員であった者で、当該取消しまたは命令の日から起算して5年を経過しないもの
⑥　一般労働者派遣事業の許可の取消または特定労働者派遣事業の廃止の命令の処分に係る行政手続法の規定による聴聞の通知があった日から当該処分をする日または処分をしないことを決定する日までの間に一般労働者派遣事業または特定労働者派遣事業の廃止の届出をした者（事業の廃止について相当の理由がある場合を除く）で、届出の日から起算して5年を経過しないもの
⑦　⑥の期間内に一般労働者派遣事業または特定労働者派遣事業の廃止の届出をした者が法人である場合に、聴聞の通知の日前60日以内に法人の役員であった者で、届出の日から起算して5年を経過しないもの
⑧　暴力団員による不当な行為の防止等に関する法律に規定する暴力団員または暴力団員でなくなった日から5年を経過しない者（以下「暴力団員等」といいます）
⑨　法定代理人のいる未成年者で、その法定代理人が①から⑧のいずれかに該当するもの
⑩　法人の役員のうちに①から⑨のいずれかに該当する者があるもの
⑪　暴力団員等にその事業活動を支配されている者
⑫　暴力団員等をその業務に従事させ、またはその業務の補助者として使用するおそれのある者

2　労働者派遣事業に対する行政処分

(1)　一般労働者派遣事業の許可の取消
　一般労働者派遣事業を行う者が次のいずれかに該当するときは、許可が取り消されます。
　①　欠格事由のいずれかに該当しているとき
　②　労働者派遣法もしくは職業安定法の規定または命令もしくは処分に違反したとき
　③　許可の条件に違反したとき
　④　グループ企業への派遣割合の報告またはその8割以下という制限に違反し、(4)の是正指示を受けたにもかかわらず、なおこれらの違反をしたとき
(2)　特定労働者派遣事業の事業廃止命令

特定労働者派遣事業を営業する者が欠格事由のいずれかに該当するときまたはグループ企業への派遣割合の報告またはその８割以下という制限に違反し、(4)の是正指示を受けたにもかかわらず、なおこれらの違反をしたときは、その事業の廃止を命ぜられます。
(3)　事業停止命令
　　一般労働者派遣事業が(1)の②または③に該当するとき、特定労働者派遣事業が(1)の②に該当するときは、それぞれ事業の全部または一部の停止を命ぜられることがあります。
(4)　グループ企業への派遣割合に関する是正指示
　　グループ企業への派遣割合の報告またはその８割以下という制限に違反したときは、是正の指示が行われることがあります。
(5)　改善命令
　　労働者派遣事業について労働関係の法令に違反した場合には、雇用管理の方法の改善など事業の運営を改善するために必要な措置をするよう命ぜられることがあります。
(6)　労働者派遣の停止命令
　　派遣先が派遣労働者を適用除外業務に従事させている場合には、その派遣先に労働者派遣をしている派遣元に対し、その労働者派遣の停止が命ぜられることがあります。

３　事例

(1)　請負契約の形式を取りながら、実質的に労働者派遣事業に該当する場合（いわゆる偽装請負の場合）
　　請負契約の形式を取りながらも、実質的に労働者派遣事業に該当する場合を偽装請負と呼ぶ場合がありますが、いわゆる偽装請負は、労働者派遣法に違反するとともに、同法により適用の特例などの規定が設けている労働基準法、労働安全衛生法などの規定に違反する可能性があり、これらの法律違反によって罰金以上の刑が確定した場合には、労働者派遣事業の欠格事由に該当し、一般労働者派遣事業の場合には許可が取り消され、特定労働者派遣事業の場合にはその事業の廃止を命ぜられ、いずれも、その後５年間は労働者派遣事業を営業することができません。
(2)　社会・労働保険の未適用の場合
　　請負事業主の中には、雇用保険、厚生年金および健康保険の適用の要件を満たしている者を加入させていない者がいますが、この場合には、雇用保険

法、厚生年金保険法および健康保険法違反となり、これらの法律違反によって罰金以上の刑が確定した場合には、労働者派遣事業の欠格事由に該当し、一般労働者派遣事業の場合には許可が取り消され、特定労働者派遣事業の場合にはその事業の廃止を命ぜられ、いずれも、その後5年間は労働者派遣事業を行うことができません。

(3) 具体的な事例

具体的な事例では、①二重派遣（職業安定法違反）、②港湾運送業務への派遣（労働者派遣法違反）、③データ装備費という名目の賃金控除および④集合場所から就業場所への移動時間について労働時間として取り扱わなかったこと（労働基準法違反）、⑤労災隠し（労働安全衛生法違反）が問題となったことがあります。

この事例については、①および②の違反により、その実行行為者のほか、会社にも罰金100万円の刑が確定したために、労働者派遣事業の欠格事由に該当し、一般労働者派遣事業の許可が取り消され、その後5年間は労働者派遣事業を営業することができなくなりましたから、廃業を余儀なくされました。

なお、③および④の違反についても、罰金以上の刑が確定した場合には、同様の事態が想定されますが、データ装備費という名目の賃金からの控除は業界では常識であったと言われており、もし、そうであるなら、速やかに是正しなければ、同様の事態となることが想定されます。

4 終わりに

上記の事例で法違反を問われた法律は、60年以上前から設けられているもので、新しく行われた規制ではありません。このことは、業界の常識と法律の常識が乖離していることを意味しており、業界関係者には法令遵守のための徹底した教育を行うことにより、人材管理に関するルールを定着させる努力が求められています。

問14 派遣元が事業停止になった場合、受け入れている派遣労働者はどうなるのでしょうか。このところ労働局のホームページで派遣元の事業停止命令や改善命令が企業名の公表とともに掲載されています。内容をみると、事業報告や決算報告が提出されていないことが多いようです。当社も製造部門や研究部門で派遣労働者の受け入れをしています。派遣先としては、派遣元の事業運営状況が非常に気になるところです。

もしも、派遣元が事業停止になった場合、受け入れている派遣労働者はどうなるのでしょうか。仕事が出来なくなるのでしょうか。また、継続して働いてもらいたい場合は、その派遣労働者を直接雇用すべきなのでしょうか。

答 ご指摘のように、最近労働局において、派遣元に対して事業停止命令や改善命令、場合によっては許可の取り消しや事業廃止命令が行われる事例が増えています。

その多くが労働者派遣法第23条第1項により提出しなければならない事業報告書および収支決算書を提出期限が過ぎても提出していないことが処分の理由になっていますが、このような派遣元においては、労働者派遣事業そのものを行っていない可能性が高いので、派遣先にとって実害は少ないのではないかと考えています。

これに対して、深刻なのはその他の労働者派遣法や職業安定法の規定に違反したとして、事業停止命令や改善命令、場合によっては許可の取り消しが行われる場合、さらには欠格事由に該当するとして許可の取り消しや事業廃止命令が行われる場合です。例えば、繰り返し是正指導され、さらに改善命令および事業停止命令を受けたにもかかわらず、事業停止期間中に派遣期間制限を行い、労働局の立入検査を拒み調査を妨害した、あるいは、事業停止期間中に違法な派遣契約をしていたとして、許可の取り消しが行われたケース、欠格事由、特に暴力団排除条項に該当するとして許可の取り消しや事業廃止命令が行われたケース、出向という名目で派遣労働者を受け入れ、その派遣労働者を派遣したことが二重派遣に当たるとして職業安定法第44条で禁止する労働者供給事業に該当するあるいは禁止業務に労働者派遣を行っていた、労働者派遣法の各規定に違反したなどとして、事業停止命令や改善命令が行われるようなケースです。

このような場合には、現に派遣労働者は就業していますので、派遣先にも大きな影響が出てきます。

行政処分のうち改善命令については、現に行っていたり、行う予定の労働者派遣事業などについて総点検を行い、違反があった場合には、労働者の雇用の安定を図るための措置を講ずることを前提に速やかに是正することといったものとなりますので、その総点検の過程で違法な労働者派遣事業などが発見された場合には、速やかに是正措置を講ずる必要があります。

第1部　派遣の管理

　この場合には「労働者の雇用の安定を図るための措置を講ずること」が前提となりますので、派遣元の側で派遣労働者の雇用の安定を図るための措置を講ずることが困難な場合には、派遣先としても直接雇用するなどの対応を行う必要があると考えられます。その場合、派遣先として継続して働いてもらいたい場合だけではなく、必ずしも継続して働いてもらうことを希望していない場合であっても、「労働者の雇用の安定を図るための措置を講ずる」という観点に立った対応が求められることになると考えられます。
　一方、事業停止命令が行われる場合には期間を定めて行われますが、一般的には新規に開始する労働者派遣事業だけが停止の対象となり、既に行われている労働者派遣事業については停止の対象とはなっていないようです。
　ただし、違法な労働者派遣事業を引き続き行って良いということではありませんので、当然のことながら継続して行われている労働者派遣事業についてもきちんとした点検を行い、違法な要素が含まれている場合には速やかに是正することが重要で、その過程では前記のように派遣先企業としても直接雇用するなどの対応を行うことが必要となる場合は出てくると考えられます。
　さらに、許可の取り消しや事業廃止命令が行われた場合には、全ての労働者派遣事業が禁止されます。
　いずれにしても、派遣労働者を受け入れたり、請負事業を活用したりするような場合には、関係する法令に精通し、コンプライアンスを重視した派遣元や請負事業主と取引を行うようにすることが重要です。
　派遣元や請負事業主は数多く存在していますが、その中には関係する法令の知識がない、法定の要件を満たしている労働者についても社会保険・労働保険に加入させていない、コンプライアンスの意識がないような企業が少なからずあることも事実です。
　リスク管理の視点に立って、適切な取引先を選択されるようくれぐれもご留意ください。

5．グループ企業への派遣

問15　子会社の派遣会社が、グループ企業の退職者以外から派遣労働者を採用し、親会社およびそのグループ企業に対して業務の繁閑に応

じて登録型の派遣をすることは、適正な需給調整機能を果たしており問題ないと思いますが、何故グループ企業内派遣について8割規制が設けられているのですか。

答　グループ企業内派遣を肯定的に評価される立場からは、あるいはそういう見方もできるかもしれませんが、労働者派遣法は労働者派遣事業を労働力需給調整システムの1つとして位置付け、その機能を十分発揮できる事業主に派遣元として労働者派遣事業を行わせるということにしています。

このために、労働者派遣法第30条の3は「派遣元は、派遣労働者各人の希望、能力および経験に応じた就業の機会の確保を図るために必要な措置を講ずるように努めなければならない」旨規定しています。

したがって、派遣元として労働者派遣事業を行う以上、派遣労働者各人の希望、能力および経験に応じた就業の機会の確保を図るための措置を講ずることが不可欠な要件となります。

さらに、この規定を具体化するために、同法第7条第1号は一般労働者派遣事業の許可要件として、原則として「その事業が専ら労働者派遣の役務を特定の者に提供することを目的として行われるものでないこと」と定めるとともに、第48条第2項は「その事業が専ら労働者派遣の役務を特定の者に提供することを目的として行われているときは、事業の目的および内容を変更するように勧告できる」と規定しています。

したがって、グループ企業内に専ら派遣することを目的とした派遣元は、もともと一般労働者派遣事業を行うことができず、そのような実態がある場合には勧告を受ける立場にあります。

グループ企業内派遣についての8割規制は、さらに具体的な基準を明確にしたものということができます。

問16　当社には100%出資の派遣事業を行う子会社があり、その子会社から派遣労働者を受け入れていますが、どのように対応したらよいでしょうか。グループ企業内への派遣は、どの程度までなら許されるのでしょうか。

答　労働者派遣法においては、一般労働者派遣事業の許可基準において、原則として、「専ら労働者派遣の役務を特定の者に提供することを目的

として行われる事業でないこと」が定められている（第7条第1項第1号）ほか、労働者派遣事業が専ら労働者派遣の役務を特定の者に提供することを目的として行われている場合には、当該労働者派遣事業の目的及び内容を変更するように勧告することができる」旨の規定（第48条第2項）が定められています。

　これらの規定はいわゆる専ら派遣を規制するものですが、これらに加えて、①グループ企業（親会社および連結子会社）への派遣割合（1つの事業年度における派遣労働者のグループ企業における総就業時間をすべての派遣先における総就業時間で除して得た割合）を報告しなければならない、②グループ企業への派遣割合は8割以下となるようにしなければならない、③グループ企業への派遣の制限に違反した派遣元に指導助言をした場合になお違反したときは必要な措置をとることを指示することができる、④③の指示を受けたにもかかわらず、なお②のグループ企業への派遣の制限に違反したときは、一般労働者派遣事業の許可の取消しを行うことができる、という規定が定められています。

　これらの規定は、グループ派遣を規制するものです。

　このため、貴社の100％出資の派遣事業を行う子会社においても、就業時間で計算して、親会社および連結子会社というグループ企業への派遣割合が8割以下となるようにしなければなりません。

　もし8割以下とならないときには、指導助言、指示を経て、最終的には一般労働者派遣事業の許可の取消しの対象となります。

　貴社の100％出資の派遣事業を行う子会社が貴社を中心としたグループ企業に主として派遣を行っていたのであれば、グループ派遣の規制に適合するようにしなければなりませんが、そのための対応としては、営業力を強化して、グループ外の企業への派遣割合が2割以上となるようにすることがあります。

　これが困難であるときは、いわゆる独立系の派遣元の企業買収を受けること、同業種を対象とした派遣元などと合併してグループ企業への派遣割合を引き下げること、労働者派遣事業から撤退して他の事業を行うことなどが考えられますが、最近では、いわゆる資本系の派遣元が独立系の派遣元に企業買収されるという事例も増えているようです。

問 17　同一グループ企業内での派遣は8割以下にしなければならな

いとのことですが、これは例えば派遣を親会社に行っている子会社の事業内容が派遣業を主とするものではなく、「警備４割・運輸３割・派遣３割」などの場合も、同じように派遣の３割を捉えて派遣は８割以下に抑えなければならないのでしょうか。

答　派遣元が他の事業を行っている場合であっても、労働者派遣の部分については、派遣専業の派遣元と同じ規制を受けることになります。

したがって、事業内容のうち労働者派遣事業が事業全体の３割程度であっても、労働者派遣のうち同一グループ企業内に対する派遣は８割以下にしなければなりません。

問18　「専ら派遣規制」について、グループ企業内派遣比率を直ぐに８割以下に抑制できない場合、どのような対策を取ることが次善の策となるものでしょうか。

○補足
・当社ではグループ企業内の派遣企業から製造業務派遣を受け入れています。
・その派遣元企業のグループ企業内への派遣比率は10割であり、グループ企業外への派遣の実績もありません。
・目下、グループ企業外への営業活動を行うように呼び掛けていますが、営業活動に係るノウハウもなく、直ぐには実を結べそうにない状況です。
・当社においても派遣受入の人数を減らして派遣元の派遣労働者の母数を減少させるなど、あの手この手の方策を検討していますが、最悪の事態に備え、次善の策をお聞きしたいと思います。

答　グループ企業から派遣を受けている派遣先の場合、グループ企業である派遣元の対応如何により、グループ企業でない他の派遣元から派遣を受けることを検討する必要があると考えられます。また、グループ企業である派遣元に出資している場合には、そのあり方についても検討が必要となる可能性もあります。

グループ企業に派遣している派遣元の場合には、許可の取消しなどが行われる可能性が高いので、早急な対応が必要です。具体的には営業を強化して

第1部　派遣の管理

グループ企業への派遣割合を8割以下とする、他の派遣元との合併、派遣事業からの撤退などが考えられます。

グループ派遣規制は8割以下となっていますが、将来はさらに規制が強化される可能性が高いという前提に立って、対応した方が良いと考えられます。

> **問 19** メーカーA社の専ら派遣会社が、8割規制を回避するにあたり、メーカーB社の専ら派遣会社と持ち合いをする事によってのリスクやコンプライアンス上での問題点の御教示をお願い出来ませんでしょうか。

答　「持ち合いをする」という意味が

X派遣会社がAメーカーのグループ外のBメーカーにX派遣会社の派遣労働者の就業時間数で計算して2割以上となり、Y派遣会社がBメーカーのグループ外のAメーカーにY派遣会社の派遣労働者の就業時間数で計算して2割以上となるようにするということであれば、労働者派遣法第23条の2には違反しません。

ただし、グループ派遣の制限について是正指示を行う場合について、労働者派遣事業関係業務取扱要領では「①不特定の者を対象とした派遣先の確保のための宣伝、広告、営業活動等を正当な理由（業務そのものが限定的に行われていることから他に派遣先を確保しようとしてもできない場合または派遣労働者の確保のための努力が認められるものの派遣労働者の人数が足りないことに起因して派遣先の確保ができない場合）なく、随時行っていない場合、および②グループ企業以外からの派遣の依頼について正当な理由（派遣労働者の確保のための努力が認められるものの派遣労働者の人数が足りないことに起因して派遣先の確保ができない場合）なく、すべて拒否している場合」を挙げていますので、これに該当しないように運営するようにする必要があります。

> **問 20** グループ派遣の制限の派遣割合について、60歳以上の定年退職者には早期定年退職者は含まないとありますが、定年退職者と早期定年退職者の違いをどう判断するのでしょうか。その根拠は何でしょうか。また、早期定年退職者とは、どのような人たちをいうのでしょうか。

答　労働者派遣法施行規則第18条の3第4項は、グループ派遣の制限の派遣割合の算定に当たり、60歳以上の定年に達したことにより退職した者で派遣元に雇用されているものを除くと規定しています。

この「60歳以上の定年に達したことにより退職した者」は、60歳以上の定年年齢に達した者のことをいい、継続雇用(勤務延長・再雇用)の終了後に離職した者(再雇用による労働契約期間満了前に離職した者等を含む。)や、継続雇用中の者のような60歳以上の定年退職者と同等の者も含まれます。また、グループ企業内の退職者に限られるものではありません。

しかしながら、「60歳以上の定年に達したことにより退職した者」と規定していますから、仮に60歳未満で退職するものの、処遇などが定年に達した場合と同様の取扱いを受ける者は「60歳以上の定年に達したことにより退職した者」に含まれないことになります。

早期定年退職者とは、一般に、60歳未満で退職するものの、処遇などが定年に達した場合と同様の取扱いを受ける者のことをいいますから、結局早期定年退職者については、グループ派遣の制限の派遣割合の算定に当たり、例外扱いにはならないことになります。

問21　グループ企業内派遣の8割規制について、グループ企業(関係派遣先)の範囲は「連結子会社」であって「持分法適用会社」は対象外ということでよいでしょうか。

答　グループ企業(関係派遣先)の範囲は、連結決算を導入している場合には、派遣元が連結子会社である親会社と親会社の連結子会社(会計上の「連結子会社」)、連結決算を導入していない場合には、派遣元の議決権の過半数を所有している者、資本金の過半数を出資している者、派遣元の事業の決定に関してこれらと同等の支配力を有する者が親会社等となり、派遣元の親会社等が議決権の過半数を所有している者、資本金の過半数を出資している者、事業の決定に関する支配力がこれらと同等以上と認められる者が親会社等の子会社等となって、規制の対象となります。「持分法適用会社」は、これらに該当しなければ、規制の対象外となります。

6．派遣労働者の個人情報の取扱い

問22 3交替制を導入し24時間の勤務体制を採っており、深夜緊急の連絡確認が出来ない場合があるため、「派遣社員緊急時事故・災害・疾病対応リスト」を作成したいと考えていますが、この情報を派遣元および派遣労働者の同意の下に派遣労働者本人から提供を受けることは、出来ないでしょうか。

答　**1　派遣労働者の個人情報の保護**

　派遣労働者の個人情報には、住所、生年月日、出身地などのほか、学歴、職歴、賞罰、免許・資格など、派遣労働者個人を識別することができる情報が含まれますが、派遣労働者の個人情報に関しては、個人情報保護法による規制のほか、労働者派遣法による規制もあります。このため、派遣労働者の個人情報の保護に関しては、次のようなことが求められています。

(1)　収集・保管・使用に当たっての原則

　派遣元は、労働者派遣に関し、派遣労働者の個人情報を収集し、保管し、または使用するに当たっては、その業務（紹介予定派遣をする場合における職業紹介を含む）の目的の達成に必要な範囲内で派遣労働者の個人情報を収集するとともに、その収集の目的の範囲内でこれを保管し、使用しなければなりません。また、労働者の個人情報を適正に管理するために必要な措置を講じなければなりません（労働者派遣法第24条の3）。さらに、派遣元やその代理人、使用人その他の従業者は、正当な理由がある場合でなければ、その業務上取り扱ったことについて知り得た秘密を他に漏らしてはなりません。派遣元やその代理人、使用人その他の従業者でなくなった後も同様です（同法第24条の4）。

　派遣元が個人情報を取り扱うに当たっては、その利用目的を、本人からみて、その個人情報の利用される範囲が合理的に予想できる程度に特定しなければなりません。

(2)　個人情報の収集

　派遣労働者の個人情報の収集は、派遣労働者を雇用する派遣元が行います。派遣先が派遣労働者の個人情報を必要とする場合には、派遣労働者本人から個人情報を得るのではなく、派遣元に対して提供を求めなければな

りません。
(3) 個人情報の内容の保持
　　派遣元は、その保管または使用する派遣労働者の個人情報について、その目的に応じ必要な範囲において正確かつ最新のものに保つよう努めなければなりません。
(4) 個人情報の安全な管理
　　派遣元は、その保管・使用する派遣労働者の個人情報を適正に管理するために紛失や破壊、改ざんを防止するための措置を講じなければなりません。また、その従業者に個人情報を扱わせる場合には、その従業者に対し必要かつ適切な監督を行わなければならないほか、個人情報の取扱いを第三者に委託する場合には、委託を受けた者に対しても必要かつ適切な監督を行わなければなりません。
(5) 個人情報適正管理規程
　　派遣元は、次の事項を盛り込んだ個人情報を適正に管理するための規程を作成しなければなりません。
　① 個人情報を取り扱うことができる者の範囲
　② 個人情報を取り扱う者に対する研修などの教育訓練
　③ 派遣労働者本人から求められた場合の個人情報の開示や訂正、削除の取扱い
　④ 個人情報の取扱いに関する苦情の処理
(6) 派遣先への個人情報の提供
　　派遣元が派遣先に対して派遣労働者の個人情報を提供することは、個人情報保護法の「第三者への提供」に該当します。このため、次のいずれかに該当する場合を除き、あらかじめ派遣労働者本人の同意を得ずに、派遣元が派遣労働者の個人情報を派遣先に提供することは原則として禁止されています。
　① 法令に基づく場合
　② 人の生命、身体または財産の保護のために必要がある場合であって、本人の同意を得ることが困難であるとき
　③ 公衆衛生の向上または児童の健全な育成の推進のために特に必要がある場合であって、本人の同意を得ることが困難であるとき
　④ 国の機関もしくは地方公共団体またはその委託を受けた者が法令の定める事務を遂行することに対して協力する必要がある場合であって、本

人の同意を得ることによりその事務の遂行に支障を及ぼすおそれがあるとき

　したがって、たとえば労働者派遣法第35条により派遣元が次の事項を派遣先に通知することは法令に基づく場合に該当しますので、派遣元は本人の同意を得る必要はありません。
ア　労働者派遣する派遣労働者の氏名
イ　次の書類がそれぞれ所管の行政機関に提出されていることの有無
　①　健康保険被保険者資格取得届
　②　厚生年金保険被保険者資格取得届
　③　雇用保険被保険者資格取得届
ウ　イの①から③までの書類が提出されていないことを派遣先に通知する場合のその書類が提出されていない具体的な理由
エ　派遣労働者の性別（派遣労働者が45歳以上である場合にはその旨およびその派遣労働者の性別、派遣労働者が18歳未満である場合にはその派遣労働者の年齢および性別）
オ　派遣労働者の労働者派遣の期間や就業をする日、始業・終業時刻や休憩時間などの就業条件の内容が労働者派遣契約の就業条件の内容と異なる場合には、その派遣労働者の就業条件の内容

　しかしながら、それ以外の事項について派遣先が派遣元に対して派遣労働者の個人情報の提供を求める場合には、派遣元は、本人の同意を得る必要があります。また、その場合でも、派遣元が派遣先に対して提供することができるのは、派遣労働者の業務遂行能力に関する情報に限られます。

2　ご質問について

　以上のように、派遣先は派遣労働者の個人情報を自ら収集しないことが原則で、派遣労働者について派遣元から通知される事項だけでは業務の都合上支障がある場合には、派遣元に派遣労働者の個人情報の提供を求める必要があります。

　このため、ご質問にあるように、派遣先において「派遣社員緊急時事故・災害・疾病対応リスト」に関する情報を必要とする場合には、派遣先は、派遣労働者の雇用主である派遣元に対して必要な情報の提供を依頼する必要があります。この場合に、派遣元として、派遣先にその情報を提供する必要があると判断した場合には、派遣元は派遣労働者の同意を得た上で、派遣先に対し必要な情報を提供することになります。

したがって、ご質問のように、派遣先が、派遣元および派遣労働者の同意の下に派遣労働者本人から直接提供を受けることは、個人情報保護法に抵触することになるので、適当ではありません。

第2節 労働者派遣契約

1. 個別派遣契約の締結

問23 当社では労働者派遣個別契約の締結を簡略化するため、覚書で労働者派遣基本契約に規定された労働者派遣個別契約の締結の定義をし、更に個別内容書の交付・受領確認で派遣個別契約が締結される旨、定義づけようと考えています。覚書では次の第1条ないし第3条の間で私法上の派遣契約が成立し、第4条で公法（労働者派遣法上）の労働者派遣契約が成立するように構成しています。
（個別契約の締結）
第1条　個別契約は、乙が「労働者派遣個別契約内容書」を甲に交付し、甲が当該交付に対して受領確認を行うことにより、締結される。
（個別契約締結の方法）
第2条　乙から甲への「労働者派遣個別契約内容書」の交付は、手渡し、郵送、FAX送信、電子メール送信その他の方法で行い、交付に対する甲の受領確認は、FAX送信、電子メール送信その他の方法で行う。
（個別契約の締結日）
第3条　個別契約の締結日は、甲が当該受領確認を行った日とする。
（個別契約への法定事項の書面記載及び原本保有）
第4条　甲及び乙は、個別契約の締結後速やかに、労働者派遣法施行規則第21条第3項に基づき、当該個別契約に定めるべき法定事項を記載した書面の原本を、各々が保有する。
個別契約を締結することなく、派遣労働者を派遣するような状態を回避するために、この簡略化の取り組みを行いたいと考えていますが、問題がありますか。

答　覚書第4条は、「個別契約に定めるべき法定事項を記載した書面の原本を、各々が保有する」とは規定されていますが、誰がどのように作成するのかが規定されていません。

このため、この部分は「個別契約に定めるべき法定事項を記載した書面を作成し、その原本を、各々が保有する」とした方が良いと考えます。

そうすれば、労働者派遣法施行規則第21条第3項を満たすことになります。
　ただ、注意して頂きたいには、労働者派遣法施行規則第21条第3項を満たすためには、覚書第4条に基づいて、実際に法定事項を記載した書面を作成することが必要です。
　このため、覚書第4条に基づく措置が適切に履行されるよう、覚書締結後もフォローアップが必要となります。

2．労働者派遣契約の変更

問24　派遣先から派遣労働者についても多能工化したいので、従事する業務を変更したいという申入れがありました。これについては、どのように対応すればよいのでしょうか。また、労働者派遣契約の更新時にこのような申入れがあった場合には、どのように対応すべきでしょうか。

答　**1　派遣元、派遣先および派遣労働者の3者間の関係**
　労働者派遣事業においては、派遣元、派遣先および派遣労働者の3者間の関係は、次のような関係にあります。
① 派遣元が派遣労働者を雇用していること
② 派遣元と派遣先との間に労働者派遣契約が締結され、この労働者派遣契約に基づき、派遣先は派遣労働者を指揮命令し、派遣先のために労働に従事させることができること
③ 派遣先は派遣労働者を雇用することなく、労働者派遣契約に基づき指揮命令して、派遣先のために労働に従事させること
　したがって、派遣先が派遣労働者を指揮命令して、派遣先のために労働に従事させることができるのは、派遣元と締結した労働者派遣契約に基づくもので、派遣労働者との直接の労働契約などに基づくものではありません。
　仮に、派遣先が派遣労働者を直接雇用する関係にあれば、③の「派遣先は派遣労働者を雇用することなく」という要件を満たさないことになるので、労働者派遣事業には該当しなくなります。
2　労働者派遣契約に定める就業条件
　派遣元と派遣先の間で労働者派遣契約を締結するに当たっては、派遣労

者の就業条件に関する次の事項をできるだけ具体的かつ明確に定めなければなりません（労働者派遣法第26条第1項）。
① 派遣労働者が従事する業務の内容
② 派遣労働者が就業する事業所の名称・所在地その他就業の場所
③ 派遣先のために、派遣労働者を直接指揮命令する者
④ 労働者派遣の期間及び就業する日
⑤ 就業の開始・終了の時刻と休憩時間
⑥ 安全および衛生
⑦ 派遣労働者からの苦情の処理
⑧ 労働者派遣契約の解除に当たっての措置
　ア　労働者派遣契約を解除する場合の事前の申入れ
　イ　派遣先による派遣労働者の就業機会の確保
　ウ　労働者派遣契約の解除の予告
　エ　労働者派遣契約を解除する理由の明示
⑨ 紹介予定派遣を対象とする場合には、紹介予定派遣に関する事項
⑩ 派遣元責任者及び派遣先責任者の役職・氏名・連絡方法
⑪ 時間外・休日労働の定めをした場合には、その日数および時間数
⑫ 派遣労働者に対する福利厚生に関する便宜の供与
⑬ 派遣受入期間に制限のない業務についてはその具体的な種類

①の派遣労働者が従事する業務の内容については、次の点に留意する必要があります。
　ア　労働者派遣事業の適用除外業務については、契約することはできないこと
　イ　従事する業務の内容やその業務を遂行するために必要な能力などについて、できるだけ詳細に記載し、その業務に適格な能力を持った派遣労働者を選定できるようにすること
　ウ　1人の派遣労働者が複数の業務に従事する場合には、それぞれの業務の内容を記載すること

3　労働者派遣契約についての派遣先の義務

派遣先は、労働者派遣契約に定める就業条件に反することのないように、必要な措置を講じなければなりません（同法第39条）。

また、債務者である派遣先が労働者派遣契約の定めに違反することは、債権者である派遣元に対しその債務の本旨に従った履行をしないことになりま

すので、派遣元は、これによって生じた損害の賠償を請求することができます（民法第415条）。

4　派遣先からの派遣労働者の従事する業務の変更に関する申入れについて

2①にあるように、派遣労働者が従事する業務の内容については、派遣元と派遣先の間の労働者派遣契約において具体的かつ明確に定めなければなりませんので、その労働者派遣契約が継続している限りは、労働者派遣契約に定める「派遣労働者が従事する業務」以外の業務については、次のいずれかの業務のように、労働者派遣契約に定めた業務の範囲内に含まれるものと解される場合を除き、派遣先は、派遣労働者に従事させることはできません。

① 労働者派遣契約で定めた業務の実施のために必要不可欠な準備・整理・後始末などの業務
② 労働者派遣契約で定めた業務を円滑かつ完全に遂行する上に必要な業務
③ 労働者派遣契約で定めた業務を処理する上で必要な相当の範囲と認められる業務

派遣先が労働者派遣契約に違反して、派遣労働者を労働者派遣契約に定める「派遣労働者が従事する業務」以外の業務に従事させた場合には、3でみたように、派遣先は、「労働者派遣契約に定める就業条件に反することのないように必要な措置を講じなければならない」とする労働者派遣法に違反するとともに、派遣元は、派遣労働者が労働者派遣契約に定める「派遣労働者が従事する業務」以外の業務に従事したことによって生じた損害の賠償を請求することができることになります。

5　労働者派遣契約の変更による派遣労働者の従事する業務の変更に関する派遣先からの申入れについて

派遣先は、労働者派遣契約を一方的に変更することはできませんが、派遣元との合意によって、これを変更することは可能です。この場合に、派遣元が労働者派遣契約の変更に同意するか否かは、派遣元の判断によります。

ただし、このようにして、労働者派遣契約を変更した場合であっても、派遣先は、労働者派遣契約の締結に際し、受け入れる派遣労働者を特定することを目的とする行為をしないよう努めなければなりません（労働者派遣法26条7項）ので、派遣労働者のうち、誰をどの派遣先のどの業務に従事させるかは、派遣元が決定すべきことで、派遣先が決定することではありません。仮に実質的に派遣先が決定すれば、派遣元も派遣先による派遣労働者の特定を目的とする行為に協力したことになり、派遣先指針に抵触することになり

ます。

 このことは、労働者派遣契約の更新時にこのような申入れがあった場合においても同じで、仮に、派遣先が派遣労働者の多能工化を企図していたとしても、個々の派遣労働者を多能工化するか否かは派遣元が判断すべきことで、派遣先が決定することではありません。

> **問 25** 当社では労働者派遣個別契約を締結するまでに時間がかかってしまい、労働者派遣個別契約を締結すること無しに派遣労働者が就労を開始する事などを避けるため、労働者派遣個別契約をメールで派遣先とやり取りする方法を模索しています。これまでの書式は、労働者派遣契約内容書というもので、良く考えると「御中」とある事から、派遣先に差し入れる形になっていますので、労働者派遣事業関係業務取扱要領に記述のある「当事者の一方が労働者派遣を行う旨の意思表示を行いそれに対してもう一方の当事者が同意をすること又は当事者の一方が労働者派遣を受ける旨の意思表示を行いそれに対してもう一方の当事者が同意をすることにより成立する契約」という形式が満たされていないのではないかと考え、他の方法（書式）も含め、模索しています。そこで、労働者派遣個別契約書（案）をメールで送信し、派遣先から開封確認のメールをもらうか、受領し応諾した旨のメールをもらうことを考えています。いずれにしても、「差し入れる形の書式」でも「契約書の書式」でも、派遣先から何らかのレスポンスメールを受信しておく必要があると考えていますが、問題があるでしょうか。ただ、基本契約書の第3条に「個別契約」と明記していますので、基本契約を改訂しないのであれば部署毎の契約は「個別契約」との名称にする必要があるかと考えますが、もし基本契約書に明記すれば「個別契約」との名称でなくてもよいのでしょうか。さらに、今までは必ず押印をもらった契約書をやり取りしていましたが、押印無しの契約書をメール送信し、開封確認等のメールをもらうだけでも、契約成立と考えてよいのでしょうか。契約書をメール送信するだけ（開封確認や返信メールは受信しない）でも、契約成立と考えてよいのでしょうか。なお、派遣先のメール受信者は、「派遣元責任者」以上の役職者である必要がありますか。

答 ご質問の件ですが、労働者派遣事業関係業務取扱要領には、「当

事者の一方が労働者派遣を行う旨の意思表示を行いそれに対してもう一方の当事者が同意をすること又は当事者の一方が労働者派遣を受ける旨の意思表示を行いそれに対してもう一方の当事者が同意をすることにより成立する契約」とありますが、その後に「その形式は、文書であるか否かを、……問うものではない」とありますから、労働者派遣契約の成立のためには、必ずしも派遣先からレスポンスメールを受信しておかなければならないということではありません。

もちろん、当事者の意思を明確にするためには、派遣先からレスポンスメールを受信しておくことが望ましいと考えられますが、そうでなければ労働者派遣契約が成立しないという訳ではありません。

名称についても、労働者派遣法には何ら規定がありませんので、基本契約書に規定する「個別契約」に該当することを契約の両当事者が確認できれば差し支えないと考えられます。

また、派遣先の担当者ですが、派遣先において当該契約について決定する権限、あるいは派遣元に対して連絡を行う権限のある人であれば、差し支えないと考えられます。

しかしながら、労働者派遣法は、労働者派遣契約（個別契約）の成立について規定している訳ではなく、労働者派遣契約（個別契約）の成立を前提に、労働者派遣契約の当事者は、当該労働者派遣契約の締結に際し、労働者派遣法第26条第1項各号に定める事項を定め、**書面**に記載しておかなければならない（労働者派遣法第26条第1項、労働者派遣法施行規則第21条第3項）と規定しています。

したがって、労働者派遣契約の当事者が「労働者派遣法第26条第1項各号に定める事項を書面に記載しない」限り、同項違反になります。

ところで、労働者派遣法施行規則第21条第3項は「書面に記載しておかなければならない」と規定していますが、

一方同施行規則第26条第1項は

「次のいずれかの方法により明示することにより行わなければならない。

一　書面の交付の方法

二　次のいずれかの方法によることを当該派遣労働者が希望した場合における当該方法

　　イ　ファクシミリを利用してする送信の方法

　　ロ　電子メールの送信の方法」

と規定しています。

　つまり、「電子メールの送信」は「書面の交付」ではないことになりますので、仮に個別契約書をメール送信し、派遣先から開封確認のメールをもらうか、受領し応諾した旨のメールをもらったとしても、労働者派遣法施行規則第21条第3項を満たさないことになります。したがって、別途書面に記載することが必要になります。

　個別契約＝労働者派遣法第26条第1項各号に定める事項の記載と考えがちですが、実はそういう構造にはなっていないのです。

　これは、労働基準法第15条第1項についての労働契約と労働条件明示書と同じ構造になっています。

　以上のことから、電子メールの送信によって個別契約が成立していたとしても、別途書面の記載が必要なのです。

　実務的には煩瑣だとは思いますが、法律通り運用するためには、以上の方法しかありません。

　あと考えられるのは、労働者派遣法第26条第1項は「当該労働者派遣契約の締結に際し」と規定していますので、この「際し」を多少余裕を持って対応するくらいしかありません。

　なお、個別の事項に関しては、次の点にご留意ください。

　「就業時間」については、その労働者が実際に就業する時間を記載する必要があります。

　また、「就業日・休日」については、「派遣先カレンダーまたは勤務シフト表による」では、その労働者の就業日・休日を記載したことにはなりませんので、その労働者の就業日・休日を記載する必要があります。

　さらに、時間外・休日労働（労働者派遣法施行規則第22条第2号）の記載が必要です。このほか、「安全衛生」に次の事項を追加した方が良いように思います。

　「健康診断の実施等健康管理に関する事項」に、「派遣先は特殊健康診断を実施したときは、その結果の写しを派遣元に送付するものとする」

　「安全衛生教育に関する事項」に、「派遣先は、派遣労働者を法定の危険・有害業務に従事させるときは、法定の特別の安全衛生教育を行うものとする」

　「その他の事項」に、「派遣先は、派遣労働者が労働災害に被災したときは、速やかに派遣元に連絡するものとする。また、派遣先は、派遣労働者が労働災害その他就業中又は事業場内若しくはその附属建設物内における負傷、窒

息又は急性中毒により死亡し、又は休業したときは、法定の時期に、労働者死傷病報告を所轄の労働基準監督署長に提出するとともに、その写しを派遣元に送付するものとする。この場合において、派遣元も労働者死傷病報告を所轄の労働基準監督署長に提出するものとする」

3．労働者派遣契約の保管

問26 労働者派遣法施行規則第21条第3項には、「労働者派遣契約の当事者は、……書面に記載しておかなければならない」との規定がありますが、契約書の原本は先・元それぞれが保有していなければならないのでしょうか。契約書を元が作成し、先にFAX送信するだけでは、労働者派遣法上、許されないのでしょうか。

答 労働者派遣法施行規則第21条第3項は、当該事項を記載した書面を派遣元および派遣先が保有していなければならないとも、派遣元管理台帳や派遣先管理台帳のように3年間保存しなければならないとも、規定していませんから、派遣元および派遣先の双方または一方が当該書面を保有または保存していなくても、直ちに違法となる訳ではありません。

しかしながら、立入調査などが行われた際に、派遣元および派遣先が当該書面を保有していないとなると、当該書面を作成したことを証明できませんから、当該書面を作成していないと認定される恐れは極めて強いと考えられます。

派遣元は保有しているが、派遣先は保有していないとなると、派遣先に立入調査の際に派遣先は、派遣元が保有しているから、派遣元に問い合わせて欲しいと回答せざるを得ないと思いますが、そうなると必ずしも心証は良くないと思います。

派遣元は原本を保有しているが、派遣先はFAXされたものだけを保有しているとなると、かなり微妙です。

これらを考えると、当該事項を記載した書面を派遣元および派遣先の双方が保有しておいた方が望ましいと言えます。

この規定の制定時には、正直そこまでは考えられていません。

意識としては、「労働者派遣契約の当事者は、書面に記載しておかなけれ

ばならない」と規定しているのだから、契約の両当事者が保有しているだろうと考えられたのだと思います。

なお、労働基準法第15条の労働条件の明示に関しては、同法第109条の「雇入……に関する重要な書類」として、3年間保存する義務があります。

立法ミスかもしれませんが、当該事項を記載した書面を派遣元および派遣先の双方が保有しておくことが無難であり、それをお勧めしたいと思います。

4．派遣先の都合による休業の場合の補償

> **問27** 派遣先でカレンダー通りに業務を行わず、休業期間をかなり設ける会社が多く、当社は派遣先への補償交渉に苦慮しています。当社と派遣先との間の労働者派遣契約では、「派遣社員の故意過失により派遣先に損害を与えた場合は、先と元で双方協議して負担割合を決定する」との記載があるだけで、当社に損害が発生した場合のことは一切記述がありません。
>
> しかしながら契約書の条項に入っていなかったとしても、下記（例）の場合は、民法第415条（債務不履行による損害賠償）を根拠として、派遣先に損害賠償請求することは可能かと思いますが、如何でしょうか。
>
> （例）
>
> ある派遣現場で3月の契約期間で派遣社員10人を派遣していたが、契約期間の中で通算して20日の非稼働が発生した。
>
> ↓
>
> 1,500円（当社の派遣先への請求単価）×8時間×10人×20日＝240万円
>
> ↓
>
> 派遣契約に定めた労働者派遣の受け入れが履行されなかったため、当社は上記240万円の損害が発生した。
>
> ↓
>
> 民法第415条を根拠として取引先に債務不履行による損害賠償を請求できる。

答 会社間の取引に関することで、最終的には民事訴訟で解決するし

かないと思いますが、貴社として請求する根拠としては、民法第415条のほかにも、労働者派遣法の次のような規定が挙げられると思います。

同法第39条は「派遣先は、第26条第1項各号に掲げる事項その他厚生労働省令で定める事項に関する労働者派遣契約の定めに反することのないように適切な措置を講じなければならない」と規定し、同法第26条第1項第4号では「派遣就業をする日」と規定していますので、労働者派遣契約に定める派遣就業をする日に派遣先が派遣就業させないことは、派遣就業をする日に関する労働者派遣契約の定めに反することのないように適切な措置を講じていないことになって、同条に違反することになります。

この場合には、同法第48条第1項の「厚生労働大臣は、同法の施行に関し必要があると認めるときは、……労働者派遣の役務の提供を受ける者に対し、労働者派遣事業の適正な運営又は適正な派遣就業を確保するために必要な指導及び助言をすることができる」の規定により、派遣先は指導の対象となります。

ただし、実際に行政が会社間の取引に関することについて指導を行うことは考え難いのと、貴社として会社間の取引に関することについて行政を巻き込むことは適当とはいえないので、あくまで交渉に当たっての材料として使った方が良いと考えます。

また、民法には、第413条に「債権者が債務の履行を受けることを拒んだときは、その債権者は、履行の提供があった時から遅滞の責任を負う」という規定もありますので、この規定を根拠にすることも考えられます。

いずれにせよ、会社間の取引に関することですので、会社間の交渉で解決を図り、解決できなければ、損害賠償訴訟を起こし、裁判所の判断を仰ぐしかないと考えます。

5．海外派遣

問28 派遣法は海外においても適用されるのでしょうか。また、新たに海外派遣を行おうとする場合には、既に許可されている一般労働者派遣事業について変更の手続きが必要なのでしょうか。また、外国人を海外に派遣する場合でも事前の届出が必要なのでしょうか。

答　**1　労働者派遣法の国際的な適用関係**

　労働者派遣法は、国内において行われる事業に対しては、使用者や労働者の国籍を問わず、また当事者の意思のいかんを問わず適用されます。また、外国で事業を行う日本企業や海外企業で働く日本人には労働者派遣法は適用されませんが、短期の出張や国内の事業所が労務管理を行っている場合など海外での就労が一時的なもので国内の事業との関係が継続されている場合には適用されます。

2　海外派遣を予定する場合の許可基準

　海外派遣を予定する場合の一般労働者派遣事業については、一般労働者派遣事業に関する一般的な許可基準のほかに、海外派遣を予定する場合の許可基準が定められていますので、一般労働者派遣事業として海外派遣を行おうとする場合には、この基準に基づき、次の要件を満たさなければなりません。

① 　派遣元責任者が派遣先国の言語や労働事情に精通するものであること
② 　海外派遣に際し派遣労働者に対してガイダンスを実施すること、海外の事業所との連絡体制が整備されていることなど派遣労働者の海外における適正な就業のための体制が整備されていること

3　海外派遣を予定する場合の許可基準の取得の必要性

　この「海外派遣を予定する場合の許可基準」については、労働者派遣事業関係業務取扱要領によれば、「海外派遣を予定する場合の許可の要件」としか記載されておらず、既に許可されている一般の労働者派遣事業に対し変更の手続きが必要か否かについては明確ではありません。

　しかしながら、労働者派遣事業関係業務取扱要領においては、「海外派遣を予定する場合の許可基準」は労働者派遣法第7条第1項各号の要件に基づくものとしていますので、一般労働者派遣事業を営業する過程において海外派遣を予定することになった場合にも、「海外派遣を予定する場合の許可基準」を満たすものとして、許可を受けなければならない趣旨であると考えられます。

　このため、既に一般労働者派遣事業の許可を得ている場合であっても、海外派遣を予定することになった場合には、改めて許可の申請手続が必要となると考えられます。

4　海外派遣の場合の特別の取扱い

　海外派遣については、派遣先に対して日本の労働者派遣法の規定は適用されません。このため、派遣先における派遣労働者の適正な就業を確保するこ

とが困難であることから、次のような特別の取扱いがなされています。
(1) 事前の届出
　　海外派遣をしようとするときは、派遣元はその旨を事前に派遣元の事業主の主たる事務所の所在地を管轄する労働局を経由して厚労省に届け出なければなりません（労働者派遣法第23条第3項）。
(2) 労働者派遣契約についての特別の定め
　　派遣元は、海外派遣のための労働者派遣契約を締結する場合には、派遣先との間で、派遣先が次の措置を講じなければならないことを書面で定めなければなりません（同法第26条第3項）。
① 派遣先責任者を選任すること
② 派遣先管理台帳の作成、記載および通知を行うこと
③ 派遣労働者の就業に関し、労働者派遣契約の定めに反することのないように適切な措置を講ずること
④ 派遣労働者の派遣先における就業に伴って生ずる苦情などについて、派遣元に通知し、その適切かつ迅速な処理を図ること
⑤ 派遣労働者の就業が適正かつ円滑に行われるようにするため、適切な就業環境の維持、診療所、給食施設などの施設で現に派遣先に雇用される労働者が通常利用しているものの利用に関する便宜の供与など必要な措置を講ずるように努めること
⑥ 派遣受入期間の制限のある業務について労働者派遣を行う場合には、派遣受入期間の制限に関する抵触日を派遣元に通知すること
⑦ 派遣受入期間の制限のある業務について労働者派遣を行う場合には、同一の業務について継続して1年以上労働者派遣を受け入れた場合に、引き続き同一の業務に従事させるために労働者を雇い入れようとするときにはその派遣労働者を雇い入れるよう努めること
⑧ 派遣受入期間の制限のある業務について労働者派遣を行う場合に、同一の業務について派遣受入期間を超えて、引き続きその派遣労働者を使用しようとするときは、その派遣労働者に労働契約の締結を申し込むこと
⑨ 派遣受入期間の制限のない業務について労働者派遣を行う場合に、同一の業務について3年を超える期間継続して同一の派遣労働者を受け入れた場合に、その業務に労働者を雇い入れようとするときのその派遣労働者に労働契約の締結を申し込むこと

これらの措置は、海外派遣の場合には、日本の労働者派遣法が派遣先に適用されないために、労働者派遣契約において派遣先の講ずべき措置として定めることによって、派遣先に労働者派遣契約上の義務として①から⑨までの措置を講じさせようとするものです。

なお、ここでいう「海外派遣」とは、海外の事業所その他の施設において指揮命令を受けて派遣労働者を就業させることを目的として行う労働者派遣で、海外に所在する法人または個人である場合はもとより、派遣先が国内に所在する法人または個人である場合で、その派遣先の海外支店などにおいて就業させるときも海外派遣に該当しますが、出張などにより一時的に海外で業務を遂行する場合や派遣先が国内に所在する法人または個人である場合で海外支店などでの就業期間がおおむね1月を超えないものについては、海外派遣には該当しないとする取扱いが行われています。

5　外国人労働者を海外に派遣する場合の取扱い

外国人労働者を海外に派遣する場合にも、4の事前の届出や労働者派遣契約についての特別の定めに関する労働者派遣法の規定は、その適用が除外されていません。

このため、外国人労働者を国内の事業所において、海外に派遣する場合にも、海外派遣に関する事前の届出を行うとともに、労働者派遣契約に派遣先が4の①から⑨までの措置を講じなければならないことを書面で定めなければなりません。

6．派遣労働者の特定

問29　事前面接はなぜ違法なのでしょうか。特に期間の定めのない雇用の場合には、事前面接が派遣元と派遣労働者の雇用関係に影響を及ぼすことはないと考えますがいかがでしょうか。

答　**1　労働者派遣事業における3者間の関係**

労働者派遣事業においては、派遣元、派遣先および派遣労働者の3者間の関係は、次のような関係にあります。
① 派遣元が派遣労働者を雇用していること
② 派遣元と派遣先との間に労働者派遣契約が締結され、この労働者派遣契

約に基づき、派遣先は派遣労働者を指揮命令し、派遣先のために労働に従事させることができること
③　派遣先は派遣労働者を雇用することなく、指揮命令し、派遣先のために労働に従事させること

　ここでいう「雇用関係」とは、労働者が事業主の支配を受けて、その規律の下に従属的地位において労働を提供し、その提供した労働の対償として事業主から賃金、給料その他これらに準ずるものの支払を受けている関係をいい、労働者派遣事業に該当するためには、派遣元と派遣労働者との間に雇用関係が継続していることが必要であり、一方、派遣先と派遣労働者との間には雇用関係があれば、労働者派遣事業には該当しません（図参照）。

図　労働者派遣における３者間の関係

```
         労働者派遣契約
  派遣元 ←――――――→ 派遣先
       ↘           ↙
    雇用関係      指揮命令
              　　関係
         ↘   ↙
         労働者
```

2　派遣労働者と派遣先との間に雇用関係が生じる場合

　黙示の雇用関係に関し、最高裁判所は、「使用者と労働者の間に雇用関係（労働契約）が存在するためには両者の意思の合致が必要であるが、労働契約の本質は使用者が労働者を指揮命令し監督することにあるので、明示された契約の形式だけではなく、労務供給の具体的な実態により、両者間に事実上の使用従属関係があるかどうかを判断し、使用従属関係があり、かつ、両者間に客観的に推認される黙示の意思の合致がある場合には、黙示の労働契約の成立が認められることがある（安田病院事件　最高裁第３小法廷平成10年９月８日労判745-7）」としています。

　労働者派遣事業においても、派遣先と派遣された労働者の間の労働契約に関し、次のように判断した判例があります。

①　労働者が派遣元との間の派遣労働契約に基づき派遣元から派遣先に派遣された場合でも、派遣元が形式的存在に過ぎず、派遣労働者の労

務管理を行っていない反面、派遣先が派遣労働者の採用、賃金額その他の就業条件を決定し、配置、懲戒などを行い、派遣労働者の業務内容・期間が労働者派遣法で定める範囲を超え、派遣先の正規職員の作業と区別し難い状況となっており、派遣先が派遣労働者に対して労務給付請求権を有し、かつ賃金を支払っていると認められる事情がある場合には、労働者派遣契約は名目的なものに過ぎず、派遣労働者と派遣先との間に黙示の労働契約が成立したと認める余地がある（一橋出版事件　東京高裁平成18年6月29日労判921-5、最高裁第一小法廷平成18年11月2日）。

② 派遣労働者と派遣先との労働契約が成立したといえるためには、単に両者の間に事実上の使用従属関係があるというだけではなく、諸般の事情に照らして、派遣労働者が派遣先の指揮命令の下に派遣先に労務を提供する意思を有し、これに関し派遣先がその対価として派遣労働者に賃金を支払う意思が推認され、社会通念上、両者間で労働契約締結する意思表示の合致があったと評価できるに足りる特段の事情が存在することが必要である。派遣元が企業としての実体を有せず、派遣先の組織の一部と化したり、派遣先の賃金の支払の代行機関となっていて、派遣元の実体が派遣先と一体と見られ、法人格否認の法理を適用しうる場合またはそれに準ずるような場合には、派遣労働者と派遣先の間に労働契約が成立していると認めることができる（いよぎんスタッフサービス事件　高松高裁平成18年5月18日労判921-33、最高裁第二小法廷平成21年3月27日労判991-14）。

3　派遣先による事前面接と派遣先と派遣労働者との間の雇用関係

　上記①の判例にあるように、派遣先が派遣労働者の採用を決定するような関係にある場合には派遣先と派遣労働者との間に雇用関係が存在する可能性が高いので、派遣先による事前面接は少なくとも派遣先が派遣労働者の採用を決定するようなものであってはならないことになります。

　そうしないと、労働者派遣事業に該当せず、労働者供給事業に該当するものとして、違法と評価される恐れがあります。

　なお、労働者供給事業は「供給契約に基づいて労働者を他人の指揮命令を受けて労働に従事させる（職業安定法第4条第6項）」事業をいいますので、派遣元と派遣労働者の雇用関係に影響を及ぼすか否かは、労働者供給事業に

該当するか否かとは直接の関係はありません。

4　派遣先による特定目的行為に関する制限

これに加えて、労働者派遣法第26条第7項は「紹介予定派遣の場合を除き、派遣先は労働者派遣契約の締結に際し、派遣労働者を特定することを目的とする行為をしないように努めなければならない」旨規定し、さらに派遣先指針には「派遣先は、紹介予定派遣の場合を除き、派遣労働者について、労働者派遣に先立って面接すること……等派遣労働者を特定することを目的とする行為を行わないこと」という趣旨の記載があります。

労働者派遣法の努力義務規定と派遣先指針の義務的な記載とでは整合性が取れていませんが、派遣先が派遣労働者の採用を決定するようなものでなくても、派遣先による事前面接は制限されています。

問30　労働者派遣事業関係業務取扱要領に「派遣労働者又は派遣労働者となろうとする者が、派遣就業を行う派遣先として適当であるかどうかを確認する等のため自らの判断の下に派遣就業開始前の<u>事業所訪問若しくは履歴書の送付又は派遣就業期間中の履歴書の送付を行うこと</u>は派遣先による派遣労働者を特定することを目的とする行為が行われたことには該当せず、実施可能であるが、派遣先は、派遣元又は派遣労働者若しくは派遣労働者となろうとする者に対してこれらの行為を求めないこととする等、派遣労働者を特定することを目的とする行為の禁止に触れないよう、十分留意すること」とあります。下線部の<u>事業所の訪問</u>については本人が派遣先として適当であるかどうかを確認する事を目的とする事は理解できるのですが、<u>履歴書の送付又は派遣就業期間中の履歴書の送付</u>については、本人の判断により本履歴書を送付することにより、派遣先が就業が可能か否か（採否を判断？）の判断をしてもよいと解釈すべきなのでしょうか。

答　ご指摘の記載は、「派遣先が派遣労働者を特定する」行為に関するものですので、派遣労働者が勝手に事業所訪問や履歴書の送付をしても、それ自体は「派遣先が派遣労働者を特定する」行為を行ったということにはならないということを言っているに過ぎません。

したがって、この記載が、派遣労働者の判断により送付した履歴書に基づいて、派遣先が採否の判断をしてよいということまで、言っている訳ではあ

第1部　派遣の管理

りません。
　その意味では、労働者派遣事業関係業務取扱要領の記載は、良いとも悪いとも言っていないということになります。
　さらに注意しなければならないのは、この記載は、あくまで労働者派遣法という行政取締法に関するもので、民事に関するものではありません。
　というのは、派遣労働者本人が履歴書を送付し、これに基づいて派遣先が採否の判断をするとなると、派遣先と派遣労働者との間に労働契約が成立していると評価されるのではないかと考えられます。
　労働者派遣は、派遣先が派遣労働者を雇用することを約してするものを含まないと定義していますので、派遣先と派遣労働者との間に労働契約が成立している場合には、一般に労働者派遣には該当しないことになってしまい、この場合には労働者供給に該当して違法行為となってしまいます。
　また、派遣労働者が派遣先に対して雇用関係の確認を求めた場合に、これが認められることになります。
　これらの事情を加味すれば、派遣先が採否の判断をすることは避けるべきです。

7．労働者派遣契約の解除

問31　経済危機で派遣会社との労働者派遣契約を契約期間の中途で打ち切らざるを得ないことになりましたが、労働者派遣契約の解除に当たってはどのようなことに留意しなければならないのでしょうか。

答　労働者派遣契約は、派遣元と派遣先との間の取引契約であり、当事者の一方である派遣元が相手方である派遣先に対し労働者派遣をすることを約する契約をいいます（労働者派遣法第26条第1項）が、労働者派遣契約の解除について、労働者派遣法は次のような規定を定めています。
(1)　派遣先による労働者派遣契約の解除の禁止
　　派遣先は、派遣労働者の国籍、信条、性別、社会的身分、派遣労働者が労働組合の正当な行為をしたことなどを理由として、労働者派遣契約を解除することはできません（同法第27条）。
　　これに違反する労働者派遣契約の解除は無効となり、派遣元は労働者派

遣契約の解除の無効を主張してその契約の履行を求めたり、損害賠償の請求をすることができます。

　　労働者派遣契約の解除が禁止されるのは、次のような事由です。
① 　派遣労働者の人種、国籍、信条、性別、社会的身分、門地
② 　派遣労働者が労働組合に加入し、またはこれを結成しようとしたこと、労働組合の組合員であること、労働組合の正当な行為をしたこと
③ 　女性派遣労働者が婚姻し、妊娠し、出産したこと
④ 　派遣労働者に障害があること
⑤ 　派遣先へ苦情を申し出たこと
⑥ 　派遣先が法に違反したことを関係行政機関に申告したこと

なお、これらの理由により、派遣元が派遣労働者を解雇した場合には、労働基準法、労働組合法などの関係規定により、無効とされるほか、罰則が適用される場合もあります。

(2) 派遣元が労働者派遣契約を解除できる場合

　　派遣元は、派遣先が、派遣労働者の就業に関し、労働者派遣法または同法の規定により適用される労働基準法や労働安全衛生法などの規定に違反した場合には、労働者派遣を停止し、または労働者派遣契約を解除することができます（労働者派遣法第28条）。

　この規定は、派遣労働者の就業条件が適正に確保されるためのものであり、労働者派遣の停止または労働者派遣契約の解除は、何らの催告を行うことなく直ちに行うことができ、債務不履行による損害賠償の責を負うことはありません。また、労働者派遣契約において解除を制限する事由や解除予告期間が定められていたとしてもその定めは無効となります。

　この規定により、派遣元が労働者派遣契約を解除することができるのは、派遣先が次のような事由に該当した場合です。
① 　労働者派遣契約に違反しないよう適切な措置を講じない場合（同法第39条違反）
② 　派遣先での適正な就業を確保するための措置を講じない場合（同法第40条違反）
③ 　派遣先責任者を配置せず、派遣労働者の指揮命令をする者などに所定の事項を周知しなかった場合（同法第41条違反）
④ 　派遣先管理台帳の作成を適正に行わなかった場合（同法第42条違反）
⑤ 　派遣先で行った健康診断の記録を派遣元事業主に送付しなかった場合

（同法第45条10項違反）
⑥ じん肺健康診断の結果を派遣元に送付しなかった場合（同法第46条7項違反）
⑦ セクハラに関する就業上の措置を講じなかった場合（同法第47条の2違反）
⑧ 労働基準法、安全衛生法、じん肺法、作業環境測定法および男女雇用機会均等法の規定であって労働者派遣法により派遣先に適用される規定に違反した場合

(3) 労働者派遣契約の解除の効力

労働者派遣契約の解除は、将来に向かってのみその効力を生じます（同法第29条）。

(4) 労働者派遣契約の解除に当たって派遣先が講ずべき措置

派遣先は、その都合により労働者派遣契約を解除するに当たっては、派遣労働者の新たな就業の機会の確保、派遣元が派遣労働者に対して休業手当などの支払を必要とするときのその支払に要する費用を確保するための費用の負担などの派遣労働者の雇用の安定を図るために必要な措置を講じなければなりません（同法第29条の2）。

これについては、派遣先指針において、派遣先は、次の措置を講じなければならないと記載しています。

ア 労働者派遣契約の締結に当たって講ずべき措置

派遣先は、労働者派遣契約の締結に当たって、派遣先の責に帰すべき事由により労働者派遣契約の契約期間が満了する前に労働者派遣契約の解除を行おうとする場合には、派遣先は派遣労働者の新たな就業機会の確保を図ること及びこれができないときには少なくとも当該労働者派遣契約の解除に伴い派遣元が派遣労働者を休業させることなどを余儀なくされることにより生ずる損害である休業手当、解雇予告手当などに相当する額以上について損害の賠償を行うことを定める。

イ 労働者派遣契約の解除の事前の申入れ

派遣先は、専ら派遣先に起因する事由により、労働者派遣契約の契約期間が満了する前の解除を行おうとする場合には、派遣元の合意を得ることはもとより、あらかじめ相当の猶予期間をもって派遣元に解除の申入れを行う。

ウ 派遣先における就業機会の確保

派遣先は、労働者派遣契約の契約期間が満了する前に派遣労働者の責に帰すべき事由以外の事由によって労働者派遣契約の解除が行われた場合には、当該派遣先の関連会社での就業をあっせんするなどにより、派遣労働者の新たな就業機会の確保を図る。
エ　損害賠償などに係る適切な措置
　　　派遣先は、派遣先の責に帰すべき事由により労働者派遣契約の契約期間が満了する前に労働者派遣契約の解除を行おうとする場合には、派遣労働者の新たな就業機会の確保を図り、これができないときには、少なくとも労働者派遣契約の解除に伴い派遣元が派遣労働者を休業させることなどを余儀なくされたことにより生じた損害の賠償を行う。例えば、派遣元が派遣労働者を休業させる場合は休業手当に相当する額以上について、派遣元がやむを得ない事由により派遣労働者を解雇する場合は、派遣先による解除の申入れが相当の猶予期間をもって行われなかったことにより派遣元が解雇の予告をしないときは30日分以上、予告をした日から解雇の日までの期間が30日に満たないときは解雇の日の30日前の日から予告の日までの日数分以上の賃金に相当する額以上の額について、損害賠償を行う。その他派遣先は派遣元と十分に協議した上で適切な善後処理方策を講ずる。また、派遣元および派遣先の双方に責に帰すべき事由がある場合には、派遣元および派遣先のそれぞれの責に帰すべき部分の割合についても十分に考慮する。
　　　なお、派遣元が派遣労働者を休業させる場合における休業手当に相当する額、または派遣元がやむを得ない事由により派遣労働者を解雇する場合における解雇予告手当に相当する額（＝派遣先による労働者派遣契約の解除の申入れが相当の猶予期間をもって行われなかったことにより派遣元が解雇の予告をしないときは30日分以上、予告をした日から解雇の日までの期間が30日に満たないときは解雇の日の30日前の日から当該予告の日までの日数分以上の賃金に相当する額）については、派遣元に生ずる損害の例示であり、休業手当および解雇予告手当以外のものについても、それが派遣先の責に帰すべき事由により派遣元に実際に生じた損害であれば、賠償を行う。
オ　労働者派遣契約の解除の理由の明示
　　　派遣先は、労働者派遣契約の契約期間が満了する前に労働者派遣契約の解除を行おうとする場合であって、派遣元から請求があったときは、

労働者派遣契約の解除を行った理由を当該派遣元に対し明らかにする。
　したがって、派遣先は、受注の落ち込みなど派遣先の事情で、労働者派遣契約をその契約期間満了前に解除しなければならない場合には、これらのルールに則って行う必要があります。

問32　労働者派遣契約解除時の派遣元、派遣先における就業機会確保、休業手当の支払いに要する費用負担が義務化されていますが、事業動向の急速な変動により余剰人員が発生した場合、労働者派遣契約の中途解除をする際に派遣先として留意する事項などがあればご教示いただきたく存じます。

　答　従来派遣元事業主が講ずべき措置に関する指針（平成11年告示第137号。以下「派遣元指針」といいます）や派遣先指針に記載されているものと基本的に同じで、次のことを行う必要があります。

1　労働者派遣契約の締結に当たって講ずべき措置
　派遣先は、労働者派遣契約の締結に当たって、派遣先の責に帰すべき事由により労働者派遣契約の契約期間が満了する前に労働者派遣契約の解除を行おうとする場合には、派遣先は派遣労働者の新たな就業機会の確保を図ること及びこれができないときには少なくとも当該労働者派遣契約の解除に伴い派遣元が派遣労働者を休業させることなどを余儀なくされることにより生ずる損害である休業手当、解雇予告手当などに相当する額以上について損害の賠償を行うことを定める。

2　労働者派遣契約の解除の事前の申入れ
　派遣先は、専ら派遣先に起因する事由により、労働者派遣契約の契約期間が満了する前の解除を行おうとする場合には、派遣元の合意を得ることはもとより、あらかじめ相当の猶予期間をもって派遣元に解除の申入れを行う。

3　派遣先における就業機会の確保
　派遣先は、労働者派遣契約の契約期間が満了する前に派遣労働者の責に帰すべき事由以外の事由によって労働者派遣契約の解除が行われた場合には、当該派遣先の関連会社での就業をあっせんするなどにより、派遣労働者の新たな就業機会の確保を図る。

4　損害賠償などに係る適切な措置
　派遣先は、派遣先の責に帰すべき事由により労働者派遣契約の契約期間が

満了する前に労働者派遣契約の解除を行おうとする場合には、派遣労働者の新たな就業機会の確保を図り、これができないときには、少なくとも労働者派遣契約の解除に伴い派遣元が派遣労働者を休業させることなどを余儀なくされたことにより生じた損害の賠償を行う。例えば、派遣元が派遣労働者を休業させる場合は休業手当に相当する額以上について、派遣元がやむを得ない事由により派遣労働者を解雇する場合は、派遣先による解除の申入れが相当の猶予期間をもって行われなかったことにより派遣元が解雇の予告をしないときは30日分以上、予告をした日から解雇の日までの期間が30日に満たないときは解雇の日の30日前の日から予告の日までの日数分以上の賃金に相当する額以上の額について、損害賠償を行う。その他派遣先は派遣元と十分に協議した上で適切な善後処理方策を講ずる。また、派遣元および派遣先の双方に責に帰すべき事由がある場合には、派遣元および派遣先のそれぞれの責に帰すべき部分の割合についても十分に考慮する。

　なお、派遣元が派遣労働者を休業させる場合における休業手当に相当する額、または派遣元がやむを得ない事由により派遣労働者を解雇する場合における解雇予告手当に相当する額（＝派遣先による労働者派遣契約の解除の申入れが相当の猶予期間をもって行われなかったことにより派遣元が解雇の予告をしないときは30日分以上、予告をした日から解雇の日までの期間が30日に満たないときは解雇の日の30日前の日から当該予告の日までの日数分以上の賃金に相当する額）については、派遣元に生ずる損害の例示であり、休業手当および解雇予告手当以外のものについても、それが派遣先の責に帰すべき事由により派遣元に実際に生じた損害であれば、賠償を行う。

5　労働者派遣契約の解除の理由の明示

　派遣先は、労働者派遣契約の契約期間が満了する前に労働者派遣契約の解除を行おうとする場合であって、派遣元から請求があったときは、労働者派遣契約の解除を行った理由を当該派遣元に対し明らかにする。

問 33　労働者派遣法は、派遣先の都合で労働者派遣契約を解除するときに講ずべき措置として法律で派遣労働者の新たな就業の機会確保や休業手当などの支払いに要する費用負担などの措置をとることが、派遣先の義務と定めています。当社では、以前から派遣元と協議して解決を図るように、労働者派遣個別契約書にて定めておりますが、労働者派遣基本契約書に、これらの措置について明記する必要があるでしょうか。

また、派遣先としての費用負担などはかかる経費の全額を負担しなければならないのでしょうか。

答　労働者派遣法第29条の2の規定に基づき、また、派遣先指針により、派遣先は、派遣労働者の雇用の安定を図るため、次の措置を講じなければなりません。

1　労働者派遣契約の締結に当たって講ずべき措置

　派遣先は、労働者派遣契約の締結に当たって、派遣先の責に帰すべき事由により労働者派遣契約の契約期間が満了する前に労働者派遣契約の解除を行おうとする場合には、派遣先は派遣労働者の新たな就業機会の確保を図ること及びこれができないときには少なくとも当該労働者派遣契約の解除に伴い派遣元が派遣労働者を休業させることなどを余儀なくされることにより生ずる損害である休業手当、解雇予告手当などに相当する額以上について損害の賠償を行うことを定める。

2　労働者派遣契約の解除の事前の申入れ

　派遣先は、専ら派遣先に起因する事由により、労働者派遣契約の契約期間が満了する前の解除を行おうとする場合には、派遣元の合意を得ることはもとより、あらかじめ相当の猶予期間をもって派遣元に解除の申入れを行う。

3　派遣先における就業機会の確保

　派遣先は、労働者派遣契約の契約期間が満了する前に派遣労働者の責に帰すべき事由以外の事由によって労働者派遣契約の解除が行われた場合には、当該派遣先の関連会社での就業をあっせんするなどにより、派遣労働者の新たな就業機会の確保を図る。

4　損害賠償などに係る適切な措置

　派遣先は、派遣先の責に帰すべき事由により労働者派遣契約の契約期間が満了する前に労働者派遣契約の解除を行おうとする場合には、派遣労働者の新たな就業機会の確保を図り、これができないときには、少なくとも労働者派遣契約の解除に伴い派遣元が派遣労働者を休業させることなどを余儀なくされたことにより生じた損害の賠償を行う。例えば、派遣元が派遣労働者を休業させる場合は休業手当に相当する額以上について、派遣元がやむを得ない事由により派遣労働者を解雇する場合は、派遣先による解除の申入れが相当の猶予期間をもって行われなかったことにより派遣元が解雇の予告をしないときは30日分以上、予告をした日から解雇の日までの期間が30日に満たな

いときは解雇の日の30日前の日から予告の日までの日数分以上の賃金に相当する額以上の額について、損害賠償を行う。その他派遣先は派遣元と十分に協議した上で適切な善後処理方策を講ずる。また、派遣元および派遣先の双方に責に帰すべき事由がある場合には、派遣元および派遣先のそれぞれの責に帰すべき部分の割合についても十分に考慮する。

　なお、派遣元が派遣労働者を休業させる場合における休業手当に相当する額、または派遣元がやむを得ない事由により派遣労働者を解雇する場合における解雇予告手当に相当する額（＝派遣先による労働者派遣契約の解除の申入れが相当の猶予期間をもって行われなかったことにより派遣元が解雇の予告をしないときは30日分以上、予告をした日から解雇の日までの期間が30日に満たないときは解雇の日の30日前の日から当該予告の日までの日数分以上の賃金に相当する額）については、派遣元に生ずる損害の例示であり、休業手当および解雇予告手当以外のものについても、それが派遣先の責に帰すべき事由により派遣元に実際に生じた損害であれば、賠償を行う。

5　労働者派遣契約の解除の理由の明示

　派遣先は、労働者派遣契約の契約期間が満了する前に労働者派遣契約の解除を行おうとする場合であって、派遣元から請求があったときは、労働者派遣契約の解除を行った理由を当該派遣元に対し明らかにする。

　したがって、1にあるように、個別契約書に記載していれば、基本契約書にまで記載しなければならないということではありませんが、実際にそのような事態が生じたときには、これらの措置を講じることが重要です。

　裁判例の中には、派遣契約において「派遣先は、派遣先の責に帰すべき事由により労働者派遣契約の契約期間が満了する前に労働者派遣契約の解除を行おうとする場合には、派遣労働者の新たな就業機会の確保を図ること」と記載しておきながら、実際には何もしていなかったことを批判するもの（三菱電機名古屋製作所等事件　名古屋地裁平成23年11月2日労判1040-5）もありますので、ご注意ください。

　また、派遣先としての費用負担ですが、前記指針にあるように、派遣元が派遣労働者を休業させる場合は休業手当相当額以上を、解雇する場合は解雇予告相当額を、損害賠償する必要がありますので、この経費を減額するのは適当ではないと考えます。

第3節　派遣労働者の就業

1．有期雇用派遣労働者の無期雇用への転換

問 34　有期雇用派遣労働者の無期雇用への転換推進措置について、努力義務だからといって何もしないというわけにはいかないと思われます。どのように対応すればよいでしょうか。

答　有期雇用派遣労働者の希望に応じ、無期雇用への転換を推進するための措置を講ずるように努めなければならないのは、派遣元であって、派遣先ではありませんので、貴社が派遣先であれば、特に何かをしなければならないということにはなりません。

一方、貴社が派遣元であれば、①無期雇用の機会を確保し、提供すること、②紹介予定派遣の対象とすること、または③教育訓練その他の無期雇用への転換を推進するための措置のいずれかの措置を行う必要があります。この場合には、無期雇用への転換を推進するための措置を制度的に用意しておくことが必要で、無期雇用の機会の確保・提供が困難なときは、紹介予定派遣の対象とする、無期雇用への転換に向けた教育訓練の充実を図ることが必要と考えられます。

2．均衡待遇

問 35　派遣労働者の給与（時給）は相場価格および派遣料金とのバランスで設定されています。派遣元、派遣先とも均衡待遇の確保についてどこまで対応すればよいですか。昇給（時給アップ）についてルール化が必要ですか。

答　派遣元は、派遣労働者の賃金の決定に当たり、派遣労働者と同種の業務に従事する派遣先の労働者の賃金水準との均衡を考慮しつつ、同種の業務に従事する一般の労働者の賃金水準や派遣労働者の職務の内容などを勘案することが必要となります。

また、派遣労働者の職務の成果などに応じた適切な賃金を定めることが必要であり、派遣労働者と同種の業務に従事する派遣先の労働者の賃金水準との均衡を考慮した結果のみをもって、派遣労働者の賃金を従前より引き下げるような取り扱いは、均衡待遇の規定の趣旨を踏まえた対応とはいえないことに留意する必要があります。

　このため、派遣元としては、派遣労働者と同種の業務に従事する派遣先の労働者の賃金水準について派遣先に問い合わせるとか、同種の業務に従事する一般の労働者の賃金水準について賃金に関する統計などで調べるとかを行い、その上で、派遣労働者の賃金水準が妥当か考慮することが必要と考えられます。

　一方、派遣先は、派遣元の求めに応じ、派遣労働者と同種の業務に従事する派遣先の労働者の賃金に関する情報を派遣元に提供する必要があり、また、派遣元が職務の成果などに応じた適切な賃金を定めることができるよう、派遣元の求めに応じ、派遣労働者の職務の評価などに協力する必要があります。このため、派遣先としては、派遣元から問い合わせなどがあった場合には、これらの情報提供や協力を行うことが必要と考えられます。

　昇給（時給アップ）についても、賃金に関するルールとして、前記の要素を考慮する必要があります。

問36　均衡待遇などは労働者派遣法第26条で定める内容ではないと考え、労働者派遣個別契約には入れませんでしたが、入れた方が良いのでしょうか。

答　均衡待遇については、本来派遣元と派遣労働者間の労働契約に関する事項で、派遣元と派遣先との労働者派遣契約には直接関係はありません。

　ただ、派遣先から同種業務に従事する派遣先の労働者に関する情報を入手する必要がありますので、労働者派遣基本契約にその規定を入れておいた方がよいと考えます。

　要は、労働契約に関する事項なのか、労働者派遣契約に関する事項なのか、を精査した上で、労働者派遣個別契約に入れるかどうかを判断すれば良いと思います。

3．派遣期間中の直接雇用

> **問 37** 派遣期間中の直接雇用の禁止という労働者派遣契約の規定は、国が推奨している派遣労働者の直接雇用の推奨に反した内容で抵触するのではないでしょうか。国の推奨は、派遣期間終了後だけでなく、派遣期間中も進めているのではないでしょうか。

答　労働者派遣法は、派遣先に労働契約の申込みの義務や努力義務として、3つの義務を課していますが、
① 第40条の3の規定は、派遣元との雇用関係が終了した派遣労働者の雇入れ努力義務です
② 第40条の4の規定は、抵触日以降の労働契約の申込み義務で、労働者派遣終了後であることを前提としています
③ 第40条の5の規定は、同一の派遣労働者の労働者派遣の役務の提供を受けている場合においてその業務に労働者を従事させるために雇い入れようとするときの労働契約の申込み義務で、労働者派遣終了後であることを前提としています

また、同法第33条は、派遣元との雇用関係の終了後雇用されることを禁ずる旨の契約を締結することを禁止していますが、これは雇用関係の終了後に関するものです。

派遣先指針には、これらに関する記載はありません。

以上のように、派遣期間中の派遣労働者の直接雇用については、法律や指針は触れていません。

逆に、派遣労働者が派遣元との雇用関係が継続している期間は、派遣労働者は労働契約に基づいて派遣元に対して労務提供義務がありますので、派遣先が労働契約の履行を妨害すれば、不法行為となり、損害を賠償する責任を負います（民法第709条）。

なお、雇用の期間の定めがある場合について、「当事者が雇用の期間を定めた場合であっても、やむを得ない事由があるときは、各当事者は、直ちに労働契約の解除をすることができる」旨の規定（民法第628条）がありますが、逆に「やむを得ない事由」がないときは、労働者の方も労働契約の解除をすることはできないと解されています。

したがって、少なくとも派遣労働者が派遣元との雇用関係が継続している期間は、派遣先は派遣労働者を直接雇用することはできず、直接雇用すれば、不法行為となり、損害を賠償する責任を負います。
　仮に国がこのようなことを推奨したりすれば、それは国の不法行為となるから、そのような推奨をすることは考えられません。
　ただし、民法の不法行為も知らない行政担当者がそのようなことを言う可能性がないとは言えませんが、それは国として不法行為を行うことになり、損害賠償責任を負うということを認識していないためで、極めて無責任な行為です。

問38 当社（乙）の派遣労働者の直接雇用の際の有料による職業紹介について、労働者派遣契約書内の「派遣契約終了後に甲が乙の労働者の直接雇用を希望する場合は、甲は乙に有料職業紹介による措置を申し込む」という文言が違法行為でないかとの問い合わせが派遣先（甲）からありました。どのように考えるべきでしょうか。

答　「労働者派遣契約終了後に甲が乙の労働者の直接雇用を希望する場合は、甲は乙に有料職業紹介による措置を申し込む」というのは、労働者派遣契約の中途で直接雇用を希望する場合とは異なり、微妙な問題があります。
　これに関連して、労働者派遣法第33条第2項は「派遣元は、派遣先との間で、正当な理由がなく、その者が派遣労働者を派遣元との雇用関係の終了後雇用することを禁ずる旨の契約を締結してはならない」という規定があります。
　また、「派遣先が派遣労働者を雇用するために労働者派遣契約の更新を拒絶した場合には解約金を支払う旨の契約は、派遣元が、派遣先との間で、正当な理由がなく、派遣先が派遣労働者を派遣元との雇用関係の終了後雇用することを禁ずる結果となるので、実質的にこの規定に違反し、無効である」とする裁判例（ホクトエンジニアリング事件　東京地裁平成9年11月26日判時1646-106）があります。
　乙の労働者派遣契約書は、派遣先が派遣労働者を派遣元との雇用関係の終了後雇用することを禁じている訳でもなく、これを禁ずる結果となる訳でもありませんから、直ちに違法ということにはならないと考えます。

しかしながら、有料職業紹介によるとすることについての正当な理由については、きちんと説明できるようにしておいた方が良いように思います。
　例えば、その派遣先への労働者派遣終了後に他の派遣先に労働者派遣を予定しているなどであれば、正当な理由があるように思われます。
　一方、労働者派遣法第40条の3により派遣先に課された派遣労働者の雇入れの努力義務は、派遣先が次のいずれにも該当する場合です。
① 就業の場所ごとの同一の業務に継続して1年以上の期間派遣労働者を受け入れたこと
② 引き続きその業務に労働者を従事させるため、その期間が経過した日以後労働者を雇い入れようとすること
　また、この努力義務の対象となるのは、次のいずれにも該当する派遣労働者です。
① 1年以上の派遣期間、その業務に継続して従事していたこと
② 派遣先に雇用されてその業務に従事することを希望することを派遣先に申し出ていること
③ 派遣期間終了後7日以内に派遣元との雇用関係が終了すること
　仮に本件派遣労働者がこの努力義務の対象であるとすれば、その努力義務を履行することを妨げるような契約の条項は無効となる可能性が高いと考えられます。
　したがって、以上の事情を総合的に考えて、甲と協議するしかないと思いますが、乙としては、次のようなスタンスで臨まれてはいかがと思います。
ア 「労働者派遣契約終了後に甲が乙の労働者の直接雇用を希望する場合は、甲は乙に有料職業紹介による措置を申し込む」という契約の条項は、派遣先が派遣労働者を派遣元との雇用関係の終了後雇用することを禁じている訳でもなく、これを禁ずる結果となる訳でもないから、派遣法第33条第2項やこれまでの裁判例に照らして、違法行為に該当することはない。
イ この契約の条項は、その派遣先への派遣終了後に他の派遣先に派遣を予定する場合などがあることから念のために規定したものである。
ウ 乙として、労働者派遣法第40条の3により派遣先に課された派遣労働者の雇入れの努力義務の履行を妨げるような意図はなく、同条の規定により、同一の業務に継続して1年以上の期間派遣労働者を受け入れ、引き続きその業務に労働者を従事させるためにその期間が経過した日以後労働者を雇い入れようとする派遣先が、1年以上の派遣期間その業務に継続して

従事していて、派遣先に雇用されてその業務に従事することを希望することを派遣先に申し出ており、派遣期間終了後7日以内に乙との雇用関係が終了する派遣労働者についてまでこの契約の条項を適用する考えはない。

つまり、本件契約条項は違法ではないが、法律に定められた派遣先の努力義務の履行を妨げる意図はなく、法律に定められた派遣先の努力義務の履行を妨げる恐れがあるのであれば、この条項自体は削除せざるを得ないということではないかと考えます。

なお、甲の主張は、派遣先に直接雇用の努力義務が広く課されているという前提に立っているようですが、派遣先に直接雇用の努力義務が課されているのは前記の労働者派遣法第40条の3の規定に限られることについては、理解してもらう必要があると思います。

乙側の主張を全部通すのは現実的には難しいと思いますので、違法ではないということをはっきりさせた上で、撤退するというのが現実的ではないかと考えます。

4．派遣労働者の引き抜き

問39 業界の性格上人材の流動性が高く、派遣労働者の引き抜きが多く行われています。これを警戒する派遣元から、「契約の途中または終了後ある一定期間、派遣労働者を当社に雇用しない」という誓約書を請求されることがあり、派遣元に対しては労働者派遣法第33条を考慮のうえお断りしています。もともと派遣法第33条は派遣元と派遣労働者との関係を規制したものと理解していますが、派遣元と派遣先との間も規制されるものと考えてよいのでしょうか。また、請負事業主との間ではこれに類する法律はないのでしょうか。

答　1　派遣先と派遣労働者の労働契約を制限する契約の禁止

派遣元は、派遣労働者との間で、例えば、「退職後6月間は派遣先に雇用されないこと」とするなど、正当な理由がなく、派遣元との雇用関係の終了後、派遣労働者が派遣先に雇用されることを禁止する契約をすることはできません（労働者派遣法第33条第1項）。

同様に派遣先との間で、例えば、「派遣先が労働者派遣を受けた派遣労働

者について、労働者派遣の終了後１年間は雇用しないこと」とするなど、正当な理由がなく、派遣元との雇用関係の終了後、派遣先が派遣労働者を雇用することを禁止する契約をすることもできません（同条第２項）。

　このような契約は、派遣労働者の職業選択の自由を実質的に制約し、その就業機会を制限することになり、公の秩序に反するので禁止されていますが、派遣元との労働契約の終了以前は、派遣労働者は派遣元との間で現に雇用関係にありますから、禁止の対象とはなりません。なお、ここでいう「正当な理由」とは、秘密保持義務を実質的に担保するために競業を避ける義務を負わせることが必要である場合などが考えられます。

２　派遣先が派遣労働者を直接雇用することなどに関する裁判例

　派遣先が派遣労働者を直接雇用することに関する裁判例としては、派遣労働者を派遣先で雇用するために労働者派遣契約の更新を拒絶した場合には、解約金を支払う旨の契約の規定がある場合に、派遣先が任意で支払うことを拒絶したことに対して、派遣元がこの規定に基づき、派遣先に解約金の支払を求めたことについて、「本件解約条項は、実質的に、派遣元が、派遣先との間で、正当な理由がなく、派遣先が派遣労働者を派遣元との雇用関係の終了後雇用することを禁ずる結果となる契約条項であって、労働者派遣事業につき、このような結果をもたらす契約条項の締結を禁止して派遣労働者の職業選択の自由を保障しようとする趣旨に基づく労働者派遣法第33条第２項の適用若しくは類推適用を回避することを目的として設けられた約定といわざるを得ないから、同条項に実質的に違反して、無効である（ホクトエンジニアリング事件　東京地裁平成９年11月26日判時1646-106）」とするものがあります。

　また、請負労働者の競業避止義務に関する裁判例としては、「使用者が、従業員に対し、雇用契約上特約により退職後も競業避止義務を課すことについては、それが従業員の職業選択の自由に重大な制約を課すものである以上、無制限に認められるべきではなく、競業避止の内容が必要最小限の範囲であり、また競業避止義務を従業員に負担させるに足りうる事情があるなど合理的なものでなければならないが、本件従業員らの業務は、単純作業であり、会社独自のノウハウがあるものではなかった。また本件においては、同じ現場に競業する他社が存在し、人材の欠員、増員に関し、どちらか先に取引先に気に入られる人物を提供した方がその利益を得るという状況下で、単に取引先を確保するという営業利益のために従業員の移動そのものを禁止し

たものである。そして従業員の年収は決して高額なものではなく、また退職金もなく、さらに従業員に対し何らの代償措置も講じていなかったことを総合考慮するならば、本件競業避止義務が期間を6月と限定し、またその範囲を元の職場における競業他社への就職の禁止という限定するものであったとしても、職業選択の自由を不当に制約するものであり、公序良俗に反し無効である（キヨウシステム事件　大阪地裁平成12年6月19日労判791-8）」とするものがあります。

3　労働者の引き抜き

　労働者の引き抜きについては、これまでの裁判例では、労働者が他の労働者に対して同業他社への転職のため引き抜き行為を行ったとしても、これが単なる転職の勧誘にとどまる場合には違法ではありませんが、労働者、特に幹部が勤務先の会社を退職した後にその会社の労働者に対して行う引き抜き行為が社会的相当性を著しく欠くような方法・態様で行われた場合には、違法な行為と評価されます。この場合の「社会的相当性を逸脱した行為」であるか否かは、転職する労働者のその会社に占める地位、会社内部における待遇および人数、労働者の転職が会社に及ぼす影響、転職の勧誘に用いた方法など諸般の事情を総合考慮して判断され、退職時期を考慮せず、あるいは事前の予告を行わないなど会社の正当な利益を侵害しないよう配慮をせず会社に内密に移籍の計画を立て一斉、かつ、大量に労働者を引き抜くなどした場合や在職中に就職が内定していながらこれを隠し、突然退職届を提出した上、退職に当たって何ら引継ぎ事務も行わず、また、勧誘した労働者に対して営業所が閉鎖されるなどと虚偽の情報を伝え、金銭供与をするなどした場合には、社会的相当性を著しく逸脱したものと判断されています。

4　ご質問について

　1でみたように、労働者派遣法第33条は派遣元に対し、派遣労働者および派遣先の双方との間で、派遣元との雇用関係終了後派遣先が派遣労働者を雇用することを制限することを禁止していますが、これは、派遣元と派遣労働者との関係を規制したものだけではなく、派遣元と派遣先の関係も規制しています。

　また、2の裁判例に照らせば、請負事業主の場合にも、労働者の職業選択の自由を制約した契約をすることや競業避止義務を労働者に課すことが、公序良俗に反し、無効となることがあります。また、3に照らせば、労働者の引き抜きが社会的相当性を逸脱した行為であるときには、違法なものとし

て、損害賠償の対象となり得ます。

5．日雇派遣

問40 派遣事業の派遣期間は短期間（1〜2日）でも可能なのでしょうか。

答　**1　日雇派遣の原則禁止**

日々または30日以内の期間を定めて雇用する労働者を派遣することは、次の場合を除いて、原則禁止されています（労働者派遣法第35条の3）。

(1) 同法施行令第4条第1項に規定する次の18の業務の場合

情報処理システム開発業務（第4条第1項第1号）、機械設計業務（第4条第1項第2号）、事務用機器操作業務（第4条第1項第3号）、通訳、翻訳、速記業務（第4条第1項第4号）、秘書業務（第4条第1項第5号）、ファイリング業務（第4条第1項第6号）、調査業務（第4条第1項第7号）、財務業務（第4条第1項第8号）、取引文書作成業務（第4条第1項第9号）、デモンストレーション業務（第4条第1項第10号）、添乗業務（第4条第1項第11号）、受付・案内業務（第4条第1項第12号）、研究開発業務（第4条第1項第13号）、事業の実施体制の企画、立案業務（第4条第1項第14号）、書籍等の制作・編集業務（第4条第1項第15号）、広告デザイン業務（第4条第1項第16号）、OAインストラクション業務（第4条第1項第17号）、セールスエンジニア、金融商品の営業業務（第4条第1項第18号）の18業務

(2) 労働者派遣の対象となる労働者が次のいずれかに該当する場合（同法施行令第4条第2項、同法施行規則第28条の2、第28条の3）。

　ア　60歳以上である場合
　イ　幼稚園、小学校、中学校、高等学校、中等教育学校、特別支援学校、大学、高等専門学校、専修学校または各種学校の学生または生徒である場合
　　ただし、次のいずれかに該当する者は含みません。
　　1）定時制の課程に在学する者（大学の夜間学部、高等学校の夜間など）
　　2）通信制の課程に在学する者

3）卒業見込証明書を有する者で、卒業前に雇用保険の適用事業に就職し、卒業後も引き続き当該事業に勤務する予定のもの
4）休学中の者
5）事業主の命により（雇用関係を存続したまま）、大学院などに在学する者（社会人大学生など）
6）その他一定の出席日数を課程終了の要件としない学校に在学する者であって、当該事業において同種の業務に従事する他の労働者と同様に勤務し得ると認められるもの

ウ 労働者の1年分の賃金その他の収入の額が500万円以上である場合
エ 労働者が主として生計を一にする配偶者（婚姻の届出をしていないが、事実上婚姻関係と同様の事情にある者を含む）その他の親族の収入により生計を維持している場合で、世帯収入が500万円以上である場合（主たる生計者以外の者が日雇派遣の対象となる場合）

2 派遣期間の制限

1の日雇派遣の原則禁止は、派遣元と派遣労働者の間の雇用契約の期間の制限ですので、派遣先と派遣元との間の派遣期間が制限されている訳ではありませんが、派遣労働者の雇用期間は派遣期間に影響を及ぼしますので、短期間（1～2日）の労働者派遣を受け入れようとする場合には、1の日雇派遣の原則禁止に該当しないか、あるいは原則禁止の例外事由に該当することをしっかり確認する必要があります。

問41 労働者派遣法は、「日雇派遣を原則禁止」し、日々または30日以内の期間を定めて雇用する労働者派遣を禁止しています。当社は製造を主とした会社ですが、リーマンショック以降、景気は上向き傾向でしたが先行き不透明な状況に変わりありません。派遣労働者の受け入れをしていますが、経営リスクを軽減するために派遣契約を1月単位として、生産状況に応じて契約更新をかけています。派遣先として1回の契約期間を見直す必要はありますか。また、リワークや繁忙期に1週間〜10日程度のスポット的な作業が発生すこともあり、短期の派遣を受け入れることもありますが、このような短期派遣の受け入れは出来ないのでしょうか。

答 ご指摘のように、「日雇派遣は原則禁止」され、日々または30日

以内の期間を定めて雇用する労働者派遣は原則として禁止されています。

この禁止の対象となる期間は派遣労働者の雇用期間であって、派遣期間ではありませんので、30日以内の派遣期間を定めても違法ではありません。

ただし、派遣労働者の雇用期間が派遣期間に連動するような場合には、派遣期間についても変更を検討する必要があります。

特に1月という場合には、30日や29日、28日の月がありますので、このような場合には、30日以内となってしまいます。

このため、派遣期間を1月単位とする場合には、派遣元と十分協議して、派遣期間を1月としても、派遣元の方で派遣労働者の雇用期間を31日以上とすることができるかどうかを確認する必要があります。

仮に、派遣元の方から派遣労働者の雇用期間を31日以上とするためには、派遣期間についても31日以上として欲しいとか、2月にして欲しいとかいう要望が出てきたときには、それを踏まえて検討頂ければと考えます。

1週間～10日程度のスポット的な派遣についても同様で、このような短期の派遣期間を定めても違法ではありません。

問題は派遣労働者の雇用期間ですので、派遣元の方に1週間～10日程度のスポット的な派遣について、派遣元の方で派遣労働者の雇用期間として31日以上とすることができるかどうかを確認する必要があります。

それを踏まえてご対応ください。

問42 製品改修補助などで短期的（1週間）程度の派遣も当然禁止でしょうか。例外規定を詳しく知りたいと思います。

答 30日以内の期間を定めて雇用する労働者派遣は禁止されますが、この期間は派遣労働者の雇用期間であって、派遣期間ではありませんので、30日以内の派遣期間を定めても違法ではありません。

派遣労働者の派遣元における雇用期間が31日以上であれば、1週間程度の派遣も可能ですので、派遣元に雇用期間について問い合わせるなどして、協議することが適当です。

30日以内の期間を定めて雇用する労働者派遣の禁止の例外は、次の場合です。

(1) 労働者派遣法施行令第4条第1項に規定する次の18の業務の場合
　　情報処理システム開発業務（第4条第1項第1号）、機械設計業務（第

4条第1項第2号)、事務用機器操作業務(第4条第1項第3号)、通訳、翻訳、速記業務(第4条第1項第4号)、秘書業務(第4条第1項第5号)、ファイリング業務(第4条第1項第6号)、調査業務(第4条第1項第7号)、財務業務(第4条第1項第8号)、取引文書作成業務(第4条第1項第9号)、デモンストレーション業務(第4条第1項第10号)、添乗業務(第4条第1項第11号)、受付・案内業務(第4条第1項第12号)、研究開発業務(第4条第1項第13号)、事業の実施体制の企画、立案業務(第4条第1項第14号)、書籍等の制作・編集業務(第4条第1項第15号)、広告デザイン業務(第4条第1項第16号)、OAインストラクション業務(第4条第1項第17号)、セールスエンジニア、金融商品の営業業務(第4条第1項第18号)の18業務

(2) 労働者派遣の対象となる労働者が次のいずれかに該当する場合(同法施行令第4条第2項、同法施行規則第28条の2、第28条の3)。

　ア　60歳以上である場合

　イ　幼稚園、小学校、中学校、高等学校、中等教育学校、特別支援学校、大学、高等専門学校、専修学校または各種学校の学生または生徒である場合

　　ただし、次のいずれかに該当する者は含みません。

　　1) 定時制の課程に在学する者(大学の夜間学部、高等学校の夜間など)
　　2) 通信制の課程に在学する者
　　3) 卒業見込証明書を有する者で、卒業前に雇用保険の適用事業に就職し、卒業後も引き続き当該事業に勤務する予定のもの
　　4) 休学中の者
　　5) 事業主の命により(雇用関係を存続したまま)、大学院などに在学する者(社会人大学生など)
　　6) その他一定の出席日数を課程終了の要件としない学校に在学する者であって、当該事業において同種の業務に従事する他の労働者と同様に勤務し得ると認められるもの

　ウ　労働者の1年分の賃金その他の収入の額が500万円以上である場合

　エ　労働者が主として生計を一にする配偶者(婚姻の届出をしていないが、事実上婚姻関係と同様の事情にある者を含む)その他の親族の収入により生計を維持している場合で、世帯収入が500万円以上である場合(主たる生計者以外の者が日雇派遣の対象となる場合)

> **問 43** 日雇派遣が原則禁止ですが、雇用期間は派遣元が取り交す物であり、派遣先としては不明確な部分が多くあります。ここに対する法規制や隠れて違法行為が行われていないかを派遣先として確認する方法はありますか。

答 日々または30日以内の期間を定めて雇用する労働者を派遣することは、次の場合を除いて、原則禁止されていますが、この期間は雇用期間であって、派遣期間ではありませんので、30日以内の期間を定めた派遣期間は可能です。

(1) 労働者派遣法施行令第4条第1項に規定する次の18の業務の場合

　情報処理システム開発業務（第4条第1項第1号）、機械設計業務（第4条第1項第2号）、事務用機器操作業務（第4条第1項第3号）、通訳、翻訳、速記業務（第4条第1項第4号）、秘書業務（第4条第1項第5号）、ファイリング業務（第4条第1項第6号）、調査業務（第4条第1項第7号）、財務業務（第4条第1項第8号）、取引文書作成業務（第4条第1項第9号）、デモンストレーション業務（第4条第1項第10号）、添乗業務（第4条第1項第11号）、受付・案内業務（第4条第1項第12号）、研究開発業務（第4条第1項第13号）、事業の実施体制の企画、立案業務（第4条第1項第14号）、書籍等の制作・編集業務（第4条第1項第15号）、広告デザイン業務（第4条第1項第16号）、OAインストラクション業務（第4条第1項第17号）、セールスエンジニア、金融商品の営業業務（第4条第1項第18号）の18業務

(2) 労働者派遣の対象となる労働者が次のいずれかに該当する場合（同法施行令第4条第2項、同法施行規則第28条の2、第28条の3）。

　ア　60歳以上である場合
　イ　幼稚園、小学校、中学校、高等学校、中等教育学校、特別支援学校、大学、高等専門学校、専修学校または各種学校の学生または生徒である場合
　　ただし、次のいずれかに該当する者は含みません。
　　1）定時制の課程に在学する者（大学の夜間学部、高等学校の夜間など）
　　2）通信制の課程に在学する者
　　3）卒業見込証明書を有する者で、卒業前に雇用保険の適用事業に就職

し、卒業後も引き続き当該事業に勤務する予定のもの
4）休学中の者
5）事業主の命により（雇用関係を存続したまま）、大学院などに在学する者（社会人大学生など）
6）その他一定の出席日数を課程終了の要件としない学校に在学する者であって、当該事業において同種の業務に従事する他の労働者と同様に勤務し得ると認められるもの

ウ　労働者の1年分の賃金その他の収入の額が500万円以上である場合
エ　労働者が主として生計を一にする配偶者（婚姻の届出をしていないが、事実上婚姻関係と同様の事情にある者を含む）その他の親族の収入により生計を維持している場合で、世帯収入が500万円以上である場合（主たる生計者以外の者が日雇派遣の対象となる場合）

　ただし、派遣期間が30日以下の場合には、日雇派遣の原則禁止に該当しないよう、派遣元が31日以上の労働契約を結んでいるのか、日雇い派遣の原則禁止の例外に該当する場合には、当該業務に該当するのか、労働者の属性について派遣元が確認しているのかを派遣先としても確認する必要があります。

問44　労働者派遣事業関係取扱要領を読むと、「誓約書の提出により年収確認をしっかり実施した」場合は、仮に誓約書の内容が間違っていたとしても、派遣元はかなり免責されるような感を受けましたが、いかがでしょうか。

答　労働者派遣事業関係取扱要領では、「合理的な理由により書類等が用意できない場合等」と記載しています。
　派遣元としては「公的書類で確認することになっていますので、公的書類を提出してください」と言った方が良いと思います。
　その上で、「公的書類が出せないのであれば、やむを得ませんので、誓約書を出して頂くことになりますが、その場合には公的書類が出せない理由を教えてください」と説明することになると考えています。
　この場合に、親族がそのプライバシー保護のために収入に関する書類が出せないというのは、合理的な理由に当たるのではないでしょうか。

第1部　派遣の管理

問45　例えば14日間派遣期間を延長する場合、「個別契約を追加ではなしに、覚書にて『派遣期間を変更』する方が、事業所としては事務量が少なくてすむ」との要望が寄せられています。労働者派遣個別契約14日分を追加するよりは、変更後の労働者派遣個別契約と労働契約の期間が合致するというメリットもありますので、「労働者派遣個別契約は追加ではなく、覚書による変更」にしたいと考えていますが、いかがでしょうか。

答　日雇派遣は労働契約に関する規制で、労働者派遣契約に関する規制ではありませんので、労働者派遣個別契約について覚書で変更されても問題はないかと考えます。

問46　3月の労働契約で派遣している労働者ともう7日間の労働契約を当該派遣現場で延長したい場合、どのように対処したら良いでしょうか。7日間の労働契約は締結できないので、あきらめるしかないでしょうか。

答　派遣労働者と合意して、労働契約の雇用期間を3月+7日間に変更すれば、31日以上の雇用期間になるので、日雇派遣の原則禁止には抵触しないと考えます。

問47　「月単位で労働者派遣個別契約を締結することは会社方針で変えられない」旨主張する派遣先が多くて困っています。今後の対応ですが、例えば、11月は「11月1日〜12月1日」で労働契約を締結し、その後、「12月1日〜12月31日」の期間の労働者派遣個別契約を締結した段階で労働者と合意のもと、労働契約の期間を「11月1日〜12月31日」に変更するという手続きを行いたいと考えています。労働契約の始期は変わらない訳ですので、3年以上の労働契約にならないように気を付けます。いかがでしょうか。

答　派遣期間の変更が難しい場合には、労働契約の期間の変更しかないと思います。

これに対し脱法だという指導を受ける可能性がないとは言えませんが、そのときは、労働契約法第3条第1項の「労働契約は、労働者及び使用者が対等の立場における合意に基づいて締結し、又は変更すべきものとする」という規定を根拠に、「労働者と当社の合意に基づいて労働契約を変更したものである」と主張していくしかないと思います。
　なお、30日の月は1日、28日の月は3日の雇用（休業手当支払い）のリスクが出てきますが、やむを得ないと考えて頂くしかないと思います。

問 48　日雇労働契約の締結を希望する者が、口頭では500万円以上の年収がある旨主張している場合に、根拠となる書類を呈示出来ない時は誓約書の提出となりますが、根拠となる書類が呈示出来ない「やむを得ない事由」とは、どの程度の深刻さがあれば良いのでしょうか。

答　労働者派遣事業関係取扱要領では「合理的な理由によりこれらの書類等が用意できない場合」と記載しています。
　合理的な理由としては、例えば個人情報などが考えられるのではないかと考えています。
　特に、世帯収入の場合には、親族とはいえ、別の人格ですから、合理的な理由になり得るのではないかと考えられます。
　本人の場合にはそこまでは言えませんが、派遣元としては、個人情報なのでそれ以上求めるのは難しいというのは、一応の合理的な理由となり得るのではないかと考えられます。

問 49　日雇派遣禁止適用除外の年収500万円とは、直近の1年間を指すのでしょうか。日雇労働契約の締結を希望する者と6月に採用面談を行った際、前年の源泉徴収票で500万円以上の年収が確認できても駄目なのでしょうか。

答　収入要件は前年の収入により確認することが原則です。ただし、前年の収入が500万円以上である場合であっても、当年の収入が500万円を下回ることが明らかとなった場合には、日雇派遣の禁止の例外として認められませんので、前年の源泉徴収票で500万円以上の年収が確認できた場合には、当年の収入が500万円を下回ることが明らかとなる特別の事情がなければ、

第1部 派遣の管理

日雇派遣禁止の例外となり得ると考えられます。

問 50 日雇派遣は禁止ですが、たとえば下記のようなケースも禁止でしょうか。
例）7月1日～9月30日までの期間でAさんを派遣してもらったが、Aさんが都合により9月20日で終了した場合の、後任者Bさんの期間（9月21日～30日）は1月ないが問題ないでしょうか。

答 30日以内の期間を定めて雇用する労働者派遣は禁止されますが、この期間は派遣労働者の雇用期間であって、派遣期間ではありませんので、30日以内の派遣期間を定めても違法ではありません。

Bさんの派遣元における雇用期間が31日以上であれば10日の派遣も可能ですので、派遣元に雇用期間について問い合わせるなどして、協議することが適当です。

なお、1月という場合には、30日や29日、28日の月がありますので、このような場合には、30日以内となってしまいますので、ご注意ください。

このほか、次の日雇い派遣の原則禁止の例外に該当する場合がありますので、仮に派遣元での雇用期間が30日以内である場合には、原則禁止の例外に該当することについても確認してください。

(1) 労働者派遣法施行令第4条第1項に規定する次の18の業務の場合
情報処理システム開発業務（第4条第1項第1号）、機械設計業務（第4条第1項第2号）、事務用機器操作業務（第4条第1項第3号）、通訳、翻訳、速記業務（第4条第1項第4号）、秘書業務（第4条第1項第5号）、ファイリング業務（第4条第1項第6号）、調査業務（第4条第1項第7号）、財務業務（第4条第1項第8号）、取引文書作成業務（第4条第1項第9号）、デモンストレーション業務（第4条第1項第10号）、添乗業務（第4条第1項第11号）、受付・案内業務（第4条第1項第12号）、研究開発業務（第4条第1項第13号）、事業の実施体制の企画、立案業務（第4条第1項第14号）、書籍等の制作・編集業務（第4条第1項第15号）、広告デザイン業務（第4条第1項第16号）、OAインストラクション業務（第4条第1項第17号）、セールスエンジニア、金融商品の営業業務（第4条第1項第18号）の18業務

(2) 労働者派遣の対象となる労働者が次のいずれかに該当する場合（同法施

行令第4条第2項、同法施行規則第28条の2、第28条の3）。
ア　60歳以上である場合
イ　幼稚園、小学校、中学校、高等学校、中等教育学校、特別支援学校、大学、高等専門学校、専修学校または各種学校の学生または生徒である場合

　ただし、次のいずれかに該当する者は含みません。
1）定時制の課程に在学する者（大学の夜間学部、高等学校の夜間など）
2）通信制の課程に在学する者
3）卒業見込証明書を有する者で、卒業前に雇用保険の適用事業に就職し、卒業後も引き続き当該事業に勤務する予定のもの
4）休学中の者
5）事業主の命により（雇用関係を存続したまま）、大学院などに在学する者（社会人大学生など）
6）その他一定の出席日数を課程終了の要件としない学校に在学する者であって、当該事業において同種の業務に従事する他の労働者と同様に勤務し得ると認められるもの

ウ　労働者の1年分の賃金その他の収入の額が500万円以上である場合
エ　労働者が主として生計を一にする配偶者（婚姻の届出をしていないが、事実上婚姻関係と同様の事情にある者を含む）その他の親族の収入により生計を維持している場合で、世帯収入が500万円以上である場合（主たる生計者以外の者が日雇派遣の対象となる場合）

問51　製品改修補助などで短期的（1週間）程度の派遣も当然禁止でしょうか。例外規定を詳しく知りたいと思っています。

答　30日以内の期間を定めて雇用する労働者派遣は禁止されますが、この期間は派遣労働者の雇用期間であって、派遣期間ではありませんので、30日以内の派遣期間を定めても違法ではありません。

派遣労働者の派遣元における雇用期間が31日以上であれば、1週間程度の派遣も可能ですので、派遣元に雇用期間について問い合わせるなどして、協議することが適当です。

30日以内の期間を定めて雇用する労働者派遣の禁止の例外は、次の場合です。

(1) 労働者派遣法施行令第4条第1項に規定する次の18の業務の場合
　　情報処理システム開発業務（第4条第1項第1号）、機械設計業務（第4条第1項第2号）、事務用機器操作業務（第4条第1項第3号）、通訳、翻訳、速記業務（第4条第1項第4号）、秘書業務（第4条第1項第5号）、ファイリング業務（第4条第1項第6号）、調査業務（第4条第1項第7号）、財務業務（第4条第1項第8号）、取引文書作成業務（第4条第1項第9号）、デモンストレーション業務（第4条第1項第10号）、添乗業務（第4条第1項第11号）、受付・案内業務（第4条第1項第12号）、研究開発業務（第4条第1項第13号）、事業の実施体制の企画、立案業務（第4条第1項第14号）、書籍等の制作・編集業務（第4条第1項第15号）、広告デザイン業務（第4条第1項第16号）、OAインストラクション業務（第4条第1項第17号）、セールスエンジニア、金融商品の営業業務（第4条第1項第18号）の18業務
(2) 労働者派遣の対象となる労働者が次のいずれかに該当する場合（同法施行令第4条第2項、同法施行規則第28条の2、第28条の3）。
　ア　60歳以上である場合
　イ　幼稚園、小学校、中学校、高等学校、中等教育学校、特別支援学校、大学、高等専門学校、専修学校または各種学校の学生または生徒である場合
　　　ただし、次のいずれかに該当する者は含みません。
　　1）定時制の課程に在学する者（大学の夜間学部、高等学校の夜間など）
　　2）通信制の課程に在学する者
　　3）卒業見込証明書を有する者で、卒業前に雇用保険の適用事業に就職し、卒業後も引き続き当該事業に勤務する予定のもの
　　4）休学中の者
　　5）事業主の命により（雇用関係を存続したまま）、大学院などに在学する者（社会人大学生など）
　　6）その他一定の出席日数を課程終了の要件としない学校に在学する者であって、当該事業において同種の業務に従事する他の労働者と同様に勤務し得ると認められるもの
　ウ　労働者の1年分の賃金その他の収入の額が500万円以上である場合
　エ　労働者が主として生計を一にする配偶者（婚姻の届出をしていないが、事実上婚姻関係と同様の事情にある者を含む）その他の親族の収入によ

り生計を維持している場合で、世帯収入が500万円以上である場合（主たる生計者以外の者が日雇派遣の対象となる場合）

6．1年以内に離職した労働者の派遣

問52 派遣先に派遣された労働者が派遣期間が満了して離職しました。その後1年以内にその派遣先から派遣の注文が来た場合には、その派遣労働者を同じ派遣先に派遣することはできないのでしょうか。

答 労働者派遣法第35条の4および第40条の6第1項で禁止されているのは、派遣労働者がその派遣先を離職して1年を経過しない場合で、派遣労働者がその派遣先への派遣を終了して派遣元を離職して1年を経過しない場合ではありません。

したがって、派遣労働者がその派遣先への派遣を終了して派遣元を離職して1年を経過しない場合であっても、その派遣労働者を同じ派遣先に派遣することはできます。

問53 労働者派遣法は「離職後1年以内の労働者派遣を禁止」していますが、過去に契約社員で期間満了を迎えた後に派遣会社からの派遣で派遣労働者として別事業所で受け入れた事例があります。当社は事業所単位で管理部門を持っており、当然のことながら派遣労働者の管理も各事業所となっており、社内各事業所に照会しない限り当社を離職した人かどうか判りません。この禁止は事業所単位ではなく、会社単位で禁止対象になっていますが、知らずに受け入れた場合の行政の指導はどのようなものでしょうか。また、会社として派遣元の問い合わせに対応すべく、派遣労働者の管理を一元化した方が良いでしょうか。

答 労働者派遣法第40条の6第1項は、「労働者がその派遣先を離職した者であるときは、60歳以上の定年退職者を除き離職の日から1年間は、派遣先はその労働者の派遣の受け入れること」を禁止しています。

また、同条第2項により、派遣元から氏名などの通知を受けた派遣労働者がこの禁止に抵触するときは、派遣先は速やかに派遣元に書面の交付、

FAXまたは電子メールの送信により通知しなければなりません。

　この禁止は、ご指摘のように事業所単位ではなく、事業主単位となっていますので、その労働者が同じ事業所で勤務していた場合だけではなく、同じ会社の別の事業所で勤務していた場合にも禁止の対象になります。

　この禁止に抵触しないようにするためには、派遣労働者の氏名などの通知を受けた場合に、会社全体として、その労働者が派遣前1年間に在籍したことがなかったかを確認できるようにする必要があります。

　ご指摘のように派遣労働者の管理を一元化しても、その派遣労働者がその労働者派遣を受け入れる前1年間に在籍したことがなかったかについて確認できなければ、必ずしも有効な方法とは言えません。

　むしろ、派遣元から派遣労働者の氏名などの通知を受けた場合に、同じ会社の全ての事業所で、その派遣労働者がその労働者派遣を受け入れる前1年間に在籍したことがなかったかについて確認できるシステムを構築しておくことが必要なのではないかと考えられます。

　行政の指導についてですが、この規定に派遣先が違反した場合には、労働者派遣法違反として指導・助言の対象となりますので、労働局からは是正指導書が交付されるものと考えられます。

問54　派遣元は派遣先となる企業を離職して後1年以内の人と労働契約を結び、元の勤務先に派遣労働者として派遣することはできません。また、派遣先となる企業は該当する元従業員を派遣労働者として受け入れることができません。この制度で派遣先は、元従業員の受け入れをしないために、該当する場合は派遣元に通知することが義務付けられています。派遣元から事前に派遣される労働者について元従業員であるかの問合せがあれば、対応可能ですが、現在の個人を特定することができない状況下では、派遣受け入れ時以前での通知は困難な状況です。行政は運用面で派遣元に対して、どの様な指導をしているのでしょうか。また、万が一元従業員かどうかの照会ができず、受け入れてしまった場合、該当する派遣労働者の雇用に対する責任は派遣元、派遣先のどちらにあるのでしょうか。派遣先として契約期間の賃金補償や直接雇用等の義務が発生するのでしょうか。

答　離職後1年以内の労働者の派遣の受入れ禁止については、事業所

ではなく、事業主単位で規制されていることもあって、派遣先においては、その確認に大変苦労されていると推察しています。

厚労省では、この確認について、次のような内容を示しています。

① 派遣労働者が派遣先となる事業主を過去1年以内に離職していないことを派遣元が確認する方法として、派遣先からの通知がされる前は、労働者本人からの申告によることで差し支えない

② 派遣元が派遣先に「離職後1年以内」に該当するかどうかを確認してもらうため、派遣先からの依頼に基づき、確認に必要な範囲内で派遣先に労働者の生年月日を通知することについては、個人情報を適正に管理することを大前提に、派遣元や派遣先の法律上の義務を説明し、本人の同意を得た上で通知することは差し支えない

したがって、このような指導が行われるものと考えています。

派遣労働者の雇用に関する責任については、労働者派遣の定義（労働者派遣法第2条第1号）に照らしても、派遣労働者を雇用するのは派遣元ですので、派遣先が派遣先の元従業員かどうかの照会ができず、派遣労働者として受け入れてしまった場合であっても、その派遣元が負うことになります。

ただし、その派遣労働者の受入れが労働者派遣契約についての派遣先として行わなければならない義務を果たしていない場合（債務不履行の場合）やその派遣労働者の受入れにおいて派遣先の故意または過失によって派遣元や派遣労働者に損害を与えた場合（不法行為の場合）には、民法の原則により、派遣先は派遣元や場合によっては派遣労働者に対して発生した損害の賠償をしなければならない場合があります。

また、派遣労働者の受入れの禁止や派遣元に通知する義務に違反します。

このため、派遣先として、派遣労働者の受入れに当たっては、派遣元と協力をしながら、全社的に確認するためのシステムを整備することによって、派遣先のどこかの事業所に過去1年間に勤務したことがないかを確認し、60歳以上の定年退職者を除き、そのような労働者の派遣を受け入れることのないようにする必要があります。

問 55 派遣している労働者が、派遣先を1年以内に離職していることが判明した場合、解雇出来るのでしょうか。解雇出来ない場合、あるいは解雇可能でも解雇予告手当が必要な場合で、例えば、3月の労働契約を結んでいる者で、派遣1月後に分かった場合、残り2月をどのよう

答　解雇の効力については、労働契約法に基づいて、裁判所で最終的に判断されます。

労働契約法は、①解雇は、客観的に合理的な理由を欠き、社会通念上相当であると認められない場合は、その権利を濫用したものとして、無効とする（第16条）、②使用者は、有期労働契約について、やむを得ない事由がある場合でなければ、その契約期間が満了するまでの間において、労働者を解雇することができない（第17条第1項）、と規定していますが、特に、有期労働契約についてやむを得ない事由に該当するかについては、なかなか難しい問題です。

予防的には、当該派遣先を1年以内に離職したものでないことを誓約書で取り、さらに心配であれば、派遣した後に、派遣先を1年以内に離職したものであることが判明した場合にはやむを得ない事由があるものとして、解雇（あるいは合意解約）により労働契約が終了しても異論はない旨の念書を取るという方法があります。

実際に3月の労働契約を結んでいる者について派遣1月後に派遣先を1年以内に離職していることが分かった場合の残り2月の対処の仕方としては、他の派遣先や請負職場（労働契約の変更が必要となると思われますが）を確保するということになると思われます。

なお、派遣先から当該派遣先を1年以内に離職したものである旨の通知がなかった場合には、派遣先の責めに帰すべき事由による休業に該当するものとして、休業手当相当額を負担してもらって、派遣労働者に休業手当を支払って休業させるという方法も考えられますが、この場合には、派遣先との労働者派遣基本契約において、その旨規定しておいた方が問題が少ないと思われます。

問56　大手メーカーB社から希望退職者の欠員を埋めるべくワーカーを派遣して欲しい旨の注文が大量に来ています。派遣会社A社としては自社のみでオーダーの人数を採用することは困難なため、紹介会社C社の「採用代行サービス」を利用する予定です。そこで「紹介して入社に至った人物が、B社を1年以内に離職した者であった場合、A社が支払う休業手当相当額をC社が負担する」旨の契約をC社との職業紹介

個別契約に盛り込もうと考えておりますが、問題ないでしょうか。

答　ご質問のケースについては、Ａ社がＢ社に派遣するために労働者を採用するものであること、Ｂ社を１年以内に離職した者をＢ社に派遣することは労働者派遣法第35条の４の規定に違反することをＣ社に十分認識させた上で、Ｃ社とＡ社間の「採用代行サービス」に関する契約で、「Ｃ社からの紹介を受けて、Ｂ社に派遣する労働者がＢ社を１年以内に離職した者であるために、派遣法第35条の４の規定に違反するときは、これに伴って発生するＡ社の損害をＣ社が負担するものとし、少なくともＡ社が当該労働者に対して休業手当を支払ったときは、その相当額を負担するものとする」といった条項を入れるということが適当と考えられます。

問57　派遣している労働者または派遣を予定している労働者が、派遣先を１年以内に離職していることが判明した場合、以下のプロセスにて対応したいと考えています。
　ⅰ．派遣開始後あるいは派遣開始前に、離職後１年以内が判明
　　　↓
　ⅱ．労働者は自宅待機
　　　※当社の責に帰すべき事由による休業ではないので、休業手当は支払わない
　　　↓
　ⅲ．新たな就労先を当社が提供
　　　※就労先までの交通費は労働者の負担
② 現在、当社は求人難の状態にありますので、解雇（及び合意解約）という手段は取らず、「新たな就労先を提供する」ということでいきたいと考えていますが、いかがでしょうか。

答　ご質問の件ですが、
　ⅱ．労働者は自宅待機については、使用者の責に帰すべき事由による休業ではなく、休業手当を支払わなくてよい場合とは、天災地変その他これに類する不可抗力の場合に限られていますので、これに該当するか否かは個々のケースによって異なると考えられ、一律に休業手当を支払わないとするのは、難しいと思われます。したがって、個々のケースにより貴社として不可

抗力と判断される場合に限って休業手当を支払わないとするしかないと考えられます。

ⅲ．新たな就労先を貴社が提供というのはそれで良いと思われますが、「就労先までの交通費は労働者の負担」というのも、少なくとも当該労働者との合意が必要ではないかと思われます。

また、雇用した後の費用負担の問題となることも考えられ、その場合には、賃金からの控除として、賃金控除協定が必要であり、また、当該控除の内容が事理明白であるかという問題もあります。

したがって、これらについて、労働基準法との整合性をさらに検討する必要があると考えます。

問58 専ら派遣禁止関連で、「グループ企業内派遣の8割規制、離職した労働者を離職後1年以内に派遣労働者として受け入れることを禁止」という条文がありますが、専ら派遣規制に関する項目なので、離職した労働者を、グループ内派遣会社の派遣労働者として受け入れる事を禁止している事と思います。では、グループ外、つまり独立系の派遣会社から受け入れることは許されるという認識で宜しいでしょうか。

答　「グループ企業内派遣の8割規制」と「離職労働者を離職後1年以内に派遣労働者として受け入れることの禁止」とは全く別の規制です。

「グループ企業内派遣の8割規制」は、グループ企業内派遣を行っていない会社にとっては、年に1回報告する義務以外ありませんが、「離職労働者を離職後1年以内に派遣労働者として受け入れることの禁止」は全ての派遣会社が対象となり、グループ派遣会社であろうと、独立系の派遣会社であろうと、いずれも規制の対象となります。

例えば、極端な場合、ある労働者がある会社で1日だけアルバイトしただけであっても、その労働者を貴社がそのアルバイト終了後1年以内にその会社に派遣することは禁止されます。

例外として認められるのは、60歳以上の定年退職者だけです。

問59　A社を退社した労働者を当社で雇用し、A社の100％子会社であるB社という会社に派遣することを考えています。実はA社とB社は同じ敷地内にあり、法人としての区別がつきにくい状況ではあります

が、当社がA社と資本関係にある訳でも何でもありませんので、何ら派遣法に抵触する事案ではないかと考えますが、如何でしょうか。

答　ご質問の件ですが、労働者派遣法第35条の4の離職した労働者についての労働者派遣の禁止は、同一の事業主を離職した労働者の派遣の受入れが禁止されていますので、別の事業主であれば禁止の対象とはなりません。

ただし、労働局の担当者によっては、そのことを理解していないために、同条に違反すると言いかねない可能性があります。

その際には、労働者派遣事業関係業務取扱要領に「グループ企業への派遣に関しては、同一の事業者には該当しないため、離職した労働者についての労働者派遣の禁止対象になるものではないこと」という記載がありますので、労働者派遣事業関係業務取扱要領の当該部分を示して説明するしかありません。

問60　契約社員（6月）とした後、能力、適性を見極めたうえで本人を派遣契約に戻すことは可能でしょうか。

答　労働者派遣法第40条の6第1項は、派遣先に対して、派遣労働者がその派遣先を離職した者であるときは、60歳以上の定年退職者を除き離職の日から1年間は、その派遣労働者の派遣の受入れを禁止していますので、いったん契約社員などとして雇用した労働者は、その雇止めなどによる離職後1年間は派遣労働者として受け入れることができません。

問61　当初からクーリングオフを過ぎたら派遣契約に戻すことを前提に契約社員または期間工の契約を締結することは問題ないですか。

答　労働者派遣法第40条の6第1項は、派遣先に対して、派遣労働者がその派遣先を離職した者であるときは、60歳以上の定年退職者を除き離職の日から1年間は、その派遣労働者の派遣の受入れを禁止していますので、いったん契約社員などとして雇用した労働者は、その雇止めなどによる離職後1年間は派遣労働者として受け入れることができません。

7．派遣元責任者

問62 一般派遣事業の会社の代表取締役を派遣元責任者に選任しようと考えていますが、その代表取締役は夜にスナック2店舗を経営しています。昼は会社の業務全般を行い専任できる状況にあります。このような派遣元責任者を選任することについて労働局から専属性に問題があるとの指摘を受けていますが、どのように考えるべきなのでしょうか。

答　**1　一般労働者派遣事業における派遣元責任者の選任**

(1) 派遣元責任者の職務

派遣元は、次の業務を行わせるため、派遣元責任者を選任しなければなりません（労働者派遣法第36条）。

① 派遣労働者に対する派遣労働者であることや就業条件の明示、派遣停止の通知
② 派遣先への派遣労働者の氏名や社会・雇用保険の適用状況、派遣停止の通知
③ 派遣元管理台帳の作成・記載・保存
④ 派遣労働者に対する助言・指導
⑤ 派遣労働者から申出を受けた苦情の処理
⑥ 派遣先との連絡調整
⑦ 派遣労働者の個人情報の管理
⑧ 派遣労働者の安全および衛生

(2) 派遣元責任者の欠格事由

次のいずれかに該当する者は、派遣元責任者とすることができません。

① 禁錮以上の刑が科され、もしくは労働者派遣法、労働基準法、職業安定法、最低賃金法、建設労働者の雇用の改善等に関する法律、賃金の支払の確保等に関する法律、港湾労働法、育児・介護休業法、労働者派遣法の規定により適用される労働基準法もしくは労働安全衛生法、暴力団員による不当な行為の防止等に関する法律、刑法、暴力行為等処罰に関する法律、出入国管理及び難民認定法の関係規定により罰金の刑が科され、その執行を終わり、または執行を受けることがなくなった日から5年を経過しない者

② 健康保険法、船員保険法、労働者災害補償保険法、厚生年金保険法、労働保険徴収法もしくは雇用保険法の規定により罰金の刑が科され、その執行を終わり、または執行を受けることがなくなった日から５年を経過しない者
③ 成年後見または保佐人の後見を受けている者、復権していない破産者
④ 一般労働者派遣事業の許可を取り消され、取消の日から５年を経過していない者
⑤ 一般労働者派遣事業の許可を取り消された者または特定労働者派遣事業の廃止を命じられた者が法人である場合に、当該取消しまたは命令の処分を受ける原因となった事項が発生した当時現に当該法人の役員であった者で、当該取消しまたは命令の日から起算して５年を経過しないもの
⑥ 一般労働者派遣事業の許可の取消しまたは特定労働者派遣事業の廃止の命令の処分に係る行政手続法の規定による聴聞の通知があった日から当該処分をする日または処分をしないことを決定する日までの間に一般労働者派遣事業または特定労働者派遣事業の廃止の届出をした者（事業の廃止について相当の理由がある場合を除く）で、届出の日から起算して５年を経過しないもの
⑦ ⑥の期間内に一般労働者派遣事業または特定労働者派遣事業の廃止の届出をした者が法人である場合に、聴聞の通知の日前60日以内に法人の役員であった者で、届出の日から起算して５年を経過しないもの
⑧ 暴力団員による不当な行為の防止等に関する法律に規定する暴力団員または暴力団員でなくなった日から５年を経過しない者

(3) 派遣元責任者の要件
　　派遣元責任者は、次の方法により選任されなければなりません。
① 事業所ごとにその事業所に雇用されている専属の労働者（または事業主、法人の場合はその役員）の中から選任すること
② その事業所の派遣労働者の数１人以上100人以下を１単位とし、１単位につき１人以上ずつ選任すること
③ ３年以内に派遣元責任者講習を受講し、３年ごとに受講している者を選任すること
④ 物の製造の業務に労働者派遣をする事業所では、物の製造の業務に従事させる派遣労働者の数１人以上100人以下を１単位とし、１単位につ

き1人以上ずつ、物の製造の業務に従事させる派遣労働者を専門に担当する「製造業務専門派遣元責任者」を物の製造業務以外の業務へ派遣された派遣労働者を担当する派遣元責任者と区分して選任すること（「製造業務専門派遣元責任者」のうち1人は、物の製造の業務以外の業務へ派遣された派遣労働者を併せて担当することができる）
⑤　住所および居所が一定しないなど生活根拠が不安定なものでない者を選任すること
⑥　適正な雇用管理を行う上で支障がない健康状態の者を選任すること
⑦　不当に他人の精神、身体および自由を拘束するおそれのない者を選任すること
⑧　公衆衛生または公衆道徳上有害な業務に就かせる行為を行うおそれのない者を選任すること
⑨　派遣元責任者となり得る者の名義を借用して、許可を得ようとするものでないこと
⑩　次のいずれかに該当する者を選任すること
　ⅰ　成年に達した後3年以上の雇用管理の経験を有する者
　ⅱ　成年に達した後、職業安定行政又は労働基準行政に3年以上の経験を有する者
　ⅲ　成年に達した後、民営職業紹介事業の従事者として3年以上の経験を有する者
　ⅳ　成年に達した後、労働組合が行う労働者供給事業の従事者として3年以上の経験を有する者
⑪　外国人の場合には就労に必要な在留資格を有する者を選任すること
⑫　苦情処理などの場合に日帰りで往復できる地域において選任すること

2　ご質問について

1(3)①にあるように、派遣元責任者は、「他の事業所と兼務でない専属の派遣元責任者として選任すること」が義務付けられていますが、ここでいう専属とは、他の労働者派遣事業を行う事業所と兼務でなく、その事務所にのみ属しているという意味の専属であって、派遣元責任者の職務しか行わない専任という意味ではありません。また、ご質問のケースのように、派遣元責任者が夜に他の事業を兼業する場合を想定したものではありません。

労働者派遣法施行規則第29条第1号は「当該事業所に専属の派遣元責任者として自己の雇用する労働者の中から選任すること。ただし、派遣元事業主

（法人である場合は、その役員）を派遣元責任者とすることを妨げない」と規定していますので、役員の場合には当該事業所に専属である必要はないようにも読めますが、当該事業所に専属は役員の場合にも適用されるとして、当該要件を厳格に解釈すれば、代表取締役が兼業するスナック２店舗を他の事業所と解釈できないことはありません。その意味で、労働局の解釈や取扱いが完全に間違っているということもできません。

このため、「専属とは、他の事業所と兼務でないということを意味し、時間外に他の事業を兼業する場合は含まない」と主張して、労働局と折衝するのが適当と考えられます。

8．派遣労働者の受入れ

問63 メーカーから労働契約の始期からカウントして２年を超えて契約更新しないので期間工が集まらなくて困っている旨相談がありました。派遣を入れるに際して注意すべき点をご指導ください。

答 派遣の受入に関しては、派遣受入期間の制限（クーリング期間）に問題がないか、臨時的一時的な業務かなどが主として問題になると考えます。

仮に臨時的一時的な業務でない場合には、請負とすることも考えて良いのではないかと考えます。

問64 現在、当社が、期間工を職業紹介で紹介しているメーカーＡ社より、「生産が落ち着いてきたので、１年後には生産が半減する。従って、臨時的一時的な業務となってしまったことを鑑み、期間工に満期慰労金を支払って雇止めして、派遣労働者に入れ替えたい」とのオーダーがありました。労働者派遣事業関係業務取扱要領には、「雇用調整により解雇した労働者が就いていたポストへの労働者派遣の受け入れ」について書かれていますので、解雇ではありませんがこの点も鑑み、下記回答をしたいと考えていますが、いかがでしょうか。
① 自由意思で辞めた期間工の後に、派遣労働者を入れることは、クーリング期間が約３年もあったので問題ないと思う。

② 無条件に派遣労働者に入れ替えるのではなく、期間工に、「残るか」「満期慰労金をもらって退職するか」を選択させる。その際、満期慰労金を支払う者とは自由意思に基づいた清算条項の入った合意書を交わす。
なお、①の退職確認は以下の通りとします。
メーカーA社（以下、甲）及び期間工（以下、乙）は、甲乙間の有期雇用契約が乙の一身上の都合により更新せず、本年7月末日限りにて終了したことを相互に確認する。

答 ご指摘の労働者派遣事業関係業務取扱要領の「雇用調整により解雇した労働者が就いていたポストへの労働者派遣の受け入れ」については、派遣先指針第2の16に記載がありますので、法律に基づく指針により派遣先を規制するものであることをA社にもご理解頂いておいた方が良いと考えます。

その上で、派遣先指針の記載は、雇用調整だけが対象ですので、ご指摘の①にありますように、クーリング期間が約3年あった場合には、自由意思で辞めた期間工の後に、派遣社員を入れることは、問題ないと考えます。

ご指摘の②についても基本的に問題はないと考えます。

なお、期間工を自己都合退職ではなく雇止めする際には、契約の締結時に明示した契約を更新する場合またはしない場合の判断の基準に適合することが必要であることについても、併せてA社にもご理解頂いておいた方が良いと考えます（有期労働契約の締結、更新及び雇止めに関する基準）。

9．派遣受入期間の制限

（注） 派遣受入期間の制限に関しては法改正が予定されています。

ア　派遣受入期間の制限

問65 製造業務については、派遣労働者を受け入れる期間について制限はあるのでしょうか。あるとすれば、どのような取扱いになるのでしょうか。

答 **1　派遣受入期間に制限のない業務**

　派遣先が派遣労働者を受け入れる期間については、制限がある業務とない業務があります。派遣労働者を受け入れる期間に制限のない業務は、次の業務です。

(1)　労働者派遣法施行令第4条第1項及び第5条に定められている次の28の業務

　情報処理システム開発業務（第4条第1項第1号）、機械設計業務（第4条第1項第2号）、事務用機器操作業務（第4条第1項第3号）、通訳、翻訳、速記業務（第4条第1項第4号）、秘書業務（第4条第1項第5号）、ファイリング業務（第4条第1項第6号）、調査業務（第4条第1項第7号）、財務業務（第4条第1項第8号）、取引文書作成業務（第4条第1項第9号）、デモンストレーション業務（第4条第1項第10号）、添乗業務（第4条第1項第11号）、受付・案内業務（第4条第1項第12号）、研究開発業務（第4条第1項第13号）、事業の実施体制の企画、立案業務（第4条第1項第14号）、書籍等の制作・編集業務（第4条第1項第15号）、広告デザイン業務（第4条第1項第16号）、OAインストラクション業務（第4条第1項第17号）、セールスエンジニア、金融商品の営業業務（第4条第1項第18号）、放送機器操作業務（第5条第1号）、放送番組等の制作業務（第5条第2号）、建築物清掃業務（第5条第3号）、建築物運転等業務（第5条第4号）、駐車場管理等業務（第5条第5号）、インテリアコーディネータ業務（第5条第6号）、アナウンサー業務（第5条第7号）、テレマーケティングの営業業務（第5条第8号）、放送番組等における大道具・小道具業務（第5条第9号）、水道施設消毒設備等機器運転等業務（第5条第10号）

(2)　事業の開始、転換、拡大、縮小又は廃止のための業務であって一定の期間内に完了することが予定されている「有期プロジェクト業務」

(3)　その業務が1月間に行われる日数が、派遣先に雇用される通常の労働者の1月間の所定労働日数と比較して半分以下であり、かつ、月10日以下しか行われない「日数限定業務」

(4)　産前および産後の休業、育児休業ならびに介護休業（産前休業に先行し、または産後休業、育児休業もしく介護休業に後続する母性保護、子の養育または家族を介護するための休業を含む）を取得する労働者の業務を代替する業務である「産前産後・育児・介護休業代替業務」

(5) (1)から(4)の業務の実施に伴い、付随的に(1)から(4)以外の派遣受入期間の制限のある業務を併せて行う場合で、かつ、派遣受入期間の制限がある業務の割合が通常の場合の1日当たりまたは1週間当たりの就業時間数で1割以下の業務

2　製造業務に関する取扱い

製造業務は、一般に1(1)の28業務には該当しませんので、1(2)から(4)のいずれかに該当しない限り、派遣受入期間に制限があります。

なお、1(1)の研究開発業務は、「科学に関する研究または科学に関する知識もしくは科学を応用した技術を用いて製造する新製品もしくは科学に関する知識もしくは科学を応用した技術を用いて製造する製品の新たな製造方法の開発の業務」をいい、労働者派遣事業関係業務取扱要領によれば、次の業務が該当します。

① 研究課題の探索および設定
② 文献、資料、類例、研究動向など関連情報の収集、解析、分析、処理など
③ 開発すべき新製品または製品の新たな製造方法の考案
④ 実験、計測、解析および分析、実験などに使用する機器、装置および対象物の製作または作成、標本の製作など
⑤ 新製品または製品の新たな製造方法の開発に必要な設計および試作品の製作など
⑥ 研究課題に関する考察、研究結果のとりまとめ、試作品などの評価、研究報告書の作成
⑦ ①から⑥までの業務に関して必要なデータベースの構築および運用

一方、次の業務は含みません。

① 専門的な知識、技術または経験を必要とする業務でないものを専ら行うもの
② 製品の製造工程に携わる業務（科学に関する知識もしくは科学を応用した技術を用いて製造する新製品の開発または科学に関する知識もしくは科学を応用した技術を用いて製造する製品の新たな製造方法の開発を目的とした試作品の製作の業務を除く）を専ら行うもの

ただし、その後、「専門26業務に関する疑義応答集」が出され、次のように記載していて、労働者派遣事業関係業務取扱要領とは異なる内容が含まれていますので、注書きします。

①Q：新製品の開発に当たって、試作品を製作しなければならない場合、試作品の製作は第17号（第4条第1項第13）業務に該当するか。
　A：研究又は開発の一環として試作品の製作を行っている場合は第17号（第4条第1項第13号）業務に該当するが、専ら試作品の製作のみを行っている場合は第17号（第4条第1項第13号）業務には該当しない。
　　（注）　労働者派遣事業関係業務取扱要領では試作品の製作が含まれるとした上で、試作品の製作の業務は「製品の製造工程に携わる業務を専ら行うもの」に該当しないとしていることと整合性がありません。
②Q：人工衛星等のように顧客からのオーダーにより製品を開発しながら製作している場合のように、顧客の要望により製品を開発しながら製作し、その後売却した場合でも、第17号（第4条第1項第13号）業務に該当するか。
　A：最終的に売却されることとなっても、新製品又は製品の新たな製造方法の開発に関する業務は第17号（第4条第1項第13号）業務に該当する。
③Q：必ずしも「新製品」や「新たな製造方法」を開発する業務でなくても、「科学に関する研究」の業務であれば第17号（第4条第1項第13号）業務に該当するか。
　A：科学に関する研究の業務は第17号（第4条第1項第13号）業務に該当する。ただし、補助的な業務を専ら行うものは第17号（第4条第1項第13号）業務には該当しない。
④Q：例えば、①研究開発の試験の被験者の業務、②計測時の数値の記録、実験器具の洗浄等の研究開発の補助業務のように専門知識を要しない業務は第17号（第4条第1項第13号）業務に該当するか。
　A：①の試験の被験者の業務は、科学に関する研究又は新たな製造方法の開発の業務ではないので第17号（第4条第1項第13号）業務には該当しない。
　　②の補助業務のように、専門的な知識、技術又は経験を必要とする業務でないものを専ら行う場合は、第17号（第4条第1項第13号）業務には該当しない。
⑤Q：例えば、①研究開発の試験の被験者の業務、②計測時の数値の記録、実験器具の洗浄等の研究開発の補助業務のように専門知識を要しない

業務は第17号（第4条第1項第13号）業務に該当するか。
A：①の試験の被験者の業務は、科学に関する研究又は新たな製造方法の開発の業務ではないので第17号（第4条第1項第13号）業務には該当しない。

②の補助業務のように、専門的な知識、技術又は経験を必要とする業務でないものを専ら行う場合は、第17号（第4条第1項第13号）業務には該当しない。

3　派遣受入期間の制限

派遣受入期間に制限のある業務については、派遣先は、事業所その他派遣就業の場所ごとの同一の業務について、派遣元から次の期間を超えて継続して労働者派遣を受け入れることが禁止されています（労働者派遣法第40条の2）。

① 派遣先が、あらかじめ、派遣先の事業所の労働者の過半数を代表する者（労働者の過半数で組織する労働組合がある場合にはその労働組合）に対し、その期間を通知し、その意見を聴いた上で（同条第4項）、労働者派遣を受け入れようとする期間として、1年を超え3年以内の期間を定めている場合には、その定めている期間

② ①の期間を定めていない場合には、1年

なお、この制限については、法律に根拠があるものではありませんが、派遣先指針により「労働者派遣を受けていた派遣先が、新たな労働者派遣を受ける場合に、新たな派遣と直前に受け入れていた派遣との間の期間が3月を超えないときは、継続しているものと看做され、その期間が3月を超えているときは、クーリングオフ期間として、新たな労働者派遣はゼロから、その契約から、期間の計算を行っていい」という取扱いが行われています。

4　派遣受入期間の制限のある業務に関する取扱い

派遣受入期間の制限のある業務について、新たに労働者派遣を受け入れようとするときは、派遣先は、あらかじめ、派遣元に対し、派遣受入期間の制限を超えてその制限に抵触する最初の日（以下「抵触日」といいます）を書面の交付（またはファクシミリ・電子メールの送信）により通知しなければなりません（同法第26条第5項）。この通知がないときは、派遣元はその派遣先と労働者派遣契約を締結することが禁止されています（同条第6項）。

また、派遣先が派遣受入期間の制限に違反しないよう、派遣元は、次の措置を行わなければなりません。

① 派遣労働者に対し抵触日を明示すること。変更された場合にも、遅滞なく明示すること（同法第34条第1項第3号）
② 抵触日の1月前から前日までの間に、派遣先および派遣労働者に対し抵触日以降継続して労働者派遣は行わないことを通知すること（同法第35条の2第2項）
① 抵触日以降継続して労働者派遣を行わないこと（同条第1項）

問66 抵触日を挟んで「就業場所」「業務内容」「指揮命令者」のいずれもが全く同じ雇用契約書が散見されました。上記の場合、「抵触日超えの派遣＝派遣法第40条の2第1項違反」「派遣先は雇用契約申込み義務違反＝派遣法第40条の4違反」更に「派遣先及び元ともに職安法第44条違反」という理解で宜しいでしょうか。また、「職安法第44条以外は罰則はないが、仮に4年位前の事象であっても是正指導の対象となりうる」という理解で宜しいでしょうか。

答 労働者派遣法第40条の2第1項は「派遣先の事業所その他派遣就業の場所ごとの同一の業務」と規定していますが、このうち同一の業務については、「派遣先における組織の最小単位において行われる業務は、同一の業務であるとみなす。最小単位の組織としては、業務の内容について指示を行う権限を有する者とその者の指揮を受けて業務を遂行する者とのまとまりのうち最小単位のものをいう」旨の記載が労働者派遣事業関係業務取扱要領にあります。

このため、「就業場所」「業務内容」「指揮命令者」のいずれもが全く同じであれば、「派遣先の事業所その他派遣就業の場所ごとの同一の業務」に該当するものとして取り扱われる可能性は高いと考えられます。

この場合には、派遣先は労働者派遣法第40条の2第1項に、派遣元は同法第35条の2第1項に、それぞれ違反します。

一方、労働者派遣法第40条の4は「派遣先は、労働者派遣法第35条の2第2項の規定による通知を受けた場合において、……同項の規定による通知を受けた派遣労働者を使用しようとするときは」と規定していますので、派遣元が労働者派遣法第35条の2第2項の規定による通知を行っていない以上、派遣先は同法第40条の4違反にはなりません。

これについては、労働局によっては労働者派遣法第40条の4の規定を無視

して、同条違反に該当すると指摘する可能性がありますので、同条の規定について正確に説明して同条違反に該当しないことを理解させるしかありません。

職業安定法第44条は労働者供給事業の禁止規定ですが、少なくとも派遣元が雇用していて、派遣先が雇用していない場合には、原則として労働者供給事業には該当しませんので、職業安定法第44条違反には該当しません。ただし、労働局によっては労働者供給事業の定義を無視して、職業安定法第44条違反に該当すると指摘する可能性がありますので、同条の規定について正確に説明して同条違反に該当しないことを理解させるしかありません。

是正指導については、法違反が確認されれば、その対象となりうると考えるしかありません。

問 67 抵触日対策におけるクーリング期間の取扱について伺います。意図的な異動によるクーリング期間設定→再受入は禁止されるのでしょうか。

答　厚生労働省の通達「いわゆる「2009年問題」への対応について（平成20年9月26日職発第0926001号。以下「2009年問題対応通達」といいます）」は、「クーリング期間が、単に3月を超える期間が経過すれば、その業務に労働者派遣を受け入れることは、労働者派遣法の趣旨に反する。このため、派遣先が、派遣可能期間を超えてもなお同一の業務を処理することが必要な場合には、基本的には、クーリング期間経過後再度の労働者派遣の受入れを予定することなく、指揮命令が必要な場合は直接雇用に、指揮命令が必要でない場合は請負によるべき」と記載しています。

労働者派遣法には根拠とする規定はありませんが、2009年問題対応通達では「例えば、派遣先において同一の業務が恒常的に行われ、業務の取扱状況などに何ら事情の変化がないにもかかわらず、労働者派遣と直接雇用を繰り返している場合などは、直ちに法違反とならないが、法の趣旨に反するとして、助言を行う」旨記載しています。

派遣元が、派遣元と雇用関係のなくなった旧派遣労働者について、派遣を行っていた旧派遣先が直接雇用することおよび旧派遣先での直接雇用の後に旧派遣労働者を改めて雇い入れて、再度旧派遣先において派遣を行うことを派遣先と合意している場合やそのことを派遣労働者への説明において明らか

にしている場合などは、原則として旧派遣先が旧派遣労働者を直接雇い入れている期間に派遣元と旧派遣労働者との間に支配従属関係があると考えられ、職業安定法第44条の労働者供給事業に該当するため、違法となる可能性があります。

このほか、派遣先は、派遣労働者がその派遣先を離職した者であるときは、60歳以上の定年退職者を除き離職の日から1年間は、その派遣労働者の派遣の受入れが禁止されていますので、いったん契約社員などとして雇用した労働者は、その雇止めなどによる離職後1年間は派遣労働者として受け入れることができません。

イ　派遣受入期間の制限の例外
1）政令で定める業務

問 68　契約内容は旧5号（第4条第1項第3号）業務なのですが、実際は大半が一般事務作業となっていました。「専門26業務派遣適正化プラン（長妻プラン）」の際に一斉に見直しをかけ、適正化に向けて派遣先と協議し、改善を進めてきましたが、業務比率が変化して作表や資料作成業務の割合よりも一般事務的要素がかなり占めております。現状は全体で社員5～6名の職場で、その中に派遣労働者として1名在籍している状態です。また、以前から旧5号（第4条第1項第3号）での契約のため、派遣労働者の派遣期間が3年を超えており、10年近くになっています。このような場合、当然ながら労働局から改善の指摘を受けることになると思われます。派遣先とは今後のことを含め協議中ですが、派遣先への指摘と併せて派遣元への指摘・指導は免れないのではと考えています。こういったケースの場合、派遣元へはどの様な指摘・指導が行われるのでしょうか。指導票よりも重い改善命令等が出される可能性はあるのでしょうか。

答　派遣受入期間制限（抵触日）違反となりますので、派遣先には労働者派遣法第40条の2第1項に、派遣元には同法第35条の2第1項に、それぞれ違反します。

この場合、派遣先は同法第49条の2第1項、第2項の勧告などの対象となり、派遣元は同法第49条の改善命令、事業停止命令や許可の取消等の対象と

なり得るというのが法の建前です。

　ただ、実際の運用においては、派遣先には勧告を行うケースがあり得るようですが、一般には労働者の雇用の安定を図ることに留意して、速やかに是正措置を講ずることといった是正指導書が出され、口頭で直接雇用の指導が行われていることが多いようです。

　一方、派遣元には同様の是正指導書が出され、是正指導書が累積している場合に総点検の指示が行われ、総点検後の確認のための立入調査で法違反があった場合に改善命令が行われることが多いようです。

　したがって、通例であれば、上記のような手順を踏むことと思われますが、行政の裁量で行われていますので、100％そうなるとは言えません。

　本件は法違反であることは間違いないと思われますので、できるだけ労働局の指導に従って、誠意を持って対応された方がよろしいかと思います。

問 69
専門26業務以外の最長３年間のしばりは、この特定派遣会社の60歳以上の社員（親会社へ派遣されている形態）にも適用されるのでしょうか。親会社から移籍した女性社員（60歳以上）で、「事務用機器操作関係」の業務が主ですが、２割程度は来客対応、会議室設定など付随的業務の場合、３年間の縛りが生じるのでしょうか。

答

1　特定派遣元の60歳以上の労働者（親会社へ派遣されている形態）への最長３年間の制限の適用

　労働者派遣法第40条の２は、次のいずれかの業務を除き、派遣先は派遣就業の場所ごとの同一の業務について、派遣可能期間（原則１年、派遣先の過半数労働組合などの意見を聴いて定める場合１年を超え３年以内の期間）を超える期間継続して労働者派遣の役務の提供を受けてはならないと規定しています。

(1)　労働者派遣法施行令第４条第１項及び第５条に定められている次の28の業務

　　情報処理システム開発業務（第４条第１項第１号）、機械設計業務（第４条第１項第２号）、事務用機器操作業務（第４条第１項第３号）、通訳、翻訳、速記業務（第４条第１項第４号）、秘書業務（第４条第１項第５号）、ファイリング業務（第４条第１項第６号）、調査業務（第４条第１項第７号）、財務業務（第４条第１項第８号）、取引文書作成業務（第４条第１項

第9号)、デモンストレーション業務(第4条第1項第10号)、添乗業務(第4条第1項第11号)、受付・案内業務（第4条第1項第12号）、研究開発業務（第4条第1項第13号）、事業の実施体制の企画、立案業務（第4条第1項第14号）、書籍等の制作・編集業務（第4条第1項第15号）、広告デザイン業務（第4条第1項第16号）、OAインストラクション業務（第4条第1項第17号）、セールスエンジニア、金融商品の営業業務（第4条第1項第18号）、放送機器操作業務(第5条第1号)、放送番組等の制作業務(第5条第2号)、建築物清掃業務(第5条第3号)、建築物運転等業務(第5条第4号)、駐車場管理等業務（第5条第5号）、インテリアコーディネータ業務(第5条第6号)、アナウンサー業務(第5条第7号)、テレマーケティングの営業業務（第5条第8号）、放送番組等における大道具・小道具業務（第5条第9号）、水道施設消毒設備等機器運転等業務（第5条第10号）

(2) 事業の開始、転換、拡大、縮小又は廃止のための業務であって一定の期間内に完了することが予定されている「有期プロジェクト業務」

(3) その業務が1月間に行われる日数が、派遣先に雇用される通常の労働者の1月間の所定労働日数と比較して半分以下であり、かつ、月10日以下しか行われない「日数限定業務」

(4) 産前および産後の休業、育児休業ならびに介護休業(産前休業に先行し、または産後休業、育児休業もしく介護休業に後続する母性保護、子の養育または家族を介護するための休業を含む)を取得する労働者の業務を代替する業務である「産前産後・育児・介護休業代替業務」

(5) (1)から(4)の業務の実施に伴い、付随的に(1)から(4)以外の派遣受入期間の制限のある業務を併せて行う場合で、かつ、派遣受入期間の制限がある業務の割合が通常の場合の1日当たりまたは1週間当たりの就業時間数で1割以下の業務

したがって、特定派遣元の60歳以上の労働者を親会社へ派遣されている形態については、上記派遣受入期間の制限の例外としては認められていませんので、政令で定める28業務その他の上記①から⑤の業務に該当しない限りは、派遣受入期間の制限を受けます。

2 親会社から移籍した労働者（60歳以上）で、「事務用機器操作関係」の業務が主であるが、2割程度は来客対応、会議室設定など付随的業務に従事する場合

いわゆる付随的業務は、労働者派遣法やこれに基づく政省令には何も規定

がなく、上記1の(1)から(4)の業務の実施に伴い、付随的に(1)から(4)以外の業務を併せて行う場合であって、かつ、派遣受入期間の制限がある業務の割合が通常の場合の1日当たりまたは1週間当たりの就業時間数で1割以下の場合には、全体として派遣受入期間の制限を受けない業務として取り扱って差し支えないという取扱いが行われているに過ぎません。

ご質問のケースでは、いわゆる付随的業務が2割程度あるということですので、上記の取扱いを受けることはありませんから、派遣先は派遣可能期間を超える期間継続して労働者派遣の役務の提供を受けてはならないことになります。

> **問70** 試作品製作の業務を、政令で定める業務の1つである研究開発業務とすることは、可能でしょうか。

答 **1 抵触日への対応**

派遣受入期間に係る抵触日が近づくにつれ、製造業務の労働者派遣事業を営む企業や派遣労働者を受け入れているメーカーにおいては、この問題に対応するために、さまざまな取組みが進められています。その代表的な例が①請負化、②派遣先による直接雇用、③事業所単位などでの派遣労働者から直用労働者への置き換えなどです。

これらと並んで、派遣受入期間に制限のない労働者派遣法施行令第4条第1項及び第5条に定められている業務に適合させることによって、派遣受入期間について制限を受けることなく、派遣労働者を活用しようとする試みも行われています。

2 派遣受入期間に制限のない業務

派遣労働者を受け入れる期間に制限のない業務は、次の業務です。

(1) 労働者派遣法施行令第4条第1項及び第5条に定められている次の28の業務

情報処理システム開発業務（第4条第1項第1号）、機械設計業務（第4条第1項第2号）、事務用機器操作業務（第4条第1項第3号）、通訳、翻訳、速記業務（第4条第1項第4号）、秘書業務（第4条第1項第5号）、ファイリング業務（第4条第1項第6号）、調査業務（第4条第1項第7号）、財務業務（第4条第1項第8号）、取引文書作成業務（第4条第1項第9号）、デモンストレーション業務（第4条第1項第10号）、添乗業務（第

4条第1項第11号）、受付・案内業務（第4条第1項第12号）、研究開発業務（第4条第1項第13号）、事業の実施体制の企画、立案業務（第4条第1項第14号）、書籍等の制作・編集業務（第4条第1項第15号）、広告デザイン業務（第4条第1項第16号）、OAインストラクション業務（第4条第1項第17号）、セールスエンジニア、金融商品の営業業務（第4条第1項第18号）、放送機器操作業務（第5条第1号）、放送番組等の制作業務（第5条第2号）、建築物清掃業務（第5条第3号）、建築物運転等業務（第5条第4号）、駐車場管理等業務（第5条第5号）、インテリアコーディネータ業務（第5条第6号）、アナウンサー業務（第5条第7号）、テレマーケティングの営業業務（第5条第8号）、放送番組等における大道具・小道具業務（第5条第9号）、水道施設消毒設備等機器運転等業務（第5条第10号）

(2) 事業の開始、転換、拡大、縮小又は廃止のための業務であって一定の期間内に完了することが予定されている「有期プロジェクト業務」
(3) その業務が1月間に行われる日数が、派遣先に雇用される通常の労働者の1月間の所定労働日数と比較して半分以下であり、かつ、月10日以下しか行われない「日数限定業務」
(4) 産前および産後の休業、育児休業ならびに介護休業（産前休業に先行し、または産後休業、育児休業もしく介護休業に後続する母性保護、子の養育または家族を介護するための休業を含む）を取得する労働者の業務を代替する業務である「産前産後・育児・介護休業代替業務」
(5) (1)から(4)の業務の実施に伴い、付随的に(1)から(4)以外の派遣受入期間の制限のある業務を併せて行う場合で、かつ、派遣受入期間の制限がある業務の割合が通常の場合の1日当たりまたは1週間当たりの就業時間数で1割以下の業務

3　労働者派遣法施行令第4条第1項及び第5条に定められている28業務

　労働者派遣法施行令第4条第1項及び第5条に定められている28業務の選定基準は、歴史的な経緯としかいいようがありません。我が国においては、労働者派遣法制の制定当初、業務を制限して認めようという考え方が強かったため、労働者派遣事業の対象業務については、最初13業務から出発し、26業務に拡大した経緯があります（その後の追加・再編で現在では28業務となっています）。

　その後、労働者派遣法の規制緩和の中で、対象業務についてネガティブ・

リスト化が行われ、それに伴って、それ以降に労働者派遣事業の対象業務となったものについては、派遣受入期間の制限が行われています。

4 研究開発業務
(1) 研究開発業務に含まれるもの

　第4条第1項第13号に研究開発業務があります。これが製造関係業務に最も近いですが、研究開発業務は、「科学に関する研究または科学に関する知識もしくは科学を応用した技術を用いて製造する新製品もしくは科学に関する知識もしくは科学を応用した技術を用いて製造する製品の新たな製造方法の開発の業務（2(1)①および②の業務を除く）」で、研究または開発に関する次の業務をいいます。

① 研究課題の探索および設定
② 文献、資料、類例、研究動向等関連情報の収集、解析、分析、処理など
③ 開発すべき新製品または製品の新たな製造方法の考案
④ 実験、計測、解析および分析、実験などに使用する機器、装置および対象物の製作または作成、標本の製作など
⑤ 新製品または製品の新たな製造方法の開発に必要な設計および試作品の製作など
⑥ 研究課題に関する考察、研究結果のとりまとめ、試作品などの評価、研究報告書の作成
⑦ ①から⑥までの業務に関して必要なデータベースの構築および運用

(2) 研究開発業務に含まれないもの

　一方、次の業務は研究開発業務には含まれません。

① 専門的な知識、技術または経験を必要とする業務でないものを専ら行うもの
② 製品の製造工程に携わる業務（科学に関する知識もしくは科学を応用した技術を用いて製造する新製品の開発または科学に関する知識もしくは科学を応用した技術を用いて製造する製品の新たな製造方法の開発を目的とした試作品の製作の業務を除く）を専ら行うもの

　ただし、その後、「専門26業務に関する疑義応答集」が出され、次のように記載していて、労働者派遣事業関係業務取扱要領とは異なる内容が含まれていますので、注書きします。

①Q：新製品の開発に当たって、試作品を製作しなければならない場合、試

作品の製作は第17号（第4条第1項第13号）業務に該当するか。
　A：研究又は開発の一環として試作品の製作を行っている場合は第17号（第4条第1項第13号）業務に該当するが、専ら試作品の製作のみを行っている場合は第17号（第4条第1項第13号）業務には該当しない。
　　（注）　労働者派遣事業関係業務取扱要領では試作品の製作が含まれるとした上で、試作品の製作の業務は「製品の製造工程に携わる業務を専ら行うもの」に該当しないとしていることと整合性がありません。
② Q：人工衛星等のように顧客からのオーダーにより製品を開発しながら製作している場合のように、顧客の要望により製品を開発しながら製作し、その後売却した場合でも、第17号（第4条第1項第13号）業務に該当するか。
　A：最終的に売却されることとなっても、新製品又は製品の新たな製造方法の開発に関する業務は第17号（第4条第1項第13号）業務に該当する。
③ Q：必ずしも「新製品」や「新たな製造方法」を開発する業務でなくても、「科学に関する研究」の業務であれば第17号（第4条第1項第13号）業務に該当するか。
　A：科学に関する研究の業務は第17号（第4条第1項第13号）業務に該当する。ただし、補助的な業務を専ら行うものは第17号（第4条第1項第13号）業務には該当しない。
④ Q：例えば、①研究開発の試験の被験者の業務、②計測時の数値の記録、実験器具の洗浄等の研究開発の補助業務のように専門知識を要しない業務は第17号（第4条第1項第13号）業務に該当するか。
　A：①の試験の被験者の業務は、科学に関する研究又は新たな製造方法の開発の業務ではないので第17号（第4条第1項第13号）業務には該当しない。
　　②の補助業務のように、専門的な知識、技術又は経験を必要とする業務でないものを専ら行う場合は、第17号（第4条第1項第13号）業務には該当しない。
⑤ Q：例えば、①研究開発の試験の被験者の業務、②計測時の数値の記録、実験器具の洗浄等の研究開発の補助業務のように専門知識を要しない業務は第17号（第4条第1項第13号）業務に該当するか。

A：①の試験の被験者の業務は、科学に関する研究又は新たな製造方法の開発の業務ではないので第17号（第4条第1項第13号）業務には該当しない。

②の補助業務のように、専門的な知識、技術又は経験を必要とする業務でないものを専ら行う場合は、第17号（第4条第1項第13号）業務には該当しない。

5　試作品製作の業務を研究開発業務とすること

4(2)②において明らかにされているように、試作品製作の業務のうち研究開発業務に該当するのは、「科学に関する知識もしくは科学を応用した技術を用いて製造する新製品の開発または科学に関する知識もしくは科学を応用した技術を用いて製造する製品の新たな製造方法の開発を目的とした試作品の製作の業務」に限られています。

したがって、試作品製作の業務を研究開発業務とするためには、この要件を満たす試作品製作の業務でなければなりませんが、このような試作品製作の業務が製造現場においてどれほどあるのかは疑問といわざるを得ず、そこで活用できる派遣労働者の数は極めて限られたものと考えられます。

なお、試作品製作の業務が研究開発業務に該当する場合には、例外的に付随業務を行うことができますが、この付随業務についても、2(5)にあるように、1日または1週間当たりの就業時間数で1割以下でなければなりません。

問71 政令で定める業務のなかで建築設備の運転、点検又は整備の業務は、建設設備のみで製造設備には適用されないのでしょうか。

答　労働者派遣法施行令第4条第1項及び第5条で定める28業務のうち水道施設の消毒設備等の運転等の業務を除く27の業務は、それらの業務が特に専門的な業務であるという理由で指定されている訳ではなく、平成11年の労働者派遣法の改正により、それまでの政令で指定された業務だけについて労働者派遣を行うことができるというポジティブ・リスト方式から、法令で指定された業務だけについて労働者派遣を行うことができないこととし、それ以外の業務については労働者派遣を行うことができるというネガティブ・リスト方式に変更になった際に、ポジティブ・リスト方式により指定されていた27（当時26）の業務については、派遣受入期間の制限がなかったこともあって、同改正後も派遣受入期間の制限を適用しないという考え方で、

指定されているものです。

そのうち、第5条第4号の業務は、「建築設備（建築基準法第2条第3号に規定する建築設備をいう）の運転、点検又は整備の業務（法令に基づき行う点検及び整備の業務を除く）」と規定されていますので、建築基準法第2条第3号に規定する建築設備に該当しなければ、これに含まれません。製造設備は、建築基準法第2条第3号に規定する建築設備には該当しませんので、第5条第4号の業務には含まれないことになります。

建築設備に限定している理由は、労働者派遣法の制定の際に問題となったものとして「情報処理」、「事務処理」、「ビルメンテナンス」があり、ビルメンテナンスの業務については、労働者派遣を行うことができることとなり、これにより指定された業務が労働者派遣法施行令第5条の第3号、第4号、第5号の業務です。ビルメンテナンスにおいて運転、点検または整備の業務を行っていたのは建築設備であって、製造設備は対象としていませんでしたので、製造設備は第4号業務には含まれません。

労働者派遣法の制定の際には、むしろ製造業務については、対象としないという考えが強かったので、派遣受入期間の制限がない業務に製造設備の運転、点検または整備の業務を含むようにするということは、あり得ないことだと考えられます。

（注）第5条第4号の業務の「建築設備」とは、建築物に設ける電気、ガス、給水、排水、換気、暖房、冷房、消火、排煙もしくは汚物処理の設備または煙突、昇降機もしくは避雷針をいい、法令に基づいて行われる定期的な点検および整備の業務などは除かれています。

2）有期プロジェクト業務

問72 大手メーカーは建設中の工場内において、当該工場が完成するまでの間の当該業務を「有期プロジェクト業務」と捉え、電気設備工事士などを派遣労働者として抵触日を設けず、3年を上限として受け入れています。そもそも上記態様の建設中の工場に於いて、完成するまでの期間の業務を「有期プロジェクト業務」と考えて良いのでしょうか。また、「有期プロジェクト業務」とはどのような業務を想定しているのか、具体的な業務をご教示ください。

第1部　派遣の管理

答　「有期プロジェクト業務」については、労働者派遣法第40条の2第1項第2号イで「事業の開始、転換、拡大、縮小又は廃止のための業務であって一定の期間内に完了することが予定されているもの」と定義しています。

建設中のプラントにおいて完成するまでの期間の業務ということですが、問題は「事業の開始、転換、拡大、縮小又は廃止のための業務」であるか否か、「一定の期間内に完了することが予定されている業務」であるか否か、で判断することになります。

「有期プロジェクト業務」については、おそらく労働基準法第14条第1項の「一定の事業の完了に必要な期間を定めるもの」を想定しているものと考えられますが、これについて労働基準法コンメンタールでは「例えば4年間で完了する土木工事において、技師を4年間の契約で雇い入れる場合の如く、その事業が有期的事業が客観的に明らかな場合であり、その事業の終期までの期間を定めることが必要である」と記載していますので、おそらく「建設中のプラントにおいて完成するまでの期間の業務」というのは「有期的事業が客観的に明らかな場合」に該当すると思われます。

また、「プラントの完成」は「事業の拡大のための業務」ではないかと思われますので、あながち「有期プロジェクト業務」ではないとは言えないと考えられます。

いずれにしても、「有期プロジェクト業務」として行うのであれば、労働者派遣法第40条の2第1項第2号イに該当することを根拠を示して行う必要があると考えます。

ウ　就業の場所ごとの同一の業務

問73　「派遣就業の場所ごとの同一の業務」に該当しない為には、例えば「労働者派遣個別契約書が異なり」「指揮命令者が異なれば」、作業が同じでも「派遣就業の場所ごとの同一の業務」に該当しないと考えてよいのでしょうか。

答　「派遣就業の場所ごとの同一の業務」については、労働者派遣事業関係業務取扱要領に沿って運用するしかないと考えます。

労働者派遣事業関係業務取扱要領に記載されている主要な内容は、
①　派遣先における組織の最小単位（業務の内容について指示を行う権限を

有する者とその者の指揮を受けて業務を遂行する者とのまとまりのうち最小単位のものをいい、係または班のほか、課、グループなどが該当する場合もあり、名称にとらわれることなく実態により判断する）において行われる業務は、同一の業務である
② 派遣労働者の受入れに伴い係、班等を形式的に分ける場合、労働者数の多いことなどに伴う管理上の理由により係、班などを分けている場合、係、班などの部署を設けていない場合であっても就業の実態などからこれらに該当すると認められる組織において行われる業務については、同一の業務である
③ 偽りその他不正の行為により労働者派遣の役務の提供を受けているまたは受けていた係、班などの名称を変更し、または組織変更を行うなど、従来の係、班などとは異なる係、班などに新たに労働者派遣の役務の提供を受け、または受けようとする場合には、同一の業務について労働者派遣の役務の提供を受け、または受けようとしているものと判断する
④ 組織の最小単位を超えた異動については、脱法を避けるという点に留意しながら解釈する必要があるが、基本的には「係」、「班」など場所が変われば「同一の業務」を行うとは解釈できず、違った派遣が受けられる
⑤ 組織が、例えば類似の業務が多くていくつかの班に管理上便宜的に分けているに過ぎない場合には、実態を見て「同一の業務」かどうか判断する
⑥ 班を越えても、労務管理の便宜上、例えば特定の管理者の管理の範囲を超えるので班を３つから５つに増やした場合に、ある班にいた派遣労働者が同様の仕事を別の班に移って行うことは「同一の業務」として解釈する
⑦ 組織の最小単位の名称については、係や班というのは例示として位置付け、基本的な概念は、同種労働を行って企業を支えている最小の企業組織を「同一の業務」の判断の中心にする
⑧ 派遣就業中に組織を再編した場合については、１つの係が２つに分かれてその係が実質的に違った業務を行っている、そういう再編成であれば「同一の業務」といえない場合もある。一方、形式的に分けた場合であれば、「同一の業務」を相変わらず行っていると判断される
ですので、これらに沿って判断するしかないと思われます。
例えば、フロアを２階から３階に変えて同じ作業を行っていた場合でも、組織の最小単位を超えた異動である場合には基本的には「同一の業務」とは解釈できないことになりますが、類似の業務が多くて組織をいくつかの班に

管理上便宜的に分けているに過ぎない場合には、実態から見て「同一の業務」と判断される場合も出てきます。

一方、「労働者派遣個別契約書が異なる」というのは直接「派遣就業の場所ごとの同一の業務」か否かの判断要素にはならないと思いますが、「指揮命令者が異なる」というのは「業務の内容について指示を行う権限を有する者とその者の指揮を受けて業務を遂行する者とのまとまり」か否かを判断するための重要な要素となります。

したがって、大変手間だとは思いますが、前記の労働者派遣事業関係業務取扱要領に書かれている主要な内容に、必要があれば労働者派遣事業関係業務取扱要領に書かれているその他の内容を加味して、チェックシートを作り、「派遣就業の場所ごとの同一の業務」であるのか否かを判断するしかないと考えられます。

問74 抵触日以降の部署異動で「指揮命令者」が同じ人物の場合がかなり見受けられました。勿論、実態に即して検証する必要があると思いますが、この場合は「就業場所毎の同一部署」と解釈される虞がある、ということでよいでしょうか。

答 労働者派遣事業関係業務取扱要領は「業務の内容について指示を行う権限を有する者とその者の指揮を受けて業務を遂行する者とのまとまりのうち最小単位のもの」と記載していますので、「指揮命令者」が同じ人物の場合には「派遣就業の場所ごとの同一の業務」として取り扱われる可能性は十分あります。したがって、「指揮命令者」が同じ人物であっても業務内容が異なることを立証する必要があります。

問75 Aラインのクーリング期間を自社労働者で賄い、その間派遣をBラインに異動させました。AラインとBラインは全く別の商品を作っています。ラインの違いはどのレベルのことをいうのでしょうか。同じ商品を製造していても建屋が違えばOKなのでしょうか。

答 ご質問は、派遣受入期間の制限に関するものと思われます。

1　派遣受入期間の制限

労働者派遣法では、対象となる業務によって派遣受入期間の制限のあるも

のと制限のないものに分かれます。すなわち、次の業務については、派遣受入期間の制限がありません。
(1) 労働者派遣法施行令第4条第1項及び第5条に定められている次の28の業務

　情報処理システム開発業務（第4条第1項第1号）、機械設計業務（第4条第1項第2号）、事務用機器操作業務（第4条第1項第3号）、通訳、翻訳、速記業務（第4条第1項第4号）、秘書業務（第4条第1項第5号）、ファイリング業務（第4条第1項第6号）、調査業務（第4条第1項第7号）、財務業務（第4条第1項第8号）、取引文書作成業務（第4条第1項第9号）、デモンストレーション業務（第4条第1項第10号）、添乗業務（第4条第1項第11号）、受付・案内業務（第4条第1項第12号）、研究開発業務（第4条第1項第13号）、事業の実施体制の企画、立案業務（第4条第1項第14号）、書籍等の制作・編集業務（第4条第1項第15号）、広告デザイン業務（第4条第1項第16号）、OAインストラクション業務（第4条第1項第17号）、セールスエンジニア、金融商品の営業業務（第4条第1項第18号）、放送機器操作業務（第5条第1号）、放送番組等の制作業務（第5条第2号）、建築物清掃業務（第5条第3号）、建築物運転等業務（第5条第4号）、駐車場管理等業務（第5条第5号）、インテリアコーディネータ業務（第5条第6号）、アナウンサー業務（第5条第7号）、テレマーケティングの営業業務（第5条第8号）、放送番組等における大道具・小道具業務（第5条第9号）、水道施設消毒設備等機器運転等業務（第5条第10号）

(2) 事業の開始、転換、拡大、縮小又は廃止のための業務であって一定の期間内に完了することが予定されている「有期プロジェクト業務」
(3) その業務が1月間に行われる日数が、派遣先に雇用される通常の労働者の1月間の所定労働日数と比較して半分以下であり、かつ、月10日以下しか行われない「日数限定業務」
(4) 産前および産後の休業、育児休業ならびに介護休業（産前休業に先行し、または産後休業、育児休業もしくは介護休業に後続する母性保護、子の養育または家族を介護するための休業を含む）を取得する労働者の業務を代替する業務である「産前産後・育児・介護休業代替業務」
(5) (1)から(4)の業務の実施に伴い、付随的に(1)から(4)以外の派遣受入期間の制限のある業務を併せて行う場合で、かつ、派遣受入期間の制限がある業

務の割合が通常の場合の1日当たりまたは1週間当たりの就業時間数で1割以下の業務

一方、(1)から(5)までの業務以外の業務については、派遣受入期間の制限があります。

2　派遣受入期間に制限のある業務に関する取扱い

派遣受入期間に制限のある業務については、派遣先は、派遣労働者が就業する場所ごとの同一の業務について、派遣受入期間の制限を超えて継続して労働者派遣を受け入ることはできません（同法第40条の2）。したがって、派遣受入期間の制限は、派遣先に対する規制であり、この規制は、労働者派遣事業は、臨時的・一時的な労働力の需給調整を行うことを目的としているため、派遣受入期間を制限することによって、派遣先において常用雇用の労働者が派遣労働者に代替されることを防止しようとすることにあります。

3　派遣受入期間

派遣受入期間の制限のある業務については、就業の場所ごとの同一の業務について、派遣労働者を受け入れることができる期間（派遣可能期間）に、次のような制限があります（同条第1項、第2項）。

① 派遣可能期間の決定に当たり派遣先の事業所の過半数代表者（過半数労働組合がある場合は過半数労働組合）の意見を聴いて、あらかじめその期間を1年を超え3年以内の期間に定めている場合には、その期間

② ①の定めをしていない場合には、1年

4　派遣可能期間を決定するための手続

1年を超え3年以内の派遣可能期間を定める場合には、派遣先は、あらかじめ、派遣先の事業所の過半数代表者（過半数労働組合がある場合は過半数労働組合）の意見を聴いて、派遣可能期間を定めなければなりません。

この意見聴取に当たっては、派遣先は、次の事項を文書で通知しなければなりません（同法施行規則第33条の4第4項）。その際、通知してから意見聴取を行うまでに十分な考慮期間を設ける必要があります（派遣先指針）。

① 受け入れようとする業務

② 派遣可能期間を新たに定める場合にはその派遣受入期間および開始予定時期（派遣可能期間を変更する場合には変更しようとする期間）

また、派遣労働者を受け入れる期間を定めるに当たっては次の事項を書面に記載し、その労働者派遣の終了の日から3年間保存しなければなりません（同規則第33条の3）。

① 意見を聴取した過半数代表者（過半数労働組合がある場合は過半数労働組合）の名称、氏名
② 通知した事項および通知した日
③ 意見を聴いた日およびその意見の内容
④ 意見を聴いて定めた派遣可能期間（その期間を変更しようとするときは、その変更した期間）

5 派遣受入期間の制限のある業務に関する取扱い

派遣先は、派遣受入期間の制限のある業務について、新たな労働者派遣契約に基づく労働者派遣の受入れをしようとするときは、派遣元に抵触日を通知しなければなりません（同法第26条第5項）。

派遣元は、派遣先から派遣可能期間に係る抵触日について通知がないときは、その派遣先とその業務について労働者派遣契約を締結することができません（同条第6項）。

6 「就業の場所ごとの同一の業務」の取扱い

派遣受入期間の制限の単位となるのは、「就業の場所ごとの同一の業務」です。

この「就業の場所ごとの同一の業務」のうち、「就業の場所」については、①課、部、事業所全体など場所的に他の部署と独立していること、②経営の単位として人事、経理、指導監督、労働の態様等においてある程度の独立性を持っていること、③一定期間継続し、施設としての持続性があること、により、また、「同一の業務」については、①労働者派遣契約を更新して引き続き労働者派遣契約に定める業務に従事する場合は同一の業務に当たること、②派遣先の事業所における最小単位の組織内で行われる業務は原則として同一の業務とみなされること、③派遣労働者を受け入れたために形式的に班、係などで区分しても、同一の業務に該当すること、④意図的に回避するために組織を変更する場合には従来からの実態により判断すること、により、それぞれ実態に即して判断されます。

したがって、原則として1つの事業所内の最小単位の組織が「就業の場所ごとの同一の業務」ということになり、派遣労働者の受入れや派遣受入期間の制限に関する規制を回避するための分割は認められないことに留意する必要があります。

問76 A社が業界再編でB社の生産部門を吸収し、新たに生産工程

を受け持つことになりました。もともと製造派遣契約で作業している工程ですが、Ａ社がマネージメントし、指揮命令者も替わり、新たに派遣契約を結ぶことになります。この場合、派遣契約の抵触日は、新たに原則１年最長３年でリセットされると考えていいでしょうか。
・就業場所は、派遣労働者にとっては同じです。
・業務内容は、派遣労働者にとっては同じです。
・指揮命令者は、Ａ社の指揮命令者となります。
　また就業規則等はＡ社のものになります。
　「分割会社及び承継会社等が講ずべき当該分割会社が締結している労働契約及び労働協約の承継に関する措置の適切な実施を図るための指針（平成12年労働省告示第127号）」に派遣労働者の取扱いとして次の記述があります。
　「当該承継会社等が派遣先の地位を承継することとなることから、同法第40条の２、第40条の３等の派遣労働者を受け入れる期間に係る規定の適用に当たっては、当該期間は、効力発生日前の分割会社における期間も通算して算定されるものであること」
　これを参考にすべきでしょうか。

答　労働者派遣法第40条の２第１項は「派遣先は、当該派遣先の事業所その他派遣就業の場所ごとの同一の業務……について、派遣元から派遣可能期間を超える期間継続して労働者派遣の役務の提供を受けてはならない」旨規定していますが、この派遣先について同法第31条は「派遣元事業主……の雇用する派遣労働者に係る労働者派遣の役務の提供を受ける者」と規定しています。

　したがって、同法第40条の２第１項の義務が課されるのは労働者派遣の役務の提供を受ける時点であると考えられます。

　このため、ご質問のケースでは、貴社の関係会社が生産工程を受け持った時点で、初めて「労働者派遣の役務の提供を受ける」ことになりますので、その時点で同法第40条の２第１項の義務が課されることになると解され、その時点からいわゆる抵触日の規制がスタートすると考えられます。

　法的には、そのように考えられるのですが、「会社分割に伴う労働契約の承継等に関する法律」第８条に基づき定められた「分割会社及び承継会社等が講ずべき当該分割会社が締結している労働契約及び労働協約の承継に関す

る措置の適切な実施を図るための指針（平成12年告示第127号）」においては「労働者派遣法の規定に従い派遣労働者が分割会社に派遣されている場合であって、当該派遣労働者に係る労働者派遣契約が当該分割会社から承継会社等に承継されたときには、当該承継会社等が派遣先の地位を承継することとなることから、同法第40条の2、第40条の3等の派遣労働者を受け入れる期間に係る規定の適用に当たっては、当該期間は、効力発生日前の分割会社における期間も通算して算定される」旨記載されています。

このような取扱いをする法的な根拠は明確ではありませんが、厚生労働省や労働局は告示第127号に基づいて、承継前の会社が労働者派遣の役務の提供を受けるようになった時点から通算して派遣可能期間を計算するという取扱いをするよう求めてくると考えられます。

法的な問題はあるにせよ、大臣告示に基づく取扱いなので、企業の実務としては、承継前の会社が労働者派遣の役務の提供を受けるようになった時点から通算して派遣可能期間を計算するという取扱いをされる方が無難かと思われます。

エ　抵触日

問77　A社はB派遣会社から派遣労働者を受け入れて従事させていた業務について、C社に請け負わせることにしました。C社は、A社から請け負った業務の処理に熟練した作業者が必要であるために、B派遣会社から熟練した作業者（もともとB派遣会社からA社に派遣されていた労働者である）の派遣を受け入れることにしました。この場合のC社の派遣受け入れに関する抵触日の起算日はいつからでしょうか。

答　従来派遣労働者を受け入れて従事させていた業務を請負に変更することについては、2009年問題対応通達に「派遣先において、同一の業務につき、恒常的に行われ、かつ、業務の取扱状況等に何ら事情の変化がないにもかかわらず、労働者派遣と請負を繰り返している、若しくは繰り返そうとする場合などについては、労働者派遣法の趣旨に反するものである」として、「直ちに法違反とはならないが、労働者派遣法の趣旨等を踏まえた適切な対応を求める助言を行う」というくだりがあります。2009年問題対応通達のこのくだり自体は労働者派遣法に根拠のあるものではなく、このような助言を

行うことが本当に適切かという問題はありますが、これに該当しなければ、基本的に問題がないと考えます。

この場合、Ｃ社がＡ社から請け負った時点で業務を開始することになります。そして、請負業務のために、派遣労働者を受け入れることも問題ありませんから、Ｃ社がＢ派遣会社から派遣労働者を受け入れることも可能です。

この場合、派遣先であるＣ社は、Ｂ派遣会社から派遣労働者を受け入れた時点が派遣受入期間（抵触日）の起算日となります。

なお、その際注意して頂きたいのは、その前提としてＣ社の請負が労働者派遣事業に該当しないものであることが必要です。もし、労働者派遣事業（いわゆる偽装請負）に該当する場合には、二重派遣として労働者供給事業に該当し、違法になりますので、くれぐれもご注意ください。

問78 抵触日の確認の部分では、あくまでも通知義務は派遣先であり、「抵触日が真の抵触日が充分に確認したうえで契約・運用すべし」「派遣先は素人・派遣元はプロなので顧客の指導も派遣先の責任」というのは、たとえ派遣先が嘘を付いていても、派遣元の責任となり、少々乱暴な気がするのですが。また、「派遣先が、契約上の業務以外の業務（工場内での他のチームの応援）に派遣労働者を使用していたから、同一業務はチームではなく、工場である」としている点についてはどうなのかと思います。見解を伺いたいと思います。

答 ご質問の件ですが、労働者派遣法第35条の２第１項は「派遣元は、派遣先が派遣元から派遣の役務の提供を受けたならば派遣受入期間の制限の規定に抵触することとなる場合には、抵触日以降継続して労働者派遣を行ってはならない」旨規定していて、その例外となる場合については規定されていません。

例えば、平成27年10月施行予定の労働契約の申込みみなしの規定では、「第40条の６第１項各号の行為に該当することを知らず、かつ、知らなかったことにつき過失がなかったときは、この限りでない」という免責規定がありますが、第35条の２第１項にはこのような免責規定がありませんので、仮に抵触日が到来していることを知らず、かつ、知らなかったことにつき過失がなかったときであっても、派遣元の責任は免れないと思いますので、「抵触日を充分に確認したうえで契約・運用すべし」という指導はやむを得ない

ことです。

「派遣先は素人・派遣元はプロなので顧客の指導も派遣元の責任」というのは法律には書いてありませんので、法的な責任ではなく、その点では言い過ぎだと思います。

ただし、労働者派遣法第31条に「派遣元は、派遣先がその指揮命令の下に派遣労働者に労働させるに当たって派遣就業に関し労働者派遣法などの規定に違反することがないようにその他派遣就業が適正に行われるように、必要な措置を講ずる等適切な配慮をしなければならない」という規定がありますので、この規定を根拠に「派遣元は、派遣先がその指揮命令の下に派遣労働者に労働させるに当たって派遣就業が適正に行われるように配慮することは派遣元の責任」という指導が出されてしまえば、労働者派遣法に根拠のある指導になりますので、そうなるとやむを得ない指導となります。

本件指導で最大の問題は、「派遣先が、契約上の業務以外の業務（工場内での他のチームの応援）に派遣労働者を使用していたから、同一業務はチームではなく、工場である」としている点です。

他の労働局でもこのような指導をしているところがあるようですが、これは明らかに法律から外れています。

派遣受入期間の制限の規定の対象となる単位は、労働者派遣法第40条の2第1項で「派遣先の事業所その他派遣就業の場所ごとの同一の業務」と規定しています。工場は「派遣先の事業所その他派遣就業の場所」であって、その中の同一の業務というのは、工場の中の個々の業務でなければ、労働者派遣法第40条の2第1項の規定に合致しません。

労働局の言い分は、工場全体のどのチームに応援に行くか分からないから工場全体が同一業務だと言っているのだと思いますが、派遣先としては、応援に派遣労働者を使用したとしても、この範囲に限られているということを説明して、同一業務の範囲を限定させるようにすべきではなかったかと思います。

ただし、この場合でも、「派遣先は、第26条第1項各号に掲げる事項などに関する労働者派遣契約の定めに反することのないように適切な措置を講じなければならない」という労働者派遣法第39条の規定に派遣先は違反し、派遣元は労働者派遣法第31条の規定に違反することにはなりますが。

問79 現在、X社はY社のA部署を請け負っているY社の子会社で

あるZ社のB作業所に派遣をしています。そのZ社のB作業所への派遣が5月20日で抵触日を迎えます。Z社はB作業所をY社に返すのですが、Y社よりX社に対し、派遣をY社のA部署に入れて欲しい旨の依頼がありました。X社としては、「抵触日逃れ」とも思えるのですが、如何でしょうか。

答 ご質問頂いた内容だけでは、「抵触日逃れ」とは断定できません。

Z社の作業所が抵触日を迎えるというのは、X社のZ社のB作業所への派遣の抵触日を迎えるということで、Y社への派遣の抵触日を迎えるということではないですよね。

そうであるとすれば、Y社からすれば、グループの会社に請け負わせていた業務を直轄の事業として、そこに派遣を受け入れるということで、一応は説明ができます。

その両方の派遣元がたまたまX社だったということでしょうか。

したがって、X社としては、Z社への派遣とY社への派遣は別の会社への派遣であると判断し、Y社としては、Z社に請け負わせていた時に、Z社がどこから派遣を受け入れていたかは承知していないということであれば、「抵触日逃れ」とはいえないような気がします。

ただし、Y社としては、Z社に請け負わせていた時に、Z社がどこから派遣を受け入れていたかは承知していない以上、X社に対して全く新規に派遣の注文を出すという姿勢は必要です。したがって、X社が誰をどれくらい派遣するかなどについては、全てX社に任せてもらう必要があります。

また、2009年問題対応通達に「派遣先において、同一の業務につき、恒常的に行われ、かつ、業務の取扱状況等に何ら事情の変化がないにもかかわらず、労働者派遣と請負を繰り返している、若しくは繰り返そうとする場合などについては、労働者派遣法の趣旨に反するものである」として、「直ちに法違反とはならないが、労働者派遣法の趣旨等を踏まえた適切な対応を求める助言を行う」というくだりがありますが、これに抵触しないかという問題はあります。ただし、2009年問題対応通達のこのくだり自体は労働者派遣法に根拠のあるものではなく、このような助言を行うことが本当に適切かという問題はありますが、今回のケースは、1度グループの会社に請け負わせていた業務を直轄の事業にしたに過ぎず、そこに派遣を受け入れるものであって、派遣と請負を繰り返している訳ではないと言えるようにすることも必要

かと思います。

なお、Z社がY社に業務を返すのであれば、今までZ社が請け負っていた業務をX社が請け負うという方法もあります。

これだと、Y社からすれば、請け負わせる会社が交代したに過ぎないということができ、もっと問題が出ないような気がします。

X社としては、請負化を含めてY社と交渉されてはいかがでしょうか。

オ　抵触日の到来に対する対応
1）基本的な対応

問80　抵触日対応として、ベストなものは何でしょうか？

答　告示第37号の要件を適正に充足する請負を行うことであると考えられます。

請負については、請負を行う会社に十分な能力があることについて見極めた上で、行う必要があります。

また、行政の解釈・指導には依然として告示第37号を逸脱したものが見られますので、告示第37号の内容を熟知し、きちんと説明をして理解を得ることが必要になります。

問81　抵触日対策におけるクーリング期間の取扱についてはどのようなことに注意すべきでしょうか。例えば、クーリング期間終了後に再受入を行うことは禁止されるのでしょうか。

答　抵触日の到来に対応する方法としては、①請負化、②派遣先による直接雇用、③事業所単位などでの派遣労働者から直用労働者への置き換えが考えられます。

これらについては、例えば、請負化する場合には告示第37号の要件を適正に充足することが必要です。

派遣先による直接雇用の場合には、直接雇用した後については、これまで派遣先であったものが、雇用主として、雇用の責任を負わなければなりません。

また、クーリング期間が終了すれば、本来労働者派遣の受け入れは可能と

なりますが、2009年問題対応通達では「派遣先において同一の業務が恒常的に行われ、業務の取扱状況等に何ら事情の変化がないにもかかわらず、労働者派遣と直接雇用を繰り返している場合などは、直ちに法違反とならないが、法の趣旨に反するとして、助言を行う」旨記載しています。このような取扱いは法的には根拠のないことですが、そのような取扱いが行われることについては、十分留意してください。

2）直接雇用

> **問82** 抵触日への対応としては直接雇用か請負化が考えられますが、現実的には直接雇用に切り替える企業が大半だと思います。その時の進め方として注意する点を教えて頂けますか。例えば、クーリングオフ期間は派遣先の契約社員、その後は元の派遣会社からの派遣労働者として受け入れることは可能でしょうか。また、直用化する作業者の労務関係業務をその派遣会社にアウトソーシングすることは出来ますか。

答　1　抵触日の到来への対応

抵触日の到来に対応する方法としては、①請負化、②派遣先による直接雇用、③事業所単位などでの派遣労働者から直用労働者への置き換えが考えられます。

2　派遣先による直接雇用の義務

このうち、②の派遣先による直接雇用については、労働者派遣法は、基本的に望ましいというスタンスに立っています。

このため、派遣受入期間の制限のある業務については、抵触日以降の労働契約の申込み義務を定めています。すなわち、派遣先は、派遣受入期間の制限のある業務について、次のいずれにも該当する場合には、派遣労働者に対し、抵触日の前日までに、労働契約の申込みをしなければなりません（同法第40条の４）。

① 派遣元から、派遣労働者を抵触日以降の派遣停止の通知を受けたこと
② 抵触日以降も継続して派遣労働者を使用しようとしていること
③ 派遣労働者が派遣先に雇用されることを希望していること

同様に、派遣受入期間の制限のない業務についても、派遣受入期間３年経過後の雇用の申込み義務を定めています。すなわち、派遣先は、次のいずれ

にも該当する場合には、その派遣労働者に対し、労働契約の申込みをしなければなりません（同法第40条の5）。
① 就業の場所ごとの同一の業務について、3年を超える期間継続して同一の派遣労働者を受け入れていること
② 3年が経過した日以後その業務に従事させるため労働者を新たに雇い入れようとすること

なお、これらの場合において、直接雇用後の派遣労働者の労働条件については、派遣先と派遣労働者間で決定されますが、その際、労働者派遣で就業していた期間の労働条件やその業務に従事している派遣先の労働者の労働条件などを勘案して決める必要があります。また、雇用形態についても、必ずしも正社員とする必要はなく、期間雇用の契約社員などとすることも可能です。

派遣先が、これらの労働契約の申込みをしない場合には、労働局による指導、助言が行われ、派遣先がこの助言、指導に従わなかったときは、労働契約の申込みをするよう勧告されます（同法第49条の2第1項）。さらに、この勧告にも派遣先が従わなかったときは、その旨公表されます（同条第3項）。

なお、この義務は、労働契約の申込み義務であって、募集の義務ではありませんので、労働契約の申込みに対し派遣労働者が同意すれば、雇用関係が成立し、他の応募者を採用する余地はありません。

3　直接雇用に当たっての留意点

直接雇用に当たっては、次のような点に留意する必要があります。

(1) 雇用関係の成立に当たっての原則

雇用関係の成立、すなわち、労働契約の締結に当たっては、法律による制限がある場合を除き、その当事者である労働者と使用者それぞれが相手方を選択する自由があります。すなわち、「労働契約は、労働者が使用者に使用されて労働し、使用者がこれに対して賃金を支払うことについて、労働者と使用者が合意することによって、成立する（労働契約法第6条）」という原則があります。したがって、派遣労働者がどの使用者と労働契約を結ぶかは、派遣労働者本人が選択する問題で、派遣先あるいは派遣元が一方的に決めることはできません。

(2) 黙示の雇用関係の成立の可能性

最高裁判例に照らせば、労働契約の本質は使用者が労働者を指揮命令

し、監督することであるので、当該労務供給形態の具体的実態により、両者間に事実上の使用従属関係があり、この使用従属関係から両者間に客観的に推認される黙示の意思の合致がある場合には、黙示の労働契約の成立が認められます（安田病院事件　最高裁第三小法廷平成10年9月8日労判745-7）。例えば、派遣元が企業としての実体を有せず、派遣先の組織の一部と化したり、派遣先の賃金の支払の代行機関となっていて、派遣元の実体が派遣先と一体と見られ、法人格否認の法理を適用しうる場合またはそれに準ずるような場合（いよぎんスタッフサービス事件　高松高裁平成18年5月18日労判921-33、最高裁第二小法廷平成21年3月27日労判991-14）や派遣元が形式的存在に過ぎず、派遣労働者の労務管理を行っていない反面、派遣先が派遣労働者の採用、賃金額その他の就業条件を決定し、配置、懲戒などを行い、派遣労働者の業務内容・期間が労働者派遣法で定める範囲を超え、派遣先の正規職員の作業と区別し難い状況となっており、派遣先が派遣労働者に対して労務給付請求権を有し、かつ賃金を支払っている事情がある場合（一橋出版事件　東京高裁平成18年6月29日労判921-5、最高裁第一小法廷平成18年11月2日）には、派遣労働者と派遣先の間に雇用関係が成立していると評価される可能性があります。

(3)　クーリングオフ期間は派遣先の契約社員とし、その後は派遣労働者として受け入れることについて

　　直接雇用から再度派遣社員に変更した場合であっても、実質的に当該労働者の従事する業務の内容や労務管理などに変更がなければ、当初から派遣先との雇用関係があったと判断される可能性はあります。この場合には、労働者派遣契約は実質的に労働者供給契約に該当すると評価される可能性があります。

(4)　直用化する派遣労働者の労務関係業務の派遣会社へのアウトソーシング

　　福利厚生などの事務を外部機関に委託することは、広く行われており、例えば、派遣労働者の居住場所について従来通り派遣会社の社宅の使用や就業の場所への送迎を派遣会社に有償で委託することは可能と考えられますが、例えば、労働者派遣の時と同じ労務管理をしているような場合には、実質的に直接雇用したことにはならず、いわば偽装雇用に該当するものとして、労働者派遣法の労働契約申込み義務を履行していないと評価される可能性があります。

　　また、その派遣会社が直用化する派遣労働者の元の雇用主である場合に

は、その派遣会社と元の派遣労働者との間に事実上の支配従属関係があるとして、その派遣会社が事実上の支配従属関係にある労働者を供給先の指揮命令の下に労働に従事させる労働者供給事業に該当する違法なものと評価される可能性もあります。

問83 製造請負を行う中で派遣労働者を受け入れています。3年の抵触日が近づくなか派遣労働者の直傭を計画しています。その際の処遇として、6月の期間労働者の契約を結ぶことを考えています。そんな中、派遣会社での身分が、期間の定めの無い正社員の場合「直傭する際に弊社でも同様に期間の定めの無い正社員での雇用契約の必要がある」という話が出てきました。数年前に労働局から言われた事があるそうです。このような場合には、直傭の際、正社員とする必要があるのでしょうか。

答　**1 派遣受入期間の制限**

労働者派遣事業は、原則として臨時的・一時的な労働力の需給調整を行うことを目的としています。このため、派遣先において常用雇用の労働者が派遣労働者に代替されることを防止するため、次の業務以外の業務については、派遣受入期間が制限されています（労働者派遣法第40条の2）。

(1) 労働者派遣法施行令第4条第1項及び第5条に定められている次の28の業務

情報処理システム開発業務（第4条第1項第1号）、機械設計業務（第4条第1項第2号）、事務用機器操作業務（第4条第1項第3号）、通訳、翻訳、速記業務(第4条第1項第4号)、秘書業務(第4条第1項第5号)、ファイリング業務（第4条第1項第6号）、調査業務（第4条第1項第7号）、財務業務（第4条第1項第8号）、取引文書作成業務（第4条第1項第9号）、デモンストレーション業務(第4条第1項第10号)、添乗業務(第4条第1項第11号)、受付・案内業務（第4条第1項第12号）、研究開発業務（第4条第1項第13号）、事業の実施体制の企画、立案業務（第4条第1項第14号）、書籍等の制作・編集業務（第4条第1項第15号）、広告デザイン業務（第4条第1項第16号）、OAインストラクション業務（第4条第1項第17号）、セールスエンジニア、金融商品の営業業務（第4条第1項第18号）、放送機器操作業務(第5条第1号)、放送番組等の制作業務(第

5条第2号)、建築物清掃業務（第5条第3号)、建築物運転等業務（第5条第4号)、駐車場管理等業務（第5条第5号)、インテリアコーディネータ業務（第5条第6号)、アナウンサー業務（第5条第7号)、テレマーケティングの営業業務（第5条第8号)、放送番組等における大道具・小道具業務（第5条第9号)、水道施設消毒設備等機器運転等業務（第5条第10号)

(2) 事業の開始、転換、拡大、縮小又は廃止のための業務であって一定の期間内に完了することが予定されている「有期プロジェクト業務」

(3) その業務が1月間に行われる日数が、派遣先に雇用される通常の労働者の1月間の所定労働日数と比較して半分以下であり、かつ、月10日以下しか行われない「日数限定業務」

(4) 産前および産後の休業、育児休業ならびに介護休業(産前休業に先行し、または産後休業、育児休業もしく介護休業に後続する母性保護、子の養育または家族を介護するための休業を含む) を取得する労働者の業務を代替する業務である「産前産後・育児・介護休業代替業務」

(5) (1)から(4)業務の実施に伴い、付随的に(1)から(4)以外の派遣受入期間の制限のある業務を併せて行う場合で、かつ、派遣受入期間の制限がある業務の割合が通常の場合の1日当たりまたは1週間当たりの就業時間数で1割以下の業務

　製造業務については、同法施行令第4条第1項及び第5条に定められている28業務に含まれていませんので、通常派遣受入期間の制限があります。

　派遣受入期間の制限のある業務については、就業の場所ごとの同一の業務について、派遣受入期間に次のような制限があります（同法第40条の2第1項、第2項)。

① 派遣受入期間の決定に当たり、派遣先の事業所の過半数代表者（過半数労働組合がある場合には過半数労働組合）の意見を聴いて、あらかじめその期間を1年を超え3年以内の期間に定めている場合には、その期間

② ①の定めをしていない場合には、1年

　そして、派遣先は、派遣受入期間の制限のある業務については、その就業の場所ごとの同一の業務について、派遣元から抵触日を超えて継続して労働者派遣を受け入れることができません（同法第40条の2)。

2　雇用に関する義務

　派遣先における常用雇用労働者の派遣労働者による代替を防止するとともに、常用雇用を希望する派遣労働者の常用雇用への移行を促進するため、派遣先には、次の派遣労働者に対する雇用に関する義務が課されています。
① 派遣受入期間の制限のある業務に関する1年以上の派遣受入期間経過後の雇入れの努力義務
② 派遣受入期間の制限のある業務についての抵触日以降の労働契約の申込み義務
③ 派遣受入期間の制限のない業務についての労働契約の申込みの義務

　ご質問は、このうち②の労働契約の申込義務に関するものですが、派遣先は、派遣受入期間の制限のある業務について、次のいずれにも該当する場合には、派遣労働者に対し、抵触日の前日までに、労働契約の申込みをしなければなりません（同法第40条の4）。
① 派遣元から、抵触日以降の派遣停止の通知を受けたこと
② 抵触日以降も継続して派遣労働者を使用しようとしていること
③ 派遣労働者が派遣先に雇用されることを希望していること

　労働契約の申込みの場合の労働条件については、派遣先と派遣労働者間で決定されますが、労働者派遣で就業していた期間の労働条件やその業務に従事している派遣先の労働者の労働条件などを勘案して決めることが適当です。また、雇用形態についても、必ずしも正社員とする必要はなく、期間雇用などとすることも可能です。

　派遣先が、この申込みをせず、抵触日以降も継続して派遣労働者を使用した場合には、労働局は、派遣先に対し、指導、助言を行うことができます。また、派遣先がこの助言、指導に従わなかったときは、労働局は労働契約の申込みをするよう勧告することができます（同法第49条の2条第1項）。この勧告にも派遣先が従わなかったときは、労働局はそのことを公表することができます（同条第3項）。

3　労働契約の申込みに当たっての留意点

　「労働契約は、労働者が使用者に使用されて労働し、使用者がこれに対して賃金を支払うことについて、労働者と使用者が合意することによって、成立します（労働契約法第6条）」ので、派遣労働者は、派遣先からの労働契約の申込みを拒否することができます。この場合には、派遣先と派遣労働者との間に労働契約は成立しません。

また、「使用者は、労働者の承諾を得なければ、その権利を第三者に譲り渡すことができない（民法第625条第1項）」ので、派遣元も派遣労働者に派遣先に雇用されるよう指示することはできません。

4 ご質問について

2でみたように、現行の労働者派遣法では、派遣先が派遣労働者に対し労働契約の申込みをする場合に、その雇用形態について制限はなく、派遣先と派遣労働者の間で自由に決定することができます。このため、派遣労働者を期間雇用である契約社員として労働契約の申込みをすることも可能です。このことは、仮に派遣労働者が派遣元において期間の定めのない契約である正社員である場合にも変わりはありません。

したがって、仮に労働局から「期間の定めの無い正社員での雇用契約の必要がある」という指摘があるとしたなら、その根拠を示してもらう必要があります。もし、根拠がないのであれば、不適正な指導となります。

なお、3でみたように、労働契約は両当事者の合意によって成立しますので、派遣労働者が派遣先からの雇用の申し出に応ずるか否かについては、自由に選択することができます。このため、現に派遣元で期間の定めの無い正社員である場合には、派遣先から期間雇用である契約社員として労働契約の申込みをしたとしても、派遣先からの労働契約の申込みに派遣労働者が応じない可能性は高いと考えられます。

問84 抵触日を迎えた後、直雇用する際派遣会社への転籍料の様な要求に対してどの様に対応すれば良いのでしょうか。

答　1 労働者派遣法の規定

労働者派遣法第33条第1項は「派遣元は、その雇用する派遣労働者または派遣労働者として雇用しようとする労働者との間で、正当な理由がなく、その派遣労働者の派遣先あるいは派遣先であった者または派遣先にこれからなろうとする者に派遣元と派遣労働者との雇用関係の終了後雇用されることを禁止する契約を締結してはならない」と規定しています。このため、例えば、「退職後6月間は派遣先に雇用されないこと」などを定める契約は原則として締結できません。

また、同条第2項は「派遣元は、その雇用する派遣労働者の派遣先あるいは派遣先であった者または派遣先にこれからなろうとする者との間で、正当

な理由がなく、その派遣先などが派遣労働者を派遣元と派遣労働者との雇用関係の終了後雇用することを禁止する契約を締結してはならない」と規定しています。このため、例えば、「派遣先が労働者派遣を受けた派遣労働者について、労働者派遣の終了後、1年間は雇用しないこと」などを定める契約は原則として締結できません。

　このような派遣労働者の雇用を制限する契約の定めは、憲法第22条により保障されている労働者の職業選択の自由を実質的に制約し、労働者の就業機会を制限して、労働権を侵害するので、派遣元と派遣労働者間における派遣先に雇用されない旨の定め、あるいは、派遣元と派遣先間における派遣先が派遣労働者を雇用しない旨の定めをすることは禁止されています。

　このような契約の定めは、一般の雇用関係の下にある労働者についても、公序に反し、民法第90条により無効になると考えられますので、仮に契約上そのような定めがあっても、契約の相手方である派遣労働者または派遣先はこれに従う必要はありません。

　これらの規定で禁止されるのは雇用関係の終了後、雇用し、または雇用されることを禁止する契約であって、雇用契約の終了以前（特に期間の定めのある雇用契約においてはその期間内）について、派遣労働者を雇用し、または雇用されることを禁止する契約を締結することは、可能です。

　また、この規定に定める「正当な理由」については、競業避止義務との関係で問題となりますが、雇用契約の終了後特定の職業に就くことを禁止する定めについては、次のように考えられます。

　労働者が雇用関係継続中に習得した知識、技術、経験が普遍的なものではなく、特殊なものであり、他の使用者の下にあっては、習得できないものである場合には、当該知識、技術、経験は使用者の客体的財産となり、これを保護するために、その使用者の客体的財産について知り得る立場にある者（例えば、技術の中枢部に接する職員）に秘密保持義務を負わせ、かつ、当該秘密保持義務を実質的に担保するため雇用契約終了後の競業避止義務を負わせることが必要である場合については、正当な理由があると考えられます。そして、正当な理由があるか否かについては、具体的には、制限の時間、場所的範囲、制限の対象となる機種の範囲、制限に対する代償の有無について、使用者の利益（企業秘密の保護）のほか、労働者の不利益（職業選択の自由の制限）、社会的利害（独占集中のおそれなど）を総合的に勘案して正当な理由があるか否かが定まることになります。

ただし、派遣労働者は、もともと派遣先に派遣されて就業するという性格があるので、このような正当な理由があると判断されるのは極めて稀なケースであると考えられます。

労働者派遣法第33条の規定に違反した場合には、派遣元は、許可の取消し（同法第14条第1項）、事業停止命令（同条第2項、同法第21条第2項）、改善命令（同法第49条第1項）の対象となります。

また、同条は、派遣労働者の職業選択の自由を具体的に保障しようとする趣旨で設けられているので、これに違反する契約は公序に反し、無効であると考えられます。

2　派遣労働者を派遣先が雇用するために労働者派遣契約の更新を拒絶した場合には、解約金を支払う旨の契約

派遣労働者を派遣先が雇用するために労働者派遣契約の更新を拒絶した場合には、解約金を支払う旨の契約は、労働者派遣法第33条には、形式的には違反しません。しかしながら、このような契約の効力が争われた裁判例（ホクトエンジニアリング事件　東京地裁平成9年11月26日判時1646-106）があります。

具体的には、派遣労働者を派遣先で雇用するために労働者派遣契約の更新を拒絶した場合には、解約金を支払う旨の契約条項に基づき、派遣元が派遣先に対して、解約金の支払を求めたことについて、「労働者派遣法の立法目的や同法第33条の規定の趣旨などに照らせば、形式的には、同条に違反してはいない契約条項であっても、実質的に、派遣元が、派遣先との間で、正当な理由がなく、派遣先が派遣労働者を派遣元との雇用関係の終了後雇用することを禁ずる結果となる契約条項も、私法上の効力が否定され、無効なものである。本件解約条項は、憲法第22条により保障されている派遣労働者の職業選択の自由を実質的に制限し、派遣労働者の就業の機会を制限する結果を生じさせ、同法の立法目的の達成を著しく阻害し、実質的に、派遣元が、派遣先との間で、正当な理由がなく、派遣先が派遣労働者を派遣元との雇用関係の終了後雇用することを禁ずる結果となるもので、労働者派遣法第33条第2項の適用を回避する目的として設けられたから、同条項に実質的に違反する。」と裁判所は判断しています。

3　ご質問について

2の裁判例の趣旨に照らせば、派遣元への転籍料が、派遣元が派遣労働者との雇用期間終了後に、派遣労働者が派遣先に雇用されることを制約し、実

質的に派遣労働者の職業選択の自由を制限する趣旨のものであれば、派遣先はそのような要求に応ずる必要はありません。

ただし、派遣元が抵触日以降も派遣労働者との雇用関係が継続するのであれば、その雇用関係が継続している期間については、派遣先は、その雇用関係が継続していることを妨害することはできないので、当事者間で話し合って、派遣元と派遣労働者との雇用関係の解約と派遣先による派遣労働者の採用の方策について、合意を得る必要があります。

問85 派遣期間の抵触日をむかえ、派遣先として派遣労働者を直接雇用することにしました。その派遣社員に確認したところ消化できていない有給休暇があるとのことです。その有給休暇は、どのように扱えばよろしいでしょうか。

答 6月間継続勤務し、全労働日の8割以上出勤した派遣労働者は有給休暇の権利が生じますが、この有給休暇を与える義務があるのは派遣元です。

したがって、派遣労働者が派遣元との雇用関係が終了する前に休暇の時季を請求したときには、派遣元は派遣労働者に有給休暇を与えなければなりません。

一般に労働者が請求した時季に有給休暇を与えることが使用者の事業の正常な運営を妨げる場合には他の時季にこれを与えることができますが、派遣元との雇用関係が終了する前の他の時季にこれを与えることができないときには派遣元は時季変更権を行使することができませんので、派遣労働者が請求した時季に有給休暇を与えなければなりません。

そのような措置を講じても、派遣元との雇用関係が終了する時点で派遣労働者に未消化の有給休暇がある場合には、派遣労働者が有給休暇の権利を放棄したものとして取り扱うことも可能です。

ただし、トラブルを防ぐためには、未消化の有給休暇を退職時に買い上げるということも考えられます。

一般にあらかじめ有給休暇を買い上げる約束をして有給休暇を与えないことは違法ですが、結果として未消化となった有給休暇を買い上げても、違法ではありません。

なお、前記のように、派遣労働者に有給休暇を与える義務があるのは派遣元であって、派遣先ではありませんので、ご質問のように派遣労働者が派遣

先で実際に就業していて、その派遣就業終了後に派遣先に直接雇用されたとしても、派遣就業期間中は派遣先に継続勤務したことになりません。したがって、派遣先に有給休暇を与える義務が生じるのは、派遣労働者であった者が派遣先に直接雇用されて6月間継続勤務し、全労働日の8割以上出勤したとき以降になります。

ただし、労働基準法で定める有給休暇の権利は最低基準ですから、これを上回る内容にすることはもちろん可能で、例えば、派遣先が派遣就業期間中から起算して6月間継続勤務して、全労働日の8割以上出勤した場合には有給休暇の権利を与えるという取扱いをすることはできます。

3）派遣労働者と直用労働者との入れ替え

> **問86** 次の図のように、1つの職場全員が派遣労働者であった場合に、抵触日の前に他の職場の直用の労働者と入れ替え、クーリングオフ後、元に戻す方法は問題ありませんか。この場合に、抵触日の相当前の期間、例えば抵触日が3年であるのに対し、1年半でこれを行った場合にはどうなるのでしょうか。また、このようなやり方は、複数回繰り返しても問題ないのでしょうか。

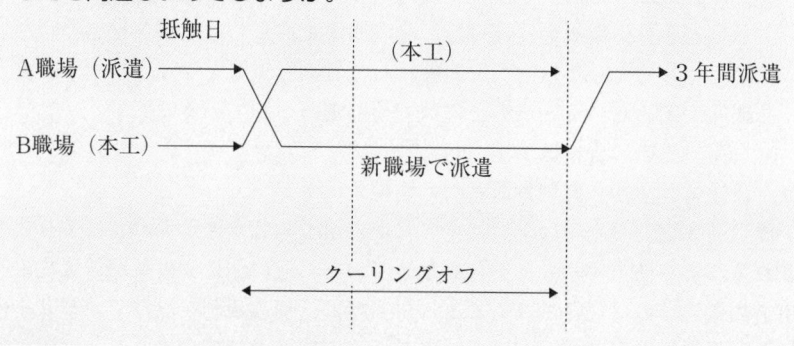

```
                抵触日
A職場（派遣）─────┐  ┌─（本工）─────┐
                  ╳                    ├─→ 3年間派遣
B職場（本工）─────┘  └─新職場で派遣──┘

              ←─────クーリングオフ─────→
```

答 **1　派遣受入期間の制限**

(1) 派遣受入期間の制限

派遣先は、その常用雇用労働者の派遣労働者による代替の防止の確保を図るため、事業所その他派遣就業の場所ごとの同一の業務について、派遣元から派遣可能期間を超える期間継続して労働者派遣を受け入れてはなりません（労働者派遣法第40条の2）。

(2) 事業所その他派遣就業の場所ごとの同一の業務

　(1)でいう「事業所その他派遣就業の場所」については、課、部、事業所全体など場所的に他の部署と独立していること、経営の単位として人事、経理、指導監督、労働の態様などにおいてある程度の独立性を有すること、一定期間継続し、施設としての持続性を有することなどの観点から、「同一の業務」については、原則として、派遣先における組織の最小単位（業務の内容について指示を行う権限を有する者とその者の指揮を受けて業務を遂行する者とのまとまりのうち最小単位のもの）において行われる業務について、就業の実態などに即して判断されます。

(3) 派遣受入期間の制限に関する取扱い

　派遣先が新たに労働者派遣を受け入れる場合に、新たな労働者派遣と直前に受け入れていた労働者派遣との間の期間が３月を超えないときは、派遣先は、直前に受け入れていた労働者派遣から継続して労働者派遣を受け入れているものとみなすという取扱いが行われています（派遣先指針）。

(4) 派遣可能期間に関する取扱い

　(1)の「派遣可能期間」については、次により設定されます。

① 派遣先がその事業所その他の派遣就業の場所ごとの同一の業務について、あらかじめ、その事業所の過半数代表者（過半数労働組合があるときは過半数労働組合）に対し、その期間を通知し、その意見を聴いた上で１年を超え３年以内の期間継続して労働者派遣を受け入れようとする期間が定められている場合には、その定められている期間

② ①以外の場合には１年

２　派遣労働者から直用労働者への切換え

　派遣受入期間の制限は、派遣先の常用雇用労働者が派遣労働者により代替されることを防止することを目的としており、逆に派遣労働者が派遣先の直用労働者によって代替されることについては、何ら規制を設けていませんので、派遣労働者が就業していた「事業所その他派遣就業の場所ごとの同一の業務」について、「派遣可能期間」が終了する前に派遣先の直用労働者によって代替することは可能です。

３　派遣労働者を受け入れていない業務への派遣労働者の受入れ

　一方、派遣労働者を受け入れておらず、直用労働者が就業していた「事業所その他派遣就業の場所ごとの同一の業務」について、「派遣可能期間（過半数労働組合等の意見を聴いた上で１年を超え３年以内の期間継続して労働

者派遣を受け入れようとする期間が定められていない場合には1年となる)」の範囲で、派遣労働者を受け入れて、その「事業所その他派遣就業の場所ごとの同一の業務」に就業させることも可能です。

4 派遣労働者と直用労働者への再置換え

派遣受入期間の制限に関しては、1(3)の取扱いがされていますので、2の派遣労働者から直用労働者への切換えの期間が3月を超えないときに再度派遣労働者を受け入れた場合には、その期間は継続して労働者派遣を受け入れているものとして取り扱われます。逆に2の派遣労働者から直用労働者への切換えの期間が3月を超えるときは、その期間は継続して労働者派遣を受け入れているものとは取り扱われませんので、再度派遣労働者を受け入れることは可能となります。この期間が一般にクーリングオフと呼ばれています。

したがって、直用労働者が「事業所その他派遣就業の場所ごとの同一の業務」に3月を超えて就業しているときには、その業務について再度派遣労働者を受け入れることは可能となります。一方、派遣労働者が就業していた業務について、派遣先の直用労働者が代替して、就業することについては、何らの期間制限はないので、こちらについてはいつでも可能ということになります。

このため、クーリングオフ終了後には、派遣労働者と直用労働者とを再度置き換えることは、法律的には可能です。

ただし、2009年問題対応通達では「派遣先において同一の業務が恒常的に行われ、業務の取扱状況等に何ら事情の変化がないにもかかわらず、労働者派遣と直接雇用を繰り返している場合などは、直ちに法違反とならないが、法の趣旨に反するとして、助言を行う」旨記載しています。このような取扱いは法的には根拠のないことですが、そのような取扱いが行われています。

このため、2009年問題対応通達に基づいて、助言を受ける可能性はあります。

5 派遣可能期間とクーリングオフに関する留意事項

1の(4)でみたように、派遣可能期間は、原則3年ではなく、原則1年であって、派遣先の事業所の過半数代表者(過半数労働組合があるときは過半数労働組合)の意見を聴いた上で定めた場合に限って1年を超え3年以内の期間を設定することができます。また、1の(3)の取扱いは、派遣可能期間の長さには影響されないので、派遣可能期間が1年の場合であれ、3年の場合であれ、同様の取扱いとなります。

また、クーリングオフの期間について留意しなければならないのは、当該期間は3月ではなく、3月を超える期間ですから、少なくとも3月と1日以上は必要となります。

6　そのほか

派遣労働者の就業すべき場所や従事する業務については、労働者派遣契約に定められた範囲内のものでなければなりませんので、派遣労働者の就業すべき場所や従事する業務の変更を伴う場合には、新たな労働者派遣契約の締結あるいは労働者派遣契約の内容の変更などが必要であることに留意する必要があります。

> **問87** 抵触日到来後、部署異動で対応する派遣作業所が多くなっています。派遣先の中には部署異動し別業務に従事している派遣労働者をクーリング後、元に戻し、以前と同一の業務に従事させようと考えている会社も多いのが現実です。しかしながら、この状態では明らかに、「派遣労働者が常用雇用の代替」となっていますが、この場合の法違反は、下記の①ないし②と考えて宜しいでしょうか。
> ①　派遣法第40条第1項違反（抵触日超えの派遣）
> ②　職安法第44条違反（労働者供給事業の禁止）

答　別業務に従事している派遣労働者をクーリング期間経過後、元の業務に戻し、以前と同一の業務に従事させることは、実は違法行為ではありません。

このため、2009年問題対応通達においても、「同一の業務につき、恒常的に行われ、かつ、業務の取扱状況等に何ら事情の変化がないにもかかわらず、労働者派遣と直接雇用を繰り返している、若しくは繰り返そうとする場合については、直ちに労働者派遣法違反とならないが、労働者派遣法の趣旨に反する」と記載しています。

2009年問題対応通達が出た時に、正直、なぜ労働者派遣法の趣旨に反するのかは分かりませんでした。裁量行政の典型的な例と言わざるを得ません。

恐らく、派遣労働者を常用雇用の代替となるということで、労働者派遣法の趣旨を踏まえた適切な対応を求める助言を行うということと思われますが、法的な根拠がある訳ではありません。

したがって、派遣先に対しては、2009年問題対応通達によって、労働局の

助言の対象になる恐れがありますよとしか言いようがありません。

4）派遣期間満了後派遣に戻すこと

> **問 88** 派遣可能期間満了後、派遣労働者を3月間契約社員として派遣先が受入れ、クーリングオフ後派遣元に再び雇用させて、派遣先に派遣させるという方法は、なぜ問題なのでしょうか。

答　**1　派遣先と派遣労働者との雇用関係が成立する場合**

　一般に、派遣可能期間が満了した場合に、派遣先がその派遣労働者を引き続き使用とする場合には、派遣労働者に労働契約の申込みをしなければなりません（労働者派遣法第40条の4）から、このような申込みを行い、派遣労働者がこれに同意した場合には、派遣先と派遣労働者との間に雇用関係が成立します。

　この場合の雇用形態や労働条件は当事者間で決めることができますので、例えば、雇用期間を3月とするなど期間の定めのある契約社員とすることは可能です。

　一方、労働契約は、労働者が使用者に使用されて労働し、使用者がこれに対して賃金を支払うことについて、労働者と使用者が合意することによって、成立（労働契約法第6条）しますから、派遣労働者は、派遣先からの雇用の申込みを拒否することができ、この場合には、派遣先と派遣労働者との間に雇用関係は成立しません。

　また、使用者は、労働者の承諾を得なければ、その権利を第三者に譲り渡すことができません（民法第625条第1項）から、一般に、派遣元も派遣労働者にその同意なしに派遣先に雇用されるよう指示することはできません。

2　派遣先での雇用期間終了後、派遣先が派遣労働者に対し派遣元に雇用されて派遣先で就労するよう指示することができるか。

　派遣先での雇用期間終了後、派遣先が派遣労働者に対し、派遣元に雇用されて、派遣先に派遣されて就労するよう指示することは、雇用関係終了後においては、派遣労働者には誰に雇用されるのか職業選択の自由がありますので、そのような指示をすることはできません。もし、そのような指示をしたとすれば、それは形式上の雇用契約の内容がどのようなものであれ、派遣先と派遣労働者の間に雇用関係の有無に関する判例に照らせば、派遣先と派遣

労働者の雇用関係が実質的に継続していると考えられます。

3 派遣先での雇用期間終了後、派遣先が派遣元に対し派遣労働者を雇用して派遣先に派遣するよう指示することは可能か。

派遣先での雇用期間終了後、派遣先が派遣元に対し派遣労働者を雇用して派遣先に派遣するよう指示することは、派遣元における派遣労働者の採用を派遣先が決定することであり、このような場合にも、形式上の雇用契約の内容がどのようなものであれ、派遣先と派遣労働者の雇用関係が実質的に継続していると考えられます。

また、派遣先に労働契約に伴う負担なしに、事実上採用の自由を認めることにならないように、派遣先は、労働者派遣契約の締結に際し、受け入れる派遣労働者を特定することを目的とする行為をしないよう努めなければなりません（労働者派遣法第26条第7項）が、派遣先での雇用期間終了後、派遣先が派遣元に対し派遣労働者を雇用して派遣先に派遣するよう要請することは、この規定にも抵触します。

4 派遣元および派遣先双方と雇用関係がある場合

派遣元および派遣先双方と雇用関係がある場合には、原則として労働者派遣事業には該当せず、労働者供給事業に該当します。労働者供給事業は、労働組合等が許可を受けて、無料で行う場合を除き、禁止されています。

5 派遣先ができること

派遣先が派遣労働者に対しできることは、派遣労働者に期間の定めのある労働契約の申込みをするに当たり、労働契約の更新がないことを明示しなければなりません（有期労働契約の締結、更新及び雇止めに関する基準）が、その際あるいはそれ以降に、派遣労働者の雇用期間終了後は、労働者派遣を受け入れる予定であること、労働者派遣契約を締結する予定の派遣元の会社名を明示することではないかと思われます。

一方、派遣先が派遣元に対しできることは、派遣労働者の雇用期間終了後は、当該派遣労働者との労働契約を更新する予定がないこと、したがって、派遣先での雇用期間終了後、当該派遣元は、当該派遣労働者を雇用することが可能であり、その場合には当該派遣先に派遣することも可能であることを明示することではないかと思われます。

6 離職後1年以内の労働者派遣の禁止

従前は前記のようなことでしたが、現在では労働者派遣法第40条の6第1項は、「労働者がその派遣先を離職した者であるときは、60歳以上の定年退

職者を除き離職の日から1年間は、派遣先はその労働者の派遣の受け入れること」を禁止していますので、派遣労働者を契約社員として派遣先が雇用した後、派遣元に再び雇用させて派遣先に派遣させるということはできません。

> **問89** 抵触日対応マニュアルの作成を進めていますが、抵触日以降は「直接雇用若しくは請負化」を原則として進めています。しかしながら、「直接雇用を選択した作業所」でも、あるいは、「直接雇用を選択せずに派遣労働者を部署異動させた作業所」でも、クーリング期間経過後に必ず発生する問題が、「期間工などの直接雇用労働者が辞めた後を補充する形での派遣労働者の受け入れ」です。本来、「新たな期間工などの直接雇用労働者」が入社するまでの一時的・臨時的な扱いで派遣労働者を入れるのは問題ないかとは思いますが、実際、なかなか期間工が見つからない場合も少なくありません。2009年問題対応通達には、「業務の取扱状況等に何ら事情の変化がないにもかかわらず」とあり、「等」という文言が入っていますので、「期間工が辞めるという『事情の変化が存在した場合』は、クーリング期間経過後、『次回の抵触日まで』、派遣を受け入れても構わない」と解釈する事は出来ませんでしょうか。勿論、部署異動した派遣労働者を元の部署に戻して期間工の補充にあてることは「常用雇用の代替となっている」旨指摘される虞があるので、「全く新たな派遣労働者に限る」という条件がつくとは考えています。

答 ご指摘の「等」には、さほど特別の意味はないと考えています。行政官の癖みたいなもので、何かあったときに言えるようにするために「等」を入れることが多いというのが実情です。

むしろ、派遣労働者の受入れが一時的・臨時的なニーズに基づくことが重要だと考えます。

したがって、直接雇用のために期間工を募集しているが、充足しないために、一時的・臨時的に派遣労働者を受け入れるのであれば、2009年問題対応通達にいう「労働者派遣と直接雇用を繰り返している、若しくは繰り返そうとする」場合には当たらないと説明して良いのではないでしょうか。

5）派遣先の組織変更

問90 派遣先から抵触日に対応するために、派遣労働者を受け入れている組織を見直して、これを分割したい旨の連絡がありました。このように組織を変更した場合には、派遣労働者の受入れ期間は、最初からリセットされると理解してよいのですか。

答 1 派遣受入期間に制限のある業務と派遣受入期間に制限のない業務

労働者派遣事業は、その対象とする業務が、規制緩和により段階的に拡大した経緯があり、労働者派遣法が制定された当初においては、派遣受入期間の制限という規制はありませんでしたが、対象業務がネガティブ・リスト化したことに伴い労働者派遣事業は臨時的・一時的な労働力の需給調整を行うことを目的としたことから、派遣先において常用雇用の労働者が派遣労働者に代替されることを防止するため、派遣受入期間の制限という規制が行われるようになりました。派遣受入期間に制限のある業務については、事業所その他派遣就業の場所ごとの同一の業務について、派遣元から派遣可能期間を超えて引き続き労働者派遣を受け入れることができません（労働者派遣法第40条の2）

(1) 派遣受入期間に制限のない業務

現在、派遣受入期間に制限のないのは、次の業務です。

ア 労働者派遣法施行令第4条第1項及び第5条に定められている次の28の業務

情報処理システム開発業務（第4条第1項第1号）、機械設計業務（第4条第1項第2号）、事務用機器操作業務（第4条第1項第3号）、通訳、翻訳、速記業務（第4条第1項第4号）、秘書業務（第4条第1項第5号）、ファイリング業務（第4条第1項第6号）、調査業務（第4条第1項第7号）、財務業務（第4条第1項第8号）、取引文書作成業務（第4条第1項第9号）、デモンストレーション業務（第4条第1項第10号）、添乗業務（第4条第1項第11号）、受付・案内業務（第4条第1項第12号）、研究開発業務（第4条第1項第13号）、事業の実施体制の企画、立案業務（第4条第1項第14号）、書籍等の制作・編集業務（第4条第1項第15号）、広告デザイン業務（第4条第1項第16号）、OAインストラクション業務（第4条第1項第17号）、セールスエンジニア、金融商品

の営業業務(第4条第1項第18号)、放送機器操作業務(第5条第1号)、放送番組等の制作業務(第5条第2号)、建築物清掃業務(第5条第3号)、建築物運転等業務(第5条第4号)、駐車場管理等業務(第5条第5号)、インテリアコーディネータ業務(第5条第6号)、アナウンサー業務(第5条第7号)、テレマーケティングの営業業務(第5条第8号)、放送番組等における大道具・小道具業務(第5条第9号)、水道施設消毒設備等機器運転等業務(第5条第10号)

イ　事業の開始、転換、拡大、縮小又は廃止のための業務であって一定の期間内に完了することが予定されている「有期プロジェクト業務」

ウ　その業務が1月間に行われる日数が、派遣先に雇用される通常の労働者の1月間の所定労働日数と比較して半分以下であり、かつ、月10日以下しか行われない「日数限定業務」

エ　産前および産後の休業、育児休業ならびに介護休業（産前休業に先行し、または産後休業、育児休業もしく介護休業に後続する母性保護、子の養育または家族を介護するための休業を含む）を取得する労働者の業務を代替する業務である「産前産後・育児・介護休業代替業務」

オ　アからエの業務の実施に伴い、付随的にアからエ以外の派遣受入期間の制限のある業務を併せて行う場合で、かつ、派遣受入期間の制限がある業務の割合が通常の場合の1日当たりまたは1週間当たりの就業時間数で1割以下の業務

(2)　製造業務の取扱い

したがって、製造業務については、研究開発業務など(1)アからオまでに該当する場合を除き、派遣受入期間の制限があります。

2　派遣可能期間

派遣受入期間の制限により、製造業務など派遣受入期間に制限のある業務については、派遣先は、事業所その他派遣就業の場所ごとの同一の業務について、次の期間を超えて引き続き労働者派遣を受け入れてはなりません。

(1)　派遣先が、あらかじめ、派遣先の事業所の過半数代表者（過半数労働組合がある場合は過半数労働組合）に意見を聴いた上で（同条第4項）、労働者派遣を受け入れようとする期間として、1年を超え3年以内の期間を定めている場合には、その定めている期間

(2)　(1)の期間を定めていない場合には、1年

したがって、製造業務など派遣受入期間に制限のある業務については、(1)

の手続を行って派遣可能期間を定めた場合でも、最長3年しか引き続き労働者派遣を受け入れることができません。

　なお、派遣受入期間の制限については、「労働者派遣を受けていた派遣先が、新たな労働者派遣を受ける場合に、新たな派遣と直前に受け入れていた派遣との間の期間が3月を超えないときは、継続しているものと看做され、その期間が3月を超えているときは、クーリングオフ期間として、新たな労働者派遣はゼロから、その契約から、期間の計算を行っていい」という取扱いがされています（派遣先指針）。

3　派遣受入期間の制限の単位

　派遣受入期間が制限される単位は、「事業所その他派遣就業の場所ごとの同一の業務」です。したがって、「事業所その他派遣就業の場所ごとの同一の業務」については、最長3年しか引き続き労働者派遣を受け入れることができません。

(1)　「事業所その他派遣就業の場所」とは

　「事業所その他派遣就業の場所」については、次により判断されます。

①　課、部、事業所全体など場所的に他の部署と独立していること

②　経営の単位として人事、経理、指導監督、労働の態様などにおいてある程度の独立性を持っていること

③　一定期間継続し、施設としての持続性があること

(2)　「同一の業務」とは

　「同一の業務」については、次により判断されます。

①　労働者派遣契約を更新して引き続き労働者派遣契約に定める業務に従事する場合は同一の業務に当たること

②　派遣先の事業所における最小単位の組織内で行われる業務は原則として同一の業務とすること

③　派遣労働者を受け入れたために形式的に班、係などで区分しても、同一の業務に該当すること

④　意図的に回避するために組織を変更する場合には従来からの実態により判断すること

4　ご質問について

　3(2)④に示されているように、意図的に回避するために組織を変更する場合には従来からの実態により判断されますので、ご質問のケースのように、派遣先が抵触日に対応するために、組織を変更した場合には、これに該当

し、変更前の組織を単位として派遣可能期間が算定されることになります。したがって、仮にご質問のように組織の変更を行っても労働者派遣を最初に受け入れた時から最長3年を超えて引き続き派遣労働者を受け入れることはできません。

10. 労働契約申込み義務

問 91 3年以上就業している26業務（現28業務）に従事する派遣労働者が在籍する職場に、新たに人を雇用しようとした際、先に派遣労働者へ労働契約申入れを行う義務があります。平成24年の派遣法改正によりこれが努力義務になりますが、平成24年の法律改正前に3年を迎えた派遣労働者に対しても努力義務という扱いで良いのでしょうか。

答 26業務（現28業務）に従事する派遣労働者に対する派遣先の労働契約の申込み義務を努力義務とすることはありません。

労働者派遣法においては、派遣元は派遣先に、派遣労働者が期間を定めないで雇用する労働者であるか否かを通知しなければならないとした上で、派遣労働者が期間の定めのない労働者である旨の通知を受けている場合には、26業務（現28業務）に従事する派遣労働者に対する派遣先の労働契約申込み義務を適用しないというものです。

これについては、平成24年の改正法が施行されるより前に3年を迎えた派遣労働者についても、派遣先の労働契約申込み義務は適用されません。

11. 労働契約申込みなし制度

問 92 違法派遣があった場合の労働契約申込みなし規定とはどういったものでしょうか。

答 派遣先が①派遣労働者を禁止業務に従事させた場合、②一般労働者派遣事業の許可を受け、または特定労働者派遣事業の届出をした者以外の派遣元から、労働者派遣を受け入れている場合、③労働者派遣を受け入れる

期間の制限（抵触日）の規定に違反して労働者派遣を受け入れている場合、④労働者派遣法や労働基準法、労働安全衛生法などの規定の適用を免れる目的で、請負その他派遣以外の名目で契約を締結し、労働者派遣契約の締結の際に定めるべき事項を定めずに労働者派遣を受け入れている場合、のいずれかに該当する場合に、その時点において、派遣先から派遣労働者に対し、その時点における派遣労働者の派遣会社との間の労働条件と同一の労働条件を内容とする労働契約の申込みをしたとみなすもので、平成27年10月から施行されます。

ただし、派遣労働者の側は労働契約の申込みに応ずるか否か選択できます。

問93 違法派遣の場合、派遣先が違法であることを知りながら派遣受入の場合に派遣先が派遣労働者に労働契約を申し込んだものとみなす、みなし制度が定められますが、違法派遣しないことは当然ながらも結果として「みなし雇用」となった場合、派遣先としてのベターな対応方法があればご教示いただきたく存じます。

※派遣先での契約は無期または正社員を約束するまでのものではないと考えられますが、雇入に関する紛争が増加する恐れもあることより、質問させていただくものです。

答 労働契約申込みのみなしの対象となるのは、派遣先に次の違法行為があった場合です。
① 派遣労働者を禁止業務に従事させること
② 一般派遣事業の許可を受け、または特定派遣事業の届出をした者以外から、派遣を受けること
③ 派遣受入期間の制限（抵触日）に違反して派遣を受けること
④ 労働者派遣法や労働基準法、労働安全衛生法などの規定の適用を免れる目的で、請負その他派遣以外の名目で契約を締結し、派遣契約の締結の際に定めるべき事項を定めずに派遣を受けること

このうち、特に問題となるのは③と④です。これらについて、例えば政令で定める28業務に該当するとか、告示第37号に照らして労働者派遣に該当しないとか、労働者派遣法などの規定の適用を免れる目的ではないとか、などの派遣先として主張すべきことがあれば、仮に労働局から指摘があったとしても、主張した方が良いと考えます。

第1部　派遣の管理

労働契約申込みのみなしの場合の派遣先における労働契約の内容は、その時点における派遣元と派遣労働者の労働契約の内容と同じですから、派遣元に十分確認して、その内容で契約することが重要です。

問94　労働者派遣の抵触日対策として、派遣を使用していた一部製造ラインを請負化しました。労働者派遣法では、「みなし労働契約申込制度」が規定されていますが、当社が発注している請負業者の請負体制に不備があり、行政より業務請負が否定され違法派遣と判断された場合は労働契約を申し込んだものとみなされ、請負ラインで働いている労働者を直接雇用しなければならないのでしょうか。

答　労働契約申込みなし制度の規定は平成27年10月に施行されます。
「みなし労働契約申込制度」が適用されるいわゆる偽装請負に該当するのは、「労働者派遣法や労働基準法、労働安全衛生法などの規定の適用を免れる目的で、請負その他派遣以外の名目で契約を締結し、労働者派遣契約の締結の際に定めるべき事項を定めずに労働者派遣を受け入れている」場合ですので、このような法の適用を免れる目的がない場合には、「みなし労働契約申込制度」は適用されません。

この点、改正労働者派遣法の成立時の附帯決議においても「みなし制度が適用される『偽装する意図を持っている』ケースを具体的に明確化すること」という決議が行われています。

加えて、派遣先（注文主）が、「労働契約申込みなし制度」の対象となる事由に該当することを知らず、かつ、知らなかったことについて過失がなかったときは、「労働契約申込みなし制度」は適用されません。

したがって、「労働契約申込みなし制度」の規定については、施行の時期や内容からして、今ただちに適用されて、この規定に基づいて請負ラインで働いている労働者を直接雇用しなければならないということではありません。

一方、労働者派遣法第49条の2は「派遣先（注文主）が派遣受入期間の制限（抵触日）や労働契約の申込み義務に違反しているなどの場合には、派遣先（注文主）に対し、これらの規定に違反する就業を是正するための措置や防止するための措置をとることや労働契約の申込みをすることを勧告できる」旨の規定は施行されていますので、抵触日を超えて引き続き使用しているにもかかわらず、労働契約の申込みをしていないなどとして、労働契約の

申込みの勧告が行われる可能性はあります。

いずれにしても、告示第37号に適合した請負とすることが重要です。

仮に請負が告示第37号に適合していないという旨の指摘を受けたときには、本当に告示第37号に適合していないか精査する必要があります。

さらに仮に労働者派遣法第49条の2に基づき労働契約の申込みの勧告が行われたときは勧告の対象となるのか、平成27年10月以降「労働契約申込みなし制度」の対象となる事由に該当するという旨の指摘を受けたときには当該制度の対象となるのか、をよく精査して対応する必要があります。

12. 派遣先責任者

> **問 95** 派遣労働者100人ごとに派遣先責任者を定めることとなっていますが、「事業所その他の派遣就業の場所ごとに」というのは、事業所の所在地と考えてよいでしょうか。例えば、A事業所（中央区）に60人、B事業所（港区）に60人の派遣労働者が働いていた場合、本社（千代田区）の1人の課長が派遣先責任者を兼ねられるのでしょうか。また、仮に2事業所を合わせて派遣職員が100人未満であれば、定期的に就業場所を巡回するなどの措置を取れば、本社の人間が派遣先責任者になっても構わないのでしょうか。

答 1 派遣先責任者の選任

派遣先は、派遣労働者の就業に関し次の業務を行わせるため、事業所その他の派遣就業の場所ごとに派遣先責任者を選任しなければなりません（労働者派遣法第41条）。

① 派遣労働者を直接指揮命令する者その他の関係者に、次の事項を周知すること
　ⅰ 労働者派遣法等の関係する法令
　ⅱ 労働者派遣契約の定め
　ⅲ 派遣元からの通知
② 派遣受入期間の変更の通知に関すること
③ 派遣先管理台帳の作成、記録、保存および記載事項の通知に関すること
④ 派遣労働者からの苦情の処理に当たること

⑤ 安全衛生に関すること
・具体的には、健康診断の実施、安全衛生教育、労働者派遣契約で定めた安全衛生に関する事項の実施状況の確認、事故などが発生した場合の内容・対応状況の確認などについて、連絡調整を行うこと
⑥ その他派遣元との連絡調整に関すること

2　派遣先責任者となるための要件

派遣先責任者は、次のいずれかに該当するなど業務を的確に遂行できる者を選ぶよう努めなければなりません（派遣先指針）。
① 労働法についての知識を持っている者
② 人事・労務管理等について専門的な知識または相当期間の経験を持っている者
③ 派遣労働者の就業に関する事項について決定・変更のできる権限のある者

3　派遣先責任者の選任方法

派遣先責任者の選任については、次によらなければなりません。
① 事業所ごとに選任すること
② 他の事業所と兼務でない専属の派遣先責任者として選任すること
③ 就業の場所ごとに専属としてその雇用する労働者の中から選任すること。ただし、事業主（法人である場合はその役員）を選任することは差し支えないこと
④ 受け入れた派遣労働者の数1人以上100人以下を1単位とし、1単位につき1人以上ずつ選任すること。ただし、受け入れた派遣労働者の数とその雇用する労働者の数を加えた数が5人以下のときは選任する必要はないこと

4　製造業務専門派遣先責任者の選任

物の製造の業務を対象として労働者派遣事業を受け入れる事業所については、製造業務専門派遣先責任者を次により選任しなければなりません（同法施行規則第34条第3号）。
① 製造業務に従事させる派遣労働者の数1人以上100人以下を1単位とし、1単位につき1人以上ずつとすること。ただし、事業所等における製造業務に従事させる派遣労働者の数が50人以下の事業所については、製造業務専門派遣先責任者を配置する必要はないこと
② 製造業務に従事する者とこれに付随する業務に従事する者を、同一の派

遣先責任者が担当することが派遣労働者の安全衛生の確保のために必要な場合には、双方の業務に従事する派遣労働者の合計数が100人を超えない範囲内で、製造業務専門派遣先責任者に、双方を担当させることができること

5 就業の場所

「事業所その他の派遣就業の場所」については、次により実態に即して判断されますが、基本的に雇用保険について独立した適用事業所となっているか否かで判断されます。

① 課、部、事業所全体など場所的に他の部署と独立していること
② 経営の単位として人事、経理、指導監督、労働の態様等においてある程度の独立性を持っていること
③ 一定期間継続し、施設としての持続性があること

6 ご質問について

ご質問のケースでは、A事業所（中央区）に60人の派遣労働者が働いていますので、A事業所は派遣労働者の数が1人以上100人以下の1単位となり、A事業所においては、A事業所に雇用する労働者の中から専属の派遣先責任者として選任しなければなりません。同様にB事業所（港区）に60人の派遣労働者が働いていますので、B事業所は派遣労働者の数が1人以上100人以下の1単位となり、B事業所においても、B事業所に雇用する労働者の中から専属の派遣先責任者として選任しなければなりません。

したがって、本社（千代田区）の1人の課長が派遣先責任者を兼ねることはできません。また、仮に2事業所を合わせて派遣労働者が100人未満で、定期的に就業場所を巡回するなどの措置を取っても、本社の人間が派遣先責任者になることは、違法となります。

13. 派遣労働者が加入する労働組合と派遣先との団体交渉

問96　雇止めにあった派遣労働者が加入する労働組合から派遣先である当社に団体交渉の申し入れがありました。どのように対応すればよいでしょうか。

答　労働組合法第7条は「使用者が雇用する労働者の代表者と団体交渉をすることを正当な理由がなくて拒むこと」を禁止しています。

問題となるのは、派遣先である貴社が労働組合法の使用者に該当するか否かです。

これに関して、請負に関する事件について、最高裁は「基本的労働条件について雇用主と部分的に同視できる程度に現実的かつ具体的に支配、決定できる地位にある者は労働組合法第7条の使用者に当たる（朝日放送事件　最高裁第三小法廷平成7年2月28日労判668-11）」と判断しています。

また、中央労働委員会は、労働者派遣法の派遣先に関して、「派遣先は、派遣労働者の所属する組合との関係では原則として労組法第7条の使用者には該当しないが、例えば、派遣法の枠組み又は労働者派遣契約で定められた基本的事項を逸脱して労働者派遣が行われている場合や、派遣法上派遣先に一定の責任や義務が課されている部分を履行していない場合等については、労組法第7条の使用者に該当する場合があり得る（ショーワ事件　中労委命令平成24年9月19日）」とした上で、「労働者派遣法第44条のみなし規定により派遣先が責任を負うべきものと解される措置を行っておらず、かつ、労働者の基本的な労働条件等に対して、雇用主と同視できる程度に現実的かつ具体的な支配力を有している場合には、その限りにおいて労組法第7条の使用者になる（阪急交通社事件　中労委命令平成24年11月7日）」と判断しています。

したがって、貴社が労働者派遣法の枠組みまたは労働者派遣契約で定められた基本的事項を逸脱した労働者派遣を受け入れている場合や、同法で派遣先に責任や義務が課されている部分を履行していない場合などについて、団体交渉の申し入れがあったときは、これに応じなければならないと考えられますが、派遣労働者の雇止めに関しては派遣元が行ったことですので、派遣先である貴社が団体交渉の申し入れに応じなければならない義務はないと考えられます

14. 派遣労働者の労働条件

ア　年次有給休暇

問97　大手メーカーを舞台に労働組合に入っている他社派遣労働者

が原告となって裁判が行われています。大手メーカーの有給休暇申請は、派遣労働者が大手メーカーの職制にまず有給申請を行い、その後、大手メーカーから派遣元にその旨申請があったことが報告された際に使用されたエビデンスですが、派遣労働者は派遣先に有給を取る旨申請するのはまずいのでしょうか。

答 派遣労働者の年次有給休暇は派遣元が付与し、時季変更権の行使も派遣元の事業の正常な運営を妨げるか否かで判断します。

仮に、派遣労働者が年次有給休暇を請求したために、派遣先の事業の正常な運営を妨げることになったとしても、派遣元が代替要員を派遣することが可能だからです。

したがって、労働基準法の年次有給休暇の規定に関する使用者は派遣元になります。

このため、派遣労働者がまず派遣先に年次有給休暇を請求するのは適切とは言えません。

派遣労働者は派遣元に請求し、派遣元が派遣先に通知するようにすべきと考えます。

イ 特殊健康診断

問98 派遣労働者の特殊健康診断の費用は、派遣元か派遣先かどちらが費用を負担するのでしょうか、労働安全衛生法のどの条項に費用負担が明記されているのか、教えてください。

答 1 健康診断の種類

健康診断には、常時使用する労働者について有害な業務に従事しているかどうかにかかわらず実施しなければならない一般健康診断と業務に起因する病気が発症する可能性の高い有害な業務についてその業務に応じて行う特殊健康診断があります。

2 一般健康診断の実施

常時使用する労働者に対しては、医師による次の一般健康診断を行わなければなりません(労働安全衛生法第66条第1項、労働安全衛生規則第43条～第47条)。

① 適正配置や入職後の健康管理の基礎資料のために行う雇入れ時の健康診断
② 労働者の健康状態の推移を把握し、潜在する疾病を早期発見するために、1年に1回行う定期健康診断
③ 深夜業従事者などの特定業務従事者に対して、6月に1回行う健康診断
④ 海外での疾病の発症・悪化の予防および帰国後の就業上の配慮のために行う海外派遣労働者の健康診断
⑤ 給食従業者に対し、雇入れ時や配置換えの際に実施する検便

3　特殊健康診断の実施

　労働者が従事する業務に起因する疾病の可能性の高い業務については、これに起因する疾病の早期発見や労働者の健康状況に応じた適切な事後措置などの健康管理を行う必要があります。

　このため、高圧室内作業や潜水業務、放射線業務、特定化学物質を製造し、もしくは取り扱う業務、石綿などの取扱いまたは試験研究のための製造業務、ベンジジンなどを試験研究のための製造または使用する業務、鉛業務、四アルキル鉛等業務、酸素欠乏危険等作業の業務に従事する者に対しては、その業務の種類に応じて定められた特別の項目について、それぞれの業務の種類に応じて定められた時期に医師による健康診断を行わなければなりません。

　また、石綿などを製造または取り扱う業務に従事させたことのある労働者で現に使用しているものなどに対しても、その業務の種類に応じて定められた特別の項目について、それぞれの業務の種類に応じて定められた時期に医師による健康診断を行わなければなりません（同法第66条第2項、同法施行令第22条）

　また、塩酸、硝酸、硫酸、亜硫酸、弗化水素、黄りんその他歯またはその支持組織に有害な物のガス、蒸気または粉じんを発散する場所における有害な業務に従事する労働者に対しては、その雇入れの際、その業務への配置替えの際およびその業務に就いた後6月以内ごとに1回定期に歯科医師による健康診断を行わなければなりません（同法第66条第3項、同法施行令第22条第3項）。

　じん肺（粉じんを吸入することによって肺に生じた線維増殖性変化を主体とする疾病）にかかるおそれがある粉じん作業に従事する労働者に対しては、就業時、じん肺管理区分に応じて定める期間以内ごとに1回定期的に、じん

肺の所見があり、またはじん肺にかかっている疑いがあると診断されたときなどや離職時じん肺健康診断を行わなければなりません（じん肺法第7条～第9条の2）。

4　派遣労働者に対する健康診断の実施

派遣労働者に対する一般健康診断については、派遣元が行わなければなりません。

一方、派遣労働者に対する特殊健康診断については、派遣労働者を有害業務に就業させる場合には、派遣先が行わなければなりませんが、ある派遣先の下で一定の有害な業務に従事した後、派遣期間が満了して、現在は他の派遣先の下で、有害業務ではない業務に就いている派遣労働者に対しては、派遣元が行わなければなりません。

また、特殊健康診断の結果は、一般健康診断の結果と併せて活用されることによって、派遣労働者に適切な健康管理が行われる必要がありますので、派遣先が派遣労働者に対して特殊健康診断を行ったときは、派遣先は、健康診断の結果を記載した書面を作成し、派遣元に送付しなければなりません。

ところで、特殊健康診断を派遣先が行わなければならないときに、派遣元が行うことが違法かといえば違法とはいえません。労働安全衛生法が求めているのは、派遣労働者を有害な業務に就かせるときは、特殊健康診断を受けさせなければならないということです。したがって、派遣元が特殊健康診断を行った場合であっても派遣先が同法違反を問われることはありませんが、派遣元も特殊健康診断を実施しない場合には、派遣先が同法違反の責任を負います。

5　派遣労働者に対する健康診断の費用の負担

派遣労働者ではない通常の労働者の場合にも、その労働者を雇用する事業者に一般健康診断や特殊健康診断を実施しなければならない義務が課されていますが、その費用については、特に規定されていません。しかしながら、健康診断の実施しなければならない義務がその労働者を雇用する事業者に課されている以上、その費用はその労働者を雇用する事業者が負担しなければならず、特殊健康診断を受診する労働者が負担しなければならないということにはならないと解されています。

派遣労働者の場合には、労働者派遣法第45条により労働安全衛生法の適用の特例が定められており、特殊健康診断については、原則として派遣先にその実施が義務付けられています。このため、派遣労働者について派遣先に特

殊健康診断を実施しなければならない義務が課されている以上、特殊健康診断の実施費用は派遣先が負担しなければならないと解されています。

　費用負担についても、特殊健康診断の実施の義務が派遣先にあるので、その費用負担は当然派遣先が負担しなければならないのであって、仮に派遣元が費用負担したとしても、それが違法ということにはなりません。しかしながら、派遣先も派遣元も費用負担しないために、派遣労働者に特殊健康診断を受けさせなかった場合には、派遣先が労働安全衛生法違反の責任を負います。

　なお、労働安全衛生法に基づく特殊健康診断は事業遂行上必ず受診しなければならないので、その受診時間は労働時間でなければならないと解されていますので、その点にも留意する必要があります。

第2部

請負の管理

第2部 請負の管理

第1節　請負に関する基本的事項

1．請負と委託（準委任）の違い

> **問99**　委託業務や委任業務、請負業務はどのように違うのですか。また、告示第37号は請負業務についてだけ定めたものであって、委託業務や委任業務の場合には告示第37号は適用されることはないので、これを満たさなくても問題がないと聞いていますが、そのように理解してよいのでしょうか。

答　**1　民法の契約に関する規定**

　民法では、典型的な契約として、贈与や売買など13の契約の類型について規定していますが、どのような契約を行うかについては原則として自由ですから、これらの類型の契約でなければ契約することができないということはありません。したがって、これらと違う契約を定めても、問題はありません。例えば、労働者派遣契約は、労働者派遣法には規定はありますが、民法には規定はありません。

　ご質問に挙げられた契約に関連する契約について、民法は、次のように規定しています。

① 　請負（民法第632条）：当事者の一方がある仕事を完成することを約し、相手方がその仕事の結果に対してその報酬を支払うことを約することによって、その効力を生ずる
② 　委任（同法第643条）：当事者の一方が法律行為をすることを相手方に委託し、相手方がこれを承諾することによって、その効力を生ずる
③ 　準委任（同法第656条）：委任に関する規定は、法律行為でない事務の委託について準用する

　実際の契約がどのような内容であるかについても、それぞれ実際に契約する人の考え方によって異なってきますので、仮に請負業務という呼び方をし

ていても、その契約が民法第632条の請負の契約に該当するとは限りませんが、一般的にいえば、請負業務を行うための契約は民法第632条の請負の契約であることが、委託業務や委任業務を行うための契約は、民法第656条の準委任あるいは準委任と請負の中間の契約であることが多いのではないかと推察しています。

2　告示第37号との請負業務、委託業務や委任業務との関係

告示第37号の正式名称は、「労働者派遣事業と請負により行われる事業との区分に関する基準（昭和61年4月17日労働省告示第37号）」ですが、標題などの中に「請負により行われる事業との区分」とあるために、告示第37号は請負事業だけに関するものであるとの誤解している向きがあるようです。

労働者派遣法は、労働者派遣について「自己の雇用する労働者を、当該雇用関係の下に、かつ、他人の指揮命令を受けて、当該他人のために労働に従事させることをいい、当該他人に対し当該労働者を当該他人に雇用させることを約してするものを含まないものとする（同法第2条第1号）」と、また、労働者派遣事業について「労働者派遣を業として行うこと（同条第3号）」と定義しています。

一般に、法律で定められた用語については、通達でその解釈を示すのが通例です。たとえば、労働基準法は、「労働者」について、「職業の種類を問わず、事業に使用される者で、賃金を支払われる者（同法第9条）」と定義していますが、これについては、一般的には、労働基準法研究会報告「労働基準法の『労働者』の判断基準について（昭和60年12月19日）によって判断し、個々の事例ごとの解釈については、いくつも通達が出されています（昭和23年1月9日基発第14号、昭和23年12月25日基収第4281号など）。

また、マクドナルドの店長などについて問題となった管理監督者についても、労働基準法では、「事業の種類にかかわらず監督若しくは管理の地位にある者又は機密の事務を取り扱う者（同法第41条第2号）」と規定していますが、その具体的な範囲については、通達（昭和22年9月13日発基第17号、昭和52年2月28日基発第105号、平成20年9月9日基発第0909001号など）で示されています。

これに対して、労働者派遣法は、労働者派遣事業の範囲については、告示第37号という形で示しています。これは、労働者派遣事業は従前労働者供給事業の一部であったものが、労働者派遣法の制定に伴い分離されていますが、労働者供給事業に関しては、昭和23年に職業安定法施行規則第4条とい

う規定が定められ、契約の形式が請負契約であっても、一定の要件を満たさなければ、労働者供給の事業とすると規定しています。

告示第37号は、この職業安定法施行規則第４条と同様の内容を定めたものです。

告示第37号の内容を通達で定めても何ら問題はありませんが、通達というのは行政内部の文書であるために、対外的には明確ではないという問題があります。また、職業安定法施行規則第４条のように、厚生労働省令で定めることは、法律に根拠がないために、現在の立法では必ずしも適当ではないために、官報に掲載される告示という形式がとられたものです。

同様に、その対象となる事業についても、「請負により行われる事業」とありますが、これは労働者派遣事業との関係が最も問題となる事業が「請負により行われる事業」であって、職業安定法施行規則第４条においても、「契約の形式が請負契約であっても」と規定されていることから、これを引き継ぐために、「請負により行われる事業」と定められたものです。

職業安定法施行規則第４条に関しても、委託業務や委任業務などについて、同条によって判断されていましたが、告示第37号についても、委託業務や委任業務など請負以外の事業であっても、同様に、告示第37号によって判断されます。

したがって、告示第37号は、労働者派遣事業に該当するか否かの判断基準であると理解するのが適切です。

元来、厚労省や労働局は、労働者派遣法を施行する機関で労働者派遣事業に該当するか否かを判断することをその職務とするものであって、請負か否かを判断する機関ではありません。その判断の根拠となるのが、労働者派遣法第２条第１号および第３号の定義であり、告示第37号なのです。

大事なことは、労働者派遣事業に該当するか否かであり、委託や委任などの名称を用いたとしても、労働者派遣事業に該当しないためには、告示第37号の要件を満たす必要があります。

このため、委託や委任などの契約であっても、告示第37号の要件を満たしていない場合には、労働者派遣事業に該当するものとして、労働者派遣法の規制の対象となることに注意する必要があります。

問100 当社は樹脂製品の製造・加工・販売をしています。生産ラインで後工程の完成品の検品や出荷用梱包作業については、比較的軽作業

ということと一定の作業工数を必要とするために、外部の人材会社に業務請負として作業を任せています。業務請負ということで出来高による契約を結んでいますが、「仕事の完成」という点で、検品・梱包作業では「成果物」として成り立たないのではないかと思われます。数量に関する管理は出来ていますが、生産変動による請負にかかるコストも変動し、請負業者にとっても事業運営上の収支バランスが悪く、請負として維持することが厳しいと申し出てきています。改善策として業務請負契約から一定の事務処理という「準委任（委託）」契約に変更し、請負業者が事業を継続できるように準委任（委託）契約で、従来の出来高から委託料として一定の料金を支払う方法に変更しようと考えていますが、告示第37号に抵触しないでしょうか。契約変更に伴う留意点も含め、ご回答を戴ければ幸いです。

答 ご質問の告示第37号については、その表題が「労働者派遣事業と請負により行われる事業との区分に関する基準（昭和61年4月17日労働省告示第37号）」とあるために、「請負により行われる事業（請負事業）」に関する基準と考えられがちですが、その第2条の柱書（各号列挙以外の部分）をお読み頂くと明らかなように、「請負の形式による契約により行う業務に自己の雇用する労働者を従事させることを業として行う事業主であっても、当該事業主が当該業務の処理に関し<u>次の各号のいずれにも該当する場合を除き、労働者派遣事業を行う事業主とする</u>」と規定していますので、労働者派遣事業に該当するか否かの基準であって、請負事業に該当するか否かの基準ではありません。

民法では、確かに請負契約（民法第632条）と準委任契約（民法第656条）は別の契約類型となっていますが、労働者派遣法においては違いはありません。このため、平成27年10月から施行される予定の労働者派遣法第40条の6第1項第4号には「請負その他労働者派遣以外の名目で契約」と規定していて、準委任（委託）契約のような請負以外の名目の契約であっても、同様の規制を受けることを明らかにしています。

業務請負契約から準委任（委託）契約に変更すること自体は何も問題はありません。

問題は、準委任（委託）契約の場合であっても、告示第37号の第2条の各号を満たす必要があるということです。

告示第37号の第2条の各号の要件を満たす限りは、労働者派遣事業に該当することはありませんので、これらの要件を満たすことが重要です。

　料金については、告示第37号の第2条には何も規定されていませんので、原則として自由に決めることができますが、第2条第2号ハに「単に肉体的な労働力を提供するものでないこと」という規定があります。

　料金を作業に従事する労働者の作業時間に応じて支払うような体系にする場合には、「単に肉体的な労働力を提供している」と評価される恐れがないとはいえませんので、このような賃金体系は避けた方が無難です。

　いずれにせよ、告示第37号の第2条の各号の要件について熟知して頂いて、これらの要件を満たすように準委任（委託）の事業を行うよう、委託先の会社とも良く協議しながら、進めて頂くことが必要です。

　なお、発注者として最もリスクが高いのは、請負にせよ、準委任（委託）にせよ、委託先の会社が告示第37号の第2条の各号の要件について熟知しておらず、あるいはこれらの要件に適合した事業運営を行う能力がない場合ですので、委託先の会社の選択に当たってはくれぐれもこの点にご留意ください。

2．請負業務の範囲

ア　品質管理業務

> 問101　食品は改廃が早く、新製品の製造には、当然ながら、メーカーの技術指導が必要です。また、最終的な品質管理については、メーカーが責任を取りたいと考えています。そのため、請負契約のうち、「品質管理」については切り離したいと考えていますが、問題はありませんか。

答　　1　請負事業における技術指導

　請負契約は「当事者の一方がある仕事の完成を約束し、相手方がその仕事の結果に対してその当事者に報酬を与えること」を約束する契約をいいます（民法第632条）。

　したがって、請負契約の当事者は、発注者と請負事業主であって、請負事業主の労働者ではありません。請負事業主の労働者は、請負事業主が請け

負った業務を処理するために、請負事業主のために労働しているに過ぎません。

　請負契約で定められた仕事を完成させるために特別の技術を必要とする場合に、請負事業主が発注者側から技術を習得すること、すなわち、請負事業主が発注者側から技術指導を受けることについては、当該契約を履行するために必要である場合には、何ら問題はないと考えられます。

　問題となるのは、請負事業主の労働者が直接発注者側から技術指導を受けるケースです。本来的に、請負事業主は、その業務の処理という仕事の完成を契約していますので、その仕事の完成のために必要となる活動をしなければなりません。その活動の中には、労働者を雇用して、必要な技術指導を行って、労働者に業務を処理させることが含まれます。このため、請負事業主の労働者に技術指導を行うことは、請負事業主が行うべき基本的な活動の1つです。

　一方、請負事業主が発注者から新たに機械・設備などを借り受けた場合に、これを初めて使用する場合など発注者側にしか技術能力がない場合には、発注者側の技術指導を受けざるを得ない場合があります。このため、次のような場合には、発注者が請負事業主の労働者に対して直接技術指導を行っても、問題はないと解されています。

① 　請負事業主が、発注者から新たに機械・設備を借り受けた後初めて使用する場合、借り受けている機械・設備に発注者による改修が加えられた後初めて使用する場合などにおいて、請負事業主による業務処理の開始に先立って、機械・設備の貸主としての立場にある発注者が、借り手としての立場にある請負事業主に対して、その機械・設備の操作方法などについて説明を行う際に、請負事業主の監督の下で労働者に説明（操作方法などの理解に特に必要となる実習を含む）を受けさせる場合

② 　新商品の製造に着手する場合に、発注者が、請負事業主に対して、請負契約の内容である仕様などについて補足的な説明を行う際に、請負事業主の監督の下で労働者にその説明（資料などを用いて行う説明のみでは十分な仕様などの理解が困難な場合に特に必要となる実習を含む）を受けさせる場合

　したがって、請負事業主の労働者に対して行う技術指導についてはこのような制約があることを前提として、労働者に必要な技術を習得させるように、請負事業主は努めなければなりません。

2　品質管理

　請負契約に定められている完成すべき仕事の範囲には、その作業の結果生産した製品の品質は当然含まれています。そして、請負事業が労働者派遣事業に該当しないものとして、労働者派遣法の規制を受けないものであるためには、労働者派遣事業の範囲に関して解釈を示した告示第37号に適合するものでなければなりませんが、告示第37号においては、労務管理の独立性に関する基準と事業の独立性に関する基準の双方から労働者派遣事業に該当するか否かを判断しています。このうち、事業の独立性に関する基準には、「業務の処理について、民法、商法その他の法律に規定された事業主としてのすべての責任を負うこと」という基準が示されています。

　この法律に規定された事業主としてのすべての責任の中には、請負事業主の発注者に対する品質管理に関する責任が当然に含まれており、請負事業主は発注者が要求する水準の品質を確保する責任があって、品質に問題がある場合には、発注者に対する債務不履行となり、この場合には、「債務者（請負事業主）がその債務の本旨に従った履行をしないときは、債権者（発注者）は、これによって生じた損害の賠償を請求することができます（同法第415条）。」

　一方、その商品の最終製造者には、消費者やその商品を流通させる販売店などに対して、製造者として、その製品の品質について責任を負わなければなりません。

　したがって、商品の製造についての品質管理に関する責任については、請負事業の場合には、最終製造者である請負契約の発注者と請負事業主の双方が重畳的に負うことになると考えられますが、あくまで、製品に対する最終的な品質管理の責任は最終製造者である請負契約の発注者が負うと考えられます。

　このため、最終製造者である請負契約の発注者と請負事業主との間の請負契約において、請負事業主に対してどの程度の品質管理の責任を負わせるかについては、契約の自由の原則に則って、両当事者間で決められるべき問題ということになります。

　この場合に、最終製造者である請負契約の発注者として考えなければならないことは、消費者やその商品を流通させる販売店などに対して、製造者として、その製品の品質について責任を負うことを前提として、請負事業主に対して、どの程度のレベルの品質管理の責任を負わせるのがよいのか判断を

し、その内容をできるだけ詳細に請負契約に明記することが望ましいと考えられます。

そして、請負契約に定められた内容に従って、請負事業主は求められる品質管理を行い、仮に請負事業主が製造する過程で、品質管理に問題があり、その結果として、例えば、消費者に流通した製品の品質について問題が発生するなど最終製造者である請負契約の発注者に損害を与えたときには、必要な損害賠償を行うべきものと考えられます。

イ　労働者派遣の禁止業務の請負
1）建設業務

> **問102**　下請業者に発注する場合、建設業での建設業法との兼ね合いはどのようになるのでしょうか。元請は下請に対して全面的に管理監督する責任があると思いますが、労災防止の面からも下請に対して安全管理（労働時間、衛生管理）については指導するといったことや発注者と請負人は共に作業現場で従事し、元請人対して成果を示さなければなりません。請負社員の管理、**告示第37号**を守るというのは、建設業法と矛盾するところがあるように思うのですが、どのように考えるべきでしょうか。

答　**1　建設業法の規定と告示第37号**

建設業法においては、建設工事の請負契約に関する規定を定めていますが、そこで定められているのは、専ら発注者である建設業者と下請負人との関係に関するものであって、発注者と下請負人の労働者との関係を規制するものではありません。

特に、同法第24条の6においては、下請負人に対する特定建設業者の指導などについて規定されていますが、これは、1件の建設工事について、下請代金の総額が3,000万円（建築工事業である場合には4,500万円）以上となる下請契約を締結して施工する特定建設業者について、①建設工事の下請負人が、その下請負の建設工事の施工に関し、建設業法の規定や建設工事の施工あるいは建設工事に従事する労働者の使用に関する一定の法令の規定に違反しないよう、下請負人の指導に努めること、②下請負人がこれらの規定に違反しているときは、違反している事実を指摘して、その是正を求めるように

努めること、③特定建設業者が②の是正を求めた場合に、その下請負人が違反事実を是正しないときは、同項の特定建設業者は、その下請負人の許可をした国土交通省などに通報することなどを定めています。このうち、建設工事に従事する労働者の使用に関する法令の中には、労働者派遣法第4条第1項の建設業務について労働者派遣事業を行ってはならないとする規定も含まれていますので、建設業法の規定は労働者派遣法の規定を前提としています。

いずれにしても、建設業法が定めているのは、発注者である建設業者（元請業者）が、下請業者に対して指導などを行うことを求めているのであって、元請業者と下請業者間の問題に関するものです。

これに対し、労働者派遣法は、元請業者が下請業者に雇用される労働者を直接指揮命令して、元請業者のために労働に従事させることは労働者派遣事業に該当するとして、労働者派遣事業の範囲に関する解釈を示した告示第37号においては、告示第37号第2条に定める要件を満たさない場合には、労働者派遣法の規制を受け、特に建設業務については労働者派遣事業を行うことを禁止しています。

このように、建設業法は、元請事業者と下請事業者間の問題に関するものであるのに対して、労働者派遣法や告示第37号は、元請事業者と下請事業者に雇用される労働者との間の問題に関するものであって、双方の法令が矛盾することはないと考えられます。

2　労働安全衛生法の規定と告示第37号

労働者の安全衛生に関しては労働安全衛生法が定められていますが、同法においては、発注者や1つの場所で行う仕事の一部を請負事業者に請け負わせている元方事業者に対して、その請負事業者の雇用する労働者の安全衛生を確保するために、さまざまな規制を設けています。たとえば、同法第31条の4では、発注者は、その請負事業者に対し、発注する仕事に関し、その指示に従って請負事業者の労働者を労働させたならば、労働安全衛生法令の規定に違反することとなる指示をしてはならないと規定しています。また、同法第29条は、①元方事業者は、請負事業者やその労働者が、発注する仕事に関して、労働安全衛生法令の規定に違反しないよう必要な指導を行うこと、②元方事業者は、請負事業者やその労働者が、発注する仕事に関して、労働安全衛生法令の規定に違反しているときは、是正のため必要な指示を行うこと、③②の指示を受けた請負事業者やその労働者は、元方事業者の指示に従うことと規定しています。

労働安全衛生法第31条の4の規定は、建設業法の規制と同様に発注者の請負事業者に対し発注する仕事の内容に関するものです。また、同法第29条の規定のうち、元方事業者による請負事業者に対する指導、労働安全衛生法令の規定に違反しているときの是正のための指示、請負事業者が元方事業者の指示に従うことについては、建設業法の規制と同様に元方事業者と請負事業者との関係に関するものです。

　一方、同法第29条の規定のうち、元方事業者による請負事業者の労働者に対する指導、労働安全衛生法令の規定に違反しているときの是正のための指示、請負事業者の労働者が元方事業者の指示に従うことについては、元方事業者が直接請負事業者の労働者に対して、指導や指示を行い、請負事業者の労働者が元方事業者の指示に従うという元方事業者と請負事業者の労働者との直接的な関係を定めたものですので、建設業法や労働安全衛生法のその他の規定とは、性格が異なっています。

　このため、元方事業者が直接請負事業者の労働者に対して、指導や指示を行い、請負事業者の労働者が元方事業者の指示に従うという規定に関しては、労働者の安全衛生を確保するという特別の目的のために行われる指揮命令に関しては、労働安全衛生法に定める範囲内において、元方事業者が直接請負事業者の労働者を直接指揮命令しても、労働者派遣事業には該当することはありません。

　したがって、労働安全衛生法第29条に基づき、①元方事業者は、請負事業者の労働者が、発注する仕事に関して、労働安全衛生法令の規定に違反しないよう必要な指導を行わなければならず、②元方事業者は、請負事業者の労働者が、発注する仕事に関して、労働安全衛生法令の規定に違反しているときは、是正のため必要な指示を行わなければならず、③②の指示を受けた請負事業者の労働者は、元方事業者の指示に従わなければなりません。そして、このような指導や指示があったとしても、告示第37号に抵触することはなく、労働者派遣法の規制を受けることはないと考えられます。

2）医療関連業務

問103　医療従事者の派遣は現在禁止されていますが、例えば、病院内での理学療法士・作業療法士部門を請け負うことは可能でしょうか。

答　病院内で理学療法士・作業療法士部門を請け負うことを禁止する法律は、「理学療法士及び作業療法士法」を含めてありませんので、病院内での理学療法士・作業療法士部門を請け負うことは可能であると考えられます。

ただし、この請負が適正な（労働者派遣事業に該当しない）請負であるためには、告示第37号第2条で定められた次の基準を満たさなければなりません。

1　次の(1)から(3)までのいずれにも該当することにより自己の雇用する労働者の労働力を自ら直接利用するものであること。
　(1)　次の①および②のいずれにも該当することにより業務の遂行に関する指示その他の管理を自ら行うものであること。
　　①　労働者に対する業務の遂行方法に関する指示その他の管理を自ら行うこと
　　②　労働者の業務の遂行に関する評価などに係る指示その他の管理を自ら行うこと
　(2)　次の①および②のいずれにも該当することにより労働時間などに関する指示その他の管理を自ら行うものであること。
　　①　労働者の始業および終業の時刻、休憩時間、休日、休暇などに関する指示その他の管理（これらの単なる把握を除く）を自ら行うこと
　　②　労働者の労働時間を延長する場合または労働者を休日に労働させる場合における指示その他の管理（労働時間などの単なる把握を除く）を自ら行うこと
　(3)　次の①及び②のいずれにも該当することにより企業における秩序の維持、確保などのための指示その他の管理を自ら行うものであること。
　　①　労働者の服務上の規律に関する事項についての指示その他の管理を自ら行うこと
　　②　労働者の配置などの決定および変更を自ら行うこと
2　次の(1)から(3)までのいずれにも該当することにより請負契約により請け負った業務を自己の業務として契約の相手方から独立して処理するものであること。

(1) 業務の処理に要する資金につき、すべて自らの責任の下に調達し、かつ、支弁すること。
(2) 業務の処理について、民法、商法その他の法律に規定された事業主としてのすべての責任を負うこと。
(3) 次の①または②のいずれかに該当するものであって、単に肉体的な労働力を提供するものでないこと。
　① 自己の責任と負担で準備し、調達する機械、設備もしくは器材（業務上必要な簡易な工具を除く）または材料もしくは資材により、業務を処理すること
　② 自ら行う企画または自己の有する専門的な技術もしくは経験に基づいて、業務を処理すること

特に注意をしなければならないのは、同一の場所で、病院が雇用する理学療法士・作業療法士と請け負う会社側の理学療法士・作業療法士が混在して働き、その結果指揮命令しているようなことがあれば、適正な請負（労働者派遣事業に該当しない）とは言いがたいと考えられる点です。

3．請負業務の完了の時期

問104　取引先より納品の完了（＝業務の完了）について、取引先は注文が発生する都度、請負事業主に発注し、請負事業主は個々の成果物が発生する度に納品していますが、全ての成果物がそろった時点で納品完了（＝業務の完了）としたい旨質問を受けました。取引先としては成果物が発生する都度、受領伝票を発行するのが面倒なので、全ての成果物がそろった段階で受領伝票を発行し、納品完了（＝業務の完了）としたいようです。いかがでしょうか。

答　納品の完了（＝業務の完了）をいつにするのかについては、契約自由の原則に従い当事者間で決めることですので、当事者間で合意があれば、それに従って行われればよいと考えます。

4. 請負に関する規制

問105 製造請負に関する関連規制は以下が全てと考えてよろしいでしょうか。
- 職業安定法施行規則第4条
- 昭和61年労働省告示第37号
- 「労働者派遣事業と請負により行われる事業との区分に関する基準」（37号告示）に関する疑義応答集
- 製造業の請負事業の雇用管理の改善および適正化の促進に取り組む請負事業者が講ずべき措置に関するガイドライン
- 製造業の請負事業の雇用管理の改善および適正化の促進に取り組む発注者が講ずべき措置に関するガイドライン
- 労働者供給事業業務取扱要領　第1「労働者供給事業の意義等」

答　ご質問の趣旨は派遣と請負の区分に関してのものと推察されますが、ご指摘のもののほか、主要なものとしては告示第37号について解説した労働者派遣事業関係業務取扱要領　第1「労働者派遣事業の意義等」などがあります。また、37号告示に関する疑義応答集については第2集も出ています。

以下それぞれについて解説します。

1　告示第37号について

告示第37号は、労働者派遣法の適正な運用を確保するためには労働者派遣事業に該当するか否かの判断を的確に行う必要があることにかんがみ、労働者派遣事業と請負により行われる事業との区分を明らかにすることを目的としています（同告示第1条）。

そして、「請負の形式による契約により行う業務に自己の雇用する労働者を従事させることを業として行う事業主であっても、事業主が業務の処理に関し同告示第2条第1号および第2号のいずれにも該当する場合を除き、労働者派遣事業を行う事業主とする」旨規定しています（告示第37号第2条）。

ただし、「告示第37号第2条第1号及び第2号のいずれにも該当する事業主であっても、それが同法の規定に違反することを免れるため故意に偽装されたものであって、その事業の真の目的が労働者派遣法第2条第1号に規定

する労働者派遣を業として行うことにあるときは、労働者派遣事業を行う事業主であることを免れることができない」旨規定しています（告示第37号第3条）。

したがって、告示第37号第2条第1号および第2号のいずれにも該当し、告示第37号第3条に該当しなければ、労働者派遣事業には該当しないことになります。

2　職業安定法施行規則第4条について

職業安定法施行規則第4条は、労働者供給事業と請負により行われる事業との区分を明らかにしたものです。

労働者派遣事業は、労働者派遣法の制定により制度化された事業ですが、労働者派遣法が制定される前は、労働者供給事業の一部でした。

労働者派遣法の制定により、請負により行われる事業の範囲に変更はありませんので、労働者派遣法制定前の労働者供給事業と請負により行われる事業との区分と労働者派遣法制定後の労働者供給事業＋労働者派遣事業と請負により行われる事業との区分とは、何ら変更がありません。

このため、告示第37号は、職業安定法施行規則第4条と若干の表現の違いはありますが、内容は同じになるように規定しています。

したがって、告示第37号を理解するためには、職業安定法施行規則第4条を参照すれば、理解しやすいと考えています。

3　労働者派遣事業関係業務取扱要領について

労働者派遣事業関係業務取扱要領は、労働者派遣法の施行のために必要な事項について、厚労省が都道府県労働局に指示した通達です。

全般的には、労働者派遣法の規定の意味や取扱いについて的確に示したものが多いのですが、第1「労働者派遣事業の意義等」の告示第37号について解説した部分には、告示第37号の規定を逸脱している内容が含まれていますので、注意が必要です。

例えば、次の項目は、告示第37号にはない基準であり、これらを満たしていないからといって、同告示に抵触することはないと考えられます。

① 〔製造業務の場合〕
　受託者は、一定期間において処理すべき業務の内容や量の注文を注文主から受けるようにしていること
② 〔車両運行管理業務の場合〕
　あらかじめ定められた様式により運行計画（時刻、目的地等）を注文主か

ら提出させること
③ 〔医療事務受託業務の場合〕
　受託するすべての業務について、業務内容やその量、遂行手順、実施日時、就業場所、業務遂行に当たっての連絡体制、トラブル発生時の対応方法等の事項について、書面を作成していること
④ 〔バンケットサービスの場合〕
　あらかじめホテル等と挨拶、乾杯、歓談、催し物等の進行順序並びにそれぞれの時点におけるバンケットコンパニオンが実施するサービスの内容及びサービスの実施に際しての注意事項を打ち合わせ、取り決めていること
⑤ 〔製造業務の場合〕
　受託業務の行う具体的な日時（始業及び終業の時刻、休憩時間、休日等）については、事前に受託者と注文主とで打ち合わせ、業務中は注文主から直接指示を受けることのないよう書面を作成していること
⑥ 　受託業務従事者が実際に業務を行った業務時間については、受託者自らが把握できるような方策を採っていること
⑦ 〔バンケットサービスの場合〕
　宴席が予定した時間を超えた場合の請負契約に定められたサービス提供の終了時間の延長についてのホテル等との交渉及び延長することとした場合のバンケットコンパニオンへの指示については、現場に配置している責任者が行っていること
⑧ 〔医療事務受託業務の場合〕
　あらかじめ病院等の担当者に対して、聴取及び打合せの際に、あるいは定期的な就業場所の巡回の際に、勤務場所での規律、服装、勤務態度等の管理を受託者が自ら行っている旨の説明を行っていること
⑨ 〔製造業務の場合〕
　業務量の緊急の増減がある場合には、前もって注文主から連絡を受ける体制にすること
⑩ 〔バンケットサービスの場合〕
　同一の宴席におけるバンケットサービスを複数のバンケット業者が請け負う場合には、異なるバンケット業者のバンケットコンパニオンが共同して１つのサービスを実施することのないよう、あらかじめ各バンケット業者が担当するテーブルやサービス内容を明確に区分していること
⑪ 〔医療事務受託業務の場合〕

損害賠償の責任を負う旨の規定を請負契約に定めていること
⑫　〔車両運行管理業務の場合〕
　損害賠償の責任を負う又は求償権に応ずる旨の規定を契約書に明記するとともに、当該責任を負う意思及び履行能力を担保するため、受託者が自動車事故等に係る任意保険に加入していること
⑬　〔給食受託業務の場合〕
　契約書等に受託者が注文主に対して損害賠償の責任を負う又は求償権に応ずる旨の規定を明記していること
⑭　〔製造業務の場合〕
　注文主からの原材料、部品等の受取りや受託者から注文主への製品の受渡しについて伝票等による処理体制が確立されていること
⑮　保守及び修理を受託者が行うか、ないしは保守及び修理に要する経費を受託者が負担していること
⑯　〔車両運行管理業務の場合〕
　運転者の提供のみならず、管理車両の整備（定期整備を含む。）及び修理全般、燃料・油脂等の購入及び給油、備品及び消耗品の購入、車両管理のための事務手続、事故処理全般等についても受託することで注文主の自動車の管理全体を行っているものであり、また、当該受託業務の範囲を契約書に明記していること

4　労働者供給事業業務取扱要領について

　労働者供給事業業務取扱要領は、職業安定法に定める労働者供給事業に関して必要な事項について、厚労省が都道府県労働局に指示した通達です。
　特に、第1「労働者供給事業の意義等」の職業安定法施行規則第4条について解説した部分は、労働者派遣事業関係業務取扱要領の第1「労働者派遣事業の意義等」の告示第37号について解説した部分よりも極めて詳細で、大変優れたものです。
　両者を読み比べて頂ければわかりますが、労働者派遣事業関係業務取扱要領の第1「労働者派遣事業の意義等」の告示第37号について解説した部分は、上記3で述べた告示第37号にはない16の項目を除いて、おおむね労働者供給事業業務取扱要の第1「労働者供給事業の意義等」の職業安定法施行規則第4条について解説した部分の要点を記載しているものであることが分かります。
　ただし、労働者供給事業業務取扱要の第1「労働者供給事業の意義等」の

職業安定法施行規則第4条について解説した部分に「機械、設備、器材」の範囲について、「作業の稼働力となる機械、器具及びその附属設備、作業のために必要な工場、作業場等の築造物及びそれに要する器材などをいい、作業に直接必要のない労働者の宿舎、事務所などは、これに該当しない」という記載がありますが、作業のために必要な工場、作業場等の築造物」は「施設」であって、「機械、設備、器材」に含めることには無理があると考えられます。

このように、告示第37号の内容を理解するためには、労働者供給事業業務取扱要領の第1「労働者供給事業の意義等」の職業安定法施行規則第4条について解説した部分を理解することが大変有意義です。

5　告示第37号に関する質疑応答集について

告示第37号に関する質疑応答集については、いわゆる偽装請負問題の解決に向けた厚生労働省の意欲の現れであり、いわゆる技術指導などについて新たな判断を示すなど評価すべき点もありますが、「告示第37号に関する質疑応答集」と称しながら、告示第37号を逸脱した内容となっており、また、本来「労働者派遣事業」と記載すべきものが「偽装請負」と記載されるなど問題が多いのも事実です。

例えば、次のような内容です。

① 発注者が作業の内容、順序、方法等に関して文書等で詳細に示し、そのとおりに**請負事業主が作業を行っている場合**も、発注者による指示その他の管理を行わせていると判断され、**偽装請負と判断される**
⇒「労働者の業務」が「請負事業主の作業」に置き換えられている。

② **請負事業主が作業する中間ラインの作業開始時間と終了時間が実質的に定まってしまう場合**などは、**偽装請負と判断される**
⇒「労働者の始業・終業時刻」が「請負事業主の作業開始時間と終了時間」に置き換えられている。

③ 請負労働者の服装について、**請負事業主を通じた関与を行ったり**することは、請負事業主が自己の労働者の服務上の規律に関する指示その他の管理を自ら行っていないこととなり、偽装請負と判断される
⇒注文主の関与をすべて否定している可能性がある。

④ 製品や作業の完成を目的として業務を受発注しているのではなく、業務を処理するために費やす労働力（労働者の人数）に関して受発注を行い、**投入した労働力の単価を基に請負料金を精算している場合は**、注文主に対

して単なる労働力の提供を行われているにすぎず、その場合には偽装請負と判断される
⇒「投入した労働力の単価を基に請負料金を精算している」ことを問題としているとすれば、告示第37号の規定の範囲を超えた記載である。
⑤ 業務に必要な機械、設備または機材は、請負事業主の責任で準備するか、注文主から借り入れるまたは購入するのであれば、別個の双務契約を締結することが必要になります
⇒「注文主からの借入れまたは購入」があたかも「請負事業主の責任で準備する」ことではないような印象を受け、正確さに欠ける。また、告示第37号に規定されているのは、「器材」であって、「機材」ではない。
⑥ 請負業務の処理に間接的に必要とされるもの（例えば、請負業務を行う場所の賃貸料や、光熱費）、請負業務の処理自体には直接必要とされないが、請負業務の処理に伴い、発注者から請負事業主に提供されるもの（例えば、更衣室やロッカー）については、別個の双務契約までは必要なく、その利用を認めることなどについて請負契約中に包括的に規定されているのであれば特に問題にない
⇒更衣室やロッカーが「機械、設備若しくは器材」に該当しなければ、その利用を認めることなどについて請負契約中に包括的に規定されている必要はない。

6 告示第37号に関する質疑応答集（第2集）について

　告示第37号に関する質疑応答集（第2集）は、5の第1集のように「偽装請負」とは記載しておらず、「労働者派遣事業」と記載しており、その点では5の第1集よりもまともなものということができますが、それでも、次のような問題のある記載があります。
① 請負事業主による請負労働者の労働時間管理等に影響を与えるような運用は、発注者からの指揮命令に該当し
⇒労働者派遣の定義は「他人の指揮命令を受けて」と規定していて、告示第37号も「指示その他の管理を自ら行うものであること」と規定していて、「他人が労働時間管理等に影響を与えて」とか「他人が労働時間管理等に影響を与えていないこと」とは規定していない。そのことは日本語で考えてみれば分かる。広辞苑によれば、「影響」とは「関係を及ぼすこと」をいう。一方、「指揮」とは「指図すること」、「命令」とは「言い付けること」をいう。「関係を及ぼすこと」がなぜ「指図し、言い付けること」になるのか。日本語と

しておかしいことが分かる。さらに、この論理を展開していくと、例えば、あるスーパーマーケットが大量にチラシ広告を印刷会社に発注したために、印刷会社の社員が残業しなければならなくなったときには、印刷会社の社員はそのスーパーマーケットの指揮命令を受け、印刷会社は労働者派遣事業を行っていることになってしまう。

　以下の点も同様です。

② <u>請負労働者の労働時間管理その他労働条件に影響を及ぼしたりするような</u>場合は、労働者派遣事業と判断される
③ 職務経歴書の提出や事前面談の結果、発注者が特定の者を指名して業務に従事させたり、特定の者について就業を拒否したりする場合は、発注者が請負労働者の配置等の決定及び変更に<u>関与していると判断される</u>
④ <u>契約上の業務内容に請負事業主の裁量の余地がない場合は</u>、……労働者派遣事業と判断される

　また、次の点も問題です。

⑤ 当該請負業務の性格により、請負業務を実施する日時、場所、標準的な人数等を指定して発注したり、労働者の人数に比例する形で料金決定したりすることに<u>合理的な理由がある場合</u>もあります

⇒告示第37号第2条は、合理的な理由により判断するという規定にはなっていない。

7 「製造業の請負事業の雇用管理の改善および適正化の促進に取り組む請負事業主が講ずべき措置に関するガイドライン（以下「請負ガイドライン」という）」及び「製造業の請負事業の雇用管理の改善および適正化の促進に取り組む発注者が講ずべき措置に関するガイドライン（以下「発注者ガイドライン」という）」について

　請負ガイドラインおよび発注者ガイドラインは、製造業の請負事業の雇用管理の改善および適正化の促進に取り組むために講ずべき措置に関してガイドラインとして必要な事項を定めたものですので、請負ガイドラインおよび発注者ガイドラインに記載された事項を行わなくても、告示第37号に抵触し、労働者派遣事業（いわゆる偽装請負）に該当することは、ありません。

5. 請負のジョイントベンチャー

問106 他の業務請負会社と製造現場でのジョイントベンチャーを設立したいと考えていますが、どのようなことに留意する必要がありますか。

答 1 ジョイント・ベンチャーにおける業務の処理と労働者派遣事業との関係

ジョイント・ベンチャー（以下「JV」といいます）は、数社が共同して業務を処理するために結成された組合の一種です。JV自身がJVの構成員の労働者を雇用するということにはなりませんが、仮にJVの構成員がその雇用する労働者を他の構成員の労働者などの指揮命令の下に従事させたとしても、通常、その構成員のために行われるため、労働者派遣事業には該当しません。

しかしながら、労働者派遣事業に該当することを免れるための偽装の手段に利用されるおそれがあることから、労働者派遣事業関係業務取扱要領においては、JVが労働者派遣事業に該当しないため、告示第37号に準じて、労働者派遣事業に該当するか否かに関する判断基準が示されています。すなわち、JVが民法上の組合に該当し、JVの構成員が自己の雇用する労働者をJV参加の他社の労働者などの指揮命令の下に労働に従事させることが労働者派遣事業に該当しないためには、次のいずれの要件も満たすことが必要です。

① JVが注文主との間で締結した請負契約に基づく業務の処理についてすべての構成員が連帯して責任を負うこと
② JVの業務処理に際し、不法行為により他人に損害を与えた場合の損害賠償義務についてすべての構成員が連帯して責任を負うこと
③ すべての構成員が、JVの業務処理に関与する権利を有すること
④ すべての構成員が、JVの業務処理につき利害関係を有し、利益分配を受けること
⑤ JVの結成は、すべての構成員の間において合同的に行われ、その際、そのJVの目的およびすべての構成員による共同の業務処理の2点について合意が成立していること
⑥ すべての構成員が、JVに対し出資の義務を負うこと

⑦　業務の遂行に当たり、各構成員の労働者間において行われる次の指示その他の管理が常に特定の構成員の労働者などから特定の構成員の労働者に対し一方的に行われるものではなく、各構成員の労働者が、各構成員間において対等の資格に基づき共同で業務を遂行している実態にあること
　　ア　業務の遂行に関する指示その他の管理（業務の遂行方法に関する指示その他の管理、業務の遂行に関する評価等に係る指示その他の管理）
　　イ　労働時間などに関する指示その他の管理（出退勤、休憩時間、休日、休暇などに関する指示その他の管理（これらの単なる把握を除く）、時間外労働、休日労働における指示その他の管理（これらの場合における労働時間などの単なる把握を除く））
　　ウ　企業における秩序の維持、確保などのための指示その他の管理（労働者の服務上の規律に関する事項についての指示その他の管理、労働者の配置などの決定および変更）
⑧　請負契約により請け負った業務を処理するJVに参加するものとして、①、②および⑥に加えて次のいずれにも該当する実態にあること
　　ア　すべての構成員が、業務の処理に要する資金について、調達、支弁すること。
　　イ　すべての構成員が、業務の処理について、民法、商法その他の法律に規定された事業主としての責任を負うこと。
　　ウ　すべての構成員が次のいずれかに該当し、単に肉体的な労働力を提供するものではないこと。
　　　ⅰ　業務の処理に要する機械、設備もしくは器材（業務上必要な簡易な工具を除く）または材料もしくは資材を、自己の責任と負担で相互に準備し、調達すること。
　　　ⅱ　業務の処理に要する企画又は専門的な技術若しくは経験を、自ら相互に提供すること。

　なお、JVが①から⑧までのいずれの要件をも満たす場合には、JVと発注者との間で締結した請負契約に基づき、JVの構成員が業務を処理し、また、JVが代表者を決めて、その代表者がJVを代表して、発注者に請負代金の請求や受領及び財産の管理などを行っても、労働者派遣法において特段の問題は生じないと考えられます。

2　ジョイントベンチャーの設立などにあたっての留意すべき事項

　JVにおいては、1の①から⑥までが本質的な部分で、JVの構成員がその

目的およびすべての構成員により共同して業務処理を行うことの2点について合意し、出資を行い、責任を負って、利益配分を受けることになりますが、その際には、それぞれの企業の得意分野を持ち寄って事業を行いますので、対象となる事業のうちそれぞれの企業の得意とする分野が全体の中でどの程度を占めるのかによって出資比率が決まり、それに応じて利益配当が行われるのが基本となります。

一方、労務管理の面では、告示第37号の場合と同様に、1の⑦および⑧の要件、すなわち、JVの各構成員の労働者間において行われる指示その他の管理が常に特定の構成員の労働者などから特定の構成員の労働者に対し一方的に行われるものではなく、各構成員の労働者が、各構成員間において対等の資格に基づき共同で業務を遂行している実態にあるとともに、すべての構成員がり請負契約により請け負った業務を自己の業務として当該契約の相手方から独立して処理する実態にあることが必要です。

なお、労働安全衛生法5条では、建設業のJVの場合には、そのうちの1人を代表者として定め、これを労働局に届け出なければならない、この届出がないときは労働局が代表者を指名するという規定がありますが、この規定は建設業のJVのみを規制の対象としていて、製造業務請負の場合にはこの規定の対象とはなりませんので、このような届出を行う必要はありません。

また、発注者と請負事業主がJVを組めば、適法に行うことができるとする主張をする人もいますが、このようなやり方は、発注者と請負事業主がJVを組む合理的な理由はなく、このような取扱いをすること自体が脱法行為であると考えられます。このような脱法行為は、JVを偽装するものであるので、違法と評価されます。

ご質問のケースでは、請負事業主間のJVですので、このような問題は発生しないと考えられますが、発注者と請負事業主でJVを組むようなことは、避けるべきです。

問107 建設業界では「労働者が派遣の状態であるか否か」は殆ど問題にならないと聞いています。このため、抵触日についても問題になることは殆どありません。これは建設作業への派遣が禁止されている事が根本にあるのでしょうか。以前からある顧客より「建設業界で認められている事が何故ものづくりの現場では出来ないのか。抵触日対策でJVを組むことだって構わないじゃないか」と詰め寄られています。

第2部　請負の管理

労働者派遣事業関係業務取扱要領に『JVは構成員の労働者の就業が労働者派遣に該当することを免れるための偽装手段に利用されるおそれがあり、その法的評価を厳格に行う必要がある』と書いてある通り、JVを抵触日対策として使用するのは脱法行為と解釈されますよ」と回答していますが、中々、納得してもらえません。どのように説明をすればよいでしょうか。

答　建設業界では労働者派遣なのか否かは殆ど問題になっていないと思います。

その理由は、労働局の指導が製造請負についてはあれだけ行っているのに対し、建設請負については全く行っていないこと（何年か前にある労働局の需給調整事業室長に、告示第37号の疑義応答集の問題点について建設を例に挙げて説明したところ、その室長の答は建設業については指導していないというもので、唖然としたことがあります）、厚労省内でも担当部署が異なること（建設業については建設・港湾対策室が担当）、そして、何よりも厚労省や労働局の製造請負に対する指導が告示第37号を大きく逸脱した内容となっていることがあります。

ところで、JVの件ですが、JVを組むこと自体は違法ではありません。ただし、建設業の場合には、それぞれの建設会社によって得意な分野が分かれていますので、それぞれの得意な分野を持ち寄ってJVを組むというのは割と説明がしやすいのです。これに加えて、建設業の場合は、もともと建設業を行わない発注者がいて、その発注者から受注する元請の建設業がJVを組むというのが通例です。

これに対して、製造業の場合には、それぞれの会社の得意な分野を持ち寄ってJVを組むという説明は容易ではないと思います。

また、発注者も製造業ですので、製造業を行わない発注者から製造JVが受注を受けるという構造にはなっていません。そうなると、発注者と請負事業主がJVを組むのは、何のために必要なのかが分からなくなってしまいます。

例えば、それぞれ得意な分野を持つ製造請負事業主がJVを組むというのはあり得ると考えています。

しかし、製造業の発注者と製造業の請負事業主とのJVというのは、建設業のJVとは性格が違うので、説明にはかなり窮することになるのではない

でしょうか。
　したがって、両者の構造の違いから説明するしかないと考えます。

第2節　告示第37号

1．告示第37号の制定の経緯

問108　請負化を進めたいと考えていますが、その際にネックとなるのは、告示第37号です。そこで、告示第37号がどのような経過で制定されたのかを教えて下さい。

答　労働者派遣の受け入れに関するいわゆる抵触日問題に対処するための方策の1つとして請負化がありますが、多くの製造アウトソーシング企業で伺うと、告示第37号について、労働局により、あるいは労働局の各担当者によって、その内容についての理解や解釈が違うために対応に苦慮しているとの問題が数多く寄せられています。また、派遣先においても、告示第37号について厳格な解釈をするところや労働局の了解をとった解釈でも信用できないというところが多く、そのことが請負化の推進を阻害しているネックの1つとなっていることは、否定できません。

その理由としては、告示第37号についての多くの誤解があるように思われてなりません。例えば、告示第37号は法律上何も根拠がないにもかかわらず、行政が勝手に作り上げたものであるとか、これはガイドラインに過ぎないのであるから、これに従う必要はないとか、などです。

そこで、告示第37号はなぜ策定されたのか、どのような変遷があったのかなどを見ておきたいと思います。なお、これについては、太平洋戦争前の労務供給事業に関する法規制から説き起こして検討している研究者（濱口桂一郎政策研究大学院大学教授（当時）「21世紀の労働法政策」）もいますが、ここでは、昭和22年の職業安定法の制定以降について、見ておきたいと思います。

1　告示第37号はなぜ策定されたのか。

労働者派遣事業は、昭和61年の労働者派遣法の制定により、職業安定法によって労働組合が許可を受けて無料で行う場合を除き禁止する当時の労働者供給事業から分離する形で創設されています。

労働者供給事業に関しては、職業安定法施行規則第4条という規定があり、契約の形式が請負契約である事業と労働者供給事業の区分に関する基準

が示されています。なお、この規定は、所要の改正を行った上で、現在も存続しています。

ところで、労働者派遣事業は、派遣元が雇用する労働者を派遣先が指揮命令して就業させる形態であるために、労働者派遣法の制定前の労働者供給事業の中では請負事業に最も近い位置にあったということができます。

労働者派遣事業の対象となる業務は、現在では製造業務などを含めて適用除外業務となっている港湾運送業務、建設業務、警備業務、医療機関における医療関連業務を除き、原則としてすべての業務となっていますが、昭和61年の労働者派遣法の制定当初においては、労働者派遣事業は、事務処理や情報処理、ビルメンテナンスなどに関する13業務に限ってその対象としていました。

労働者派遣法の制定当時、当時の職業安定法施行規則第4条との関係で問題となっていた事業はなかったかと言えば、そうではなく、例えば、鉄鋼・造船などの社外工や建設、港湾運送などの事業においては、昭和22年の職業安定法の制定以来常に問題となっており、労働者派遣法の制定当時においても、これらの事業においては、当時の職業安定法施行規則第4条に適合するように運営されていました。鉄鋼・造船などの社外工や建設、港湾運送などの分野に影響を及ぼすことは適当ではないし、立法の趣旨にも合致しません。

このため、労働者派遣法の制定後においても、従来の職業安定法施行規則第4条の取扱いに変更がないことを明確にする必要があり、このような目的で制定されたものが告示第37号です。

なお、職業安定法施行規則は省令ですが、同規則第4条は実施省令と一般に呼ばれるもので、職業安定法には明確に根拠がないまま規定されています。職業安定法のように昭和20年代の立法においてはこのような実施省令の例はありますが、昭和60年代に制定された労働者派遣法において実施省令を規定することには異論が多かった。そこで、これに代わる形で官報に掲載される告示として策定されたものが告示第37号です。したがって、告示第37号は、行政内部の解釈や取扱いを定めた通達とは異なっています。

2 職業安定法施行規則第4条や告示第37号に関する歴史的な経緯
(1) 職業安定法の制定と労働者供給事業の原則禁止

職業安定法は昭和22年12月1日に施行されていますが、同法では、「労働者供給」とは、「供給契約に基づいて労働者を他人に使用させることをいう」と定義し、労働組合法の労働組合が許可を受けて無料で行う場合にだけ認め

られていました。
(2) 職業安定法施行規則第4条の規定化

職業安定法施行規則は、昭和22年12月29日省令第12号として制定されていますが、同規則第4条はその時点で規定されていませんでした。その後、労働者供給事業と請負事業との関係を明らかにするため、昭23年2月に省令第3号によって追加されています。

(3) 昭和27年の職業安定法施行規則第4条の改正

職業安定法施行規則第4条の最も重要な改正は、昭27年2月に省令第1号による改正で、同条第1項第4号が次のように改正されています。

改正前	改正後
自ら提供する機械、設備、器材（業務上必要なる簡易な工具を除く。）若しくはその作業に必要な材料、資材を使用し又は<u>専門的な企画</u>若しくは専門的な技術を必要とする作業を行うものであつて、単に肉体的な労働力を提供するものでないこと。	自ら提供する機械、設備、器材（業務上必要なる簡易な工具を除く。）若しくはその作業に必要な材料、資材を使用し又は<u>企画</u>若しくは専門的な技術<u>若しくは専門的な経験</u>を必要とする作業を行うものであつて、単に肉体的な労働力を提供するものでないこと。

この改正がなされた背景は、改正前の職業安定法施行規則第4条が厳しすぎるという意見が鉄鋼や造船などの当時の業界から数多く寄せられ、我が国が占領状態から独立するに当たって見直しが行われたものです。

(4) その後の経過

その後は大きな改正はなく、1にみたように、労働者派遣法の制定により告示第37号が策定され、今日に至っています。

2. 告示第37号の内容

問109 告示第37号の内容とは、どのようなものですか。

答 告示第37号のうち、最も重要なものは第2条です。その内容につ

いては、労働者派遣事業関係業務取扱要領の第1労働者派遣事業の意義等に記載されていますが、ここでは、古い通達なども踏まえながら、見ておきたいと思います。

1　告示第37号第2条第1号について

告示第37号第2条第1号は、以下のように規定しています。

一　次のイ、ロ及びハのいずれにも該当することにより自己の雇用する労働者の労働力を自ら直接利用するものであること。
　イ　次のいずれにも該当することにより業務の遂行に関する指示その他の管理を自ら行うものであること。
　　(1)　労働者に対する業務の遂行方法に関する指示その他の管理を自ら行うこと。
　　(2)　労働者の業務の遂行に関する評価等に係る指示その他の管理を自ら行うこと。
　ロ　次のいずれにも該当することにより労働時間等に関する指示その他の管理を自ら行うものであること。
　　(1)　労働者の始業及び終業の時刻、休憩時間、休日、休暇等に関する指示その他の管理（これらの単なる把握を除く）を自ら行うこと。
　　(2)　労働者の労働時間を延長する場合又は労働者を休日に労働させる場合における指示その他の管理（これらの場合における労働時間等の単なる把握を除く）を自ら行うこと。
　ハ　次のいずれにも該当することにより企業における秩序の維持、確保等のための指示その他の管理を自ら行うものであること。
　　(1)　労働者の服務上の規律に関する事項についての指示その他の管理を自ら行うこと。
　　(2)　労働者の配置等の決定及び変更を自ら行うこと。

その趣旨は、請負事業主が自己の責任において労働者を作業上および身分上直接指揮監督することをいいますが、問題となるのは、発注者が請負事業主に対する信用が十分ではない場合に、発注者が自ら指揮監督面の介入することであり、これについては、発注者がその発注した作業に介入する範囲には限度があり、次の場合には、この範囲を超え、注文主がこの限度を超えて干渉を行う場合には、請負者が「自ら指揮監督するもの」とは解し難い（昭

和27年7月23日職発第502号の2）と考えられています。
① 請負事業主またはその代理者に対する注文上の限られた要求または指示を超えること。
② 請負事業主側の監督者が有する労働者に対する指揮監督権に実質上の制限を加えること。
③ 作業に従事する労働者に対して直接指揮監督を加えること。

2 告示第37号第2条第2号イについて

告示第37号第2条第2号イは、以下のように規定しています。

> 二 次のイ、ロ及びハのいずれにも該当することにより請負契約により請け負った業務を自己の業務として当該契約の相手方から独立して処理するものであること。
> 　イ 業務の処理に要する資金につき、すべて自らの責任の下に調達し、かつ、支弁すること。

その趣旨は、事業運転資金その他の諸経費を自己の責任において調達支弁していることをいいます（昭和23年2月25日職発第139号）。また、この場合の責任については、実際にその責任を負う意思能力があるかが重視され、その請負業者の企業体としての資格能力が考慮されます（昭和27年7月23日職発第502号の2）。

3 告示第37号第2条第2号ロについて

告示第37号第2条第2号ロは、以下のように規定しています。

> ロ 業務の処理について、民法、商法その他の法律に規定された事業主としてのすべての責任を負うこと。

その趣旨は、請負事業主として法律に規定された義務の履行について責任を負うことをいいます。

労働者供給事業業務取扱要領には、これに関連して、次のような記載があります。
① 「法律上の責任を負う」とは、請負契約の締結に伴う請負事業主として民法（第632条、第642条）、商法（第502条、第569条）などの義務の履行について責任を負うことをいう

② 「使用者として法律に規定されたすべての義務」とは、労働基準法、労働者災害補償保険法、雇用保険法、健康保険法、労働組合法、労働関係調整法、厚生年金保険法、民法などにおける使用者、または雇用主としての義務をいう
③ 「義務を負う者」とは、義務を負うべき立場にある者、すなわち、義務を履行しないときは義務の不履行に伴う民事上および刑事上の責任を負うべき地位にある者をいい、必ずしも現実にこれらの義務を履行することを要求するものではないが、義務に関する理解と誠意に欠け、履行能力のないものをも、単に形式上使用者の立場にある事実のみを理由として義務を負う者とすることは妥当ではないので、この判定をする場合には、義務に関する理解と誠意ならびにその履行状況、運営管理状況から総合的に判断すべきものである

また、昭和27年の職業安定法施行規則第4条の改正時には、次のように解釈されています（昭和27年7月23日職発第502号の2）。

④ 「責任を負うもの」に実際にその責任を負う意思能力があるかどうかを重視すべきである。従って単に形式上事業主として責任を負う立場にあれば良いとして放置するのではなく、その請負者の企業体としての資格能力即ち、資金、機械設備、器械などの整備保有状況、人的機構陣容、従来の事業実績などに細心の考慮を払い、その者が単に労働者の供給を業とするものでないことの根拠を見出すことに努めなければならない。この結果当該請負事業主が請負企業体として、完全な資格を備えている場合には、たとえ、その行う特定の作業がたまたま要件に欠けるところがあるときも、なお労働者の供給を事業として行うものでないと認められる場合もあるから、注文主が請負作業者を選定するに当りこの点を充分考慮するよう指導すべきである
⑤ すべての場合に単に義務不履行のみを理由として「使用者としての義務を負うもの」でないと断ずることは早計であり、他の各要件の具備、状況などから判断して単に不履行の責任のみに止まる場合もあり得る。このような場合には、当該法令上の責任として別途追求されるべき問題である

4 告示第37号第2条第2号ハについて

告示第37号第2条第2号ハは、以下のように規定しています。

ハ 次のいずれかに該当するものであって、単に肉体的な労働力を提供

するものでないこと。
(1) 自己の責任と負担で準備し、調達する機械、設備若しくは器材（業務上必要な簡易な工具を除く）又は材料若しくは資材により、業務を処理すること。
(2) 自ら行う企画又は自己の有する専門的な技術若しくは経験に基づいて、業務を処理すること。

　ここで注意しなければならないのは、ハの(1)または(2)のいずれかに該当すればよく、ハの(1)および(2)の双方に該当しなければならないということではありません。また、このことは、機械、設備などを使用する製造業務においても当然に当てはまります。
　労働者供給事業業務取扱要領には、これに関連して、次のような記載があります。
① 単に肉体労働力を提供するものではないと判断できる具体的要件としての物理的要件（自ら提供する機械、設備、機材若しくはその作業に必要な材料、資材を使用すること。）と技術的要件（企画若しくは専門的な技術若しくは経験を必要とすること）の2要件を掲げ、そのいずれか1つの要件に該当する作業を行うものであればよいものとしている。しかも、この2要件はいずれも併立的、かつ、択一的なものである。要するに、単に肉体的な労働力を提供する作業でないためには、当該2要件のうち、いずれか1つを具備していなければならないとの意味である
② 「自ら提供し、使用する」とは、機械、設備、器材または作業に必要な材料、資材を請負者自身の責任と負担において、準備、調達しその作業に使用することをいい、所有関係や購入経路等の如何を問うものではない。したがって、その機械などが自己の所有物である場合はもちろん、注文主から借入または購入したものでも請負契約に関係のない双務契約の上にたつ正当なものを提供使用する場合も含む
③ 「機械、設備、器材」とは、作業の稼働力となる機械、器具およびその附属設備、作業のために必要な工場、作業場等の築造物及びそれに要する器材などをいい、作業に直接必要のない労働者の宿舎、事務所などは、これに該当しない。なお、この提供度合については、該当するそれぞれの請負作業一般における通念に照らし、通常提供すべきものが作業の進捗状況に応じて随時提供使用されており、総合的にみて各目的に軽微な部分を提

供するにとどまるものでない限りはよい
④ 「業務上必要な簡単な工具」とは、機械、器具等のうち主として個々の労働者が主体となり、その補助的な役割を果たすものであって、例えば、「のみ」、「かんな」、「シャベル」などのように、通常個々の労働者が所持携行し得る程度のものをいい、これらのものは当該要件における機械、器具などから除くものである。なお、「機械、設備、器材」と「簡単な工具」との区別は、当該産業における機械化の状況と作業の実情等を考慮して業界における一般通念によって個々に判断される
⑤ 「専門的な技術」とは、当該作業の遂行に必要な専門的な工法上の監督技術、すなわち、通常学問的な科学知識を有する技術者によって行われる技術監督、検査などをいう
⑥ 「専門的な経験」とは、学問的に体系づけられた知識に基づくものではないが、永年の経験と熟練により習得した専門の技能を有するいわゆる職人的技能者が、作業遂行の実際面において発揮する工法上の監督的技能、経験をいう。例えば、作業の実地指導、仕事の順序、割振、危険防止などについての指揮監督能力がこれであり、単なる労働者の統率ないしは一般的労務管理的技能、経験を意味するものではなく、また、個々の労働者の有する技能、経験をもって足りるような作業は「専門的な経験」を必要とする作業とはいえない
⑦ 要するに「企画若しくは専門的な技術、若しくは専門的な経験」とは、請負事業主として全体的に発揮すべき企画性、技術性、経験を指すのであって、個々の労働者の有する技術または技能などや業務自体の専門性をいうのではない。そして、当該作業が「企画若しくは専門的な技術、若しくは専門的な経験」を必要とするかどうかの認定は、その作業が単に個々の労働者の技能の集積によって遂行できるものか、また、その請負事業主が企業体として、その作業をなし得る能力を持っており、かつ、現実にその技能、経験を発揮して作業について企画し、または指揮監督しているかどうかについて検討すべきものである

　また、昭和27年の職業安定法施行規則第4条の改正時には、次のように解釈されています（昭和27年7月23日職発第502号の2）。
⑧ 「自ら提供使用する」とは自己の責任と負担において準備調弁して使用することを意味するのであって必ずしもその所有関係や購入経路などに特別の制限を付すべきではない。従ってたとえその機械、資材などが注文主

から借入れまたは購入されたものであっても、これが別個の双務契約の上に立つ正当なものと認められかつ法を免れるため故意に偽装したものと認められる根拠がない場合には差支えないと解すべきである

⑨　機械、資材などの提供度合については注文主より提供を受ける部分および請負事業主が提供する労働者数との比重などの問題があり、このような場合に特定の比率を設けて判断の基準とするなどの便宜措置は避けるべきであって当該請負作業など一般における通念に照らし、通常提供すべきものが作業の進捗状況に応じて随時提供使用されており、総合的に見て、単に名目的に極めて軽微な部分を提供するに止まるものでない限り特別に量的な限界を設けるべきではない。なお「簡単な工具」であるかどうかの判断も単に機械、器具それ自体の機動性や原動力の如何のみによって区別すべきものではなく、それぞれの産業または作業の特殊性や機械化の段階上即応する業界の一般通念を尊重して実情に即した判断を下すことが必要である

⑩　「企画」とは請負作業の遂行に必要な計画または段取りを行うことを意味するのであるがこれらの計画や段取りは、多種多様でその難易の程度も作業によって異なるので、とかく企画の内容程度が問題となる。しかしながらおよそ企画をなすには必ず一定の技術または経験を必要とし、このような技術または経験を有する者が、その技術経験を駆使して企画を行うのであるから企画性の有無を判定するに当っては概ねその企画を行う者の技術力または経験度を基準とし、なおその技術経験を必要とする程度の企画であるかどうかによって判断することが適当である。そしてその技術または経験の性格および程度は「専門的な技術」または「専門的な経験」と同様に解すべきである

⑪　請負事業主の有する専門的な経験として普通に予想されるものの中には、①事業経営者としての経験、②労務管理的経験、③作業施行技術上の経験、などがあり、これらの諸経験が有機的に総合発揮せられて作業が遂行せられる。そして「専門的な経験」は③の作業施行技術上の経験を指すのであって、①または②の経験を意味するものではない。しかしこのことは必ず③の経験が必要であることを要件とするのであって、単に①または②の経験のみに止るものではないとの趣旨であるから、たとえば労働者の統率力などの技能経験を特に排除するものではない。「専門的な技術」の性格についても同様の趣旨に解すべきである。また、企画についても、経営者としての企画、労務管理者としての企画が作業の施行面と直接の関連

がなく行われる場合には「企画」には該当しない

4　告示第37号は曖昧であるという指摘について

　告示第37号は曖昧であるという指摘がありますが、労働者派遣に該当するか否かは労働者派遣法第2条第1号に該当するか否かによって判断され、告示第37号は、この判断を行うに当たっての基準が示されているに過ぎません。

　類似の事例として、例えば、労働基準法の「労働者」は、同法第9条で定義されていますが、その判断基準は、労働基準法研究会報告「労働基準法の「労働者」の判断基準（昭和60年12月19日）」などで示されています。このように、基本的な概念については、法律で定義を置きつつも、何らかの判断基準を示さざるを得ないのです。

3．作業に関する指揮命令

ア　作業に関する指揮命令

> **問110**　メーカーA社からの依頼で技術サポート部門の準委任契約の依頼があり、A社からの直接の指揮命令に該当しないか懸念しています。例えばコールセンターのような場所で対エンドユーザーへのサポートは委任契約の範囲内であればエンドユーザーとの直接のやり取りをしても指揮命令・労務提供とはならないと思います。それが技術サポートのような形でA社の営業へのサポートで対営業と直接やり取りをするのは準委任契約の中でサポートの範囲に規定していればこれも指揮命令にはならないと考えてもいいでしょうか。それともこれも管理責任者を通じて依頼を受けるべきでしょうか。またその際、営業ごとに担当者を決め営業aの担当はサポート担当A、営業bの担当はサポートBという風に固定してやり取りをさせることも問題は無いでしょうか。

　答　ご質問頂いた内容だけでは、必ずしも明確なことは申し上げられませんが、

　一般論としていえば、例えば、A社の営業が技術的に困難な問題が発生した場合にその解決に向けた技術的な指導を行うようなコンサルタント的業務を貴社の労働者が行う場合には、準委任（委託）契約というのは成り立つと思われます。

一方、A社の営業が営業の過程で顧客との関係で技術的な処理を要する業務が発生した場合に、A社の営業の指示によって貴社の労働者がその業務を行うということであれば、これはA社の営業の指示による貴社の労働者に対する指揮命令に該当することになり、自社の労働者を他社の指揮命令によって労働に従事させることが労働者派遣ですので、労働者派遣に該当すると思われます。

したがって、このような場合に労働者派遣に該当しないようにするためには、A社の注文を貴社に対する注文とし、個々の貴社の労働者に対する指示にはしないようにする必要があります。

そのためには、貴社を代表する管理責任者がA社からの注文を受け、これを個々の貴社の労働者に対して指示を行うようにする必要があると考えられます。

このようなことからすれば、営業ごとに担当者を決め、それぞれの担当者がA社の各営業から指示を受けるような形態には問題があると考えます。

問111 請負において、品種の投入順の変更や作業手順の改訂などを直接労働者へ伝えることはできますか。

答 告示第37号には「労働者に対する業務の遂行方法に関する指示その他の管理を自ら（請負事業主が）行うこと」との規定があり、これについて、労働者派遣事業関係業務取扱要領は「当該要件の判断は、当該労働者に対する仕事の割り付け、順序、緩急の調整等につき当該事業主が自ら行うものであるか否かを総合的に勘案して行う」と記載しています。

このため、請負事業主の労働者の仕事の順序の決定などは請負事業主が行うべき事項であり、発注者が行うべきではありません。

したがって、発注者としては、請負事業主の管理者に必要な注文を行い、請負事業主の管理者が請負事業主の労働者に必要な指示を行うべきです。

イ　発注者名の掲示物・配布物の使用

問112 請負では、発注者名の入った掲示物や配布物をそのまま請負事業主が使用することはできないのでしょうか。

答　労働者派遣法第2条第1号は、「労働者派遣」について、「自己の雇用する（請負）労働者を、……他人（発注者）の指揮命令を受けて、当該他人のために労働に従事させること」である旨規定しています。

そして、告示第37号は、これに関連して、「労働者に対する業務の遂行方法に関する指示その他の管理を自ら（請負事業主が）行うこと」と規定しています。

したがって、請負に関して問題となるとすれば、発注者が請負労働者を指揮命令していて、請負事業主が請負労働者に対する業務の遂行方法に関する指示その他の管理を自ら行っていない場合です。

日本語の意味として考えてみましょう。

広辞苑によれば、「指揮」とは「指図すること」をいい、「命令」とは「言い付けること」をいいます。また、「指示」とは「指図すること」をいい、「管理」とは「とりしきること」をいいます。

請負事業主が発注者名の入った掲示物や配布物をそのまま使用することで、発注者が指図し、言い付けているかと言えば、そんなことにはなりませんし、請負事業主が指図しておらず、とりしきっていないかと言えば、そのようなことはないと考えられます。

大事なことは、発注者名の入った掲示物や配布物をそのまま使用するにしても、請負事業主が請負労働者に対して、必要な指図をし、とりしきることです。

問113　請負に当たっては、請負事業主が作業マニュアルを作らなければならないのでしょうか。また、発注者の作業マニュアルを使ってはいけないのでしょうか。

答　「請負に当たっては、請負事業主が作業マニュアルを作らなければならない」と言えるためには、請負事業主には「作業マニュアルを作成する」法的義務があるという前提がなければなりません。

例えば、労働安全衛生規則には、次のように作業規程を作成すべき旨の規定があります。

1　事業者は、産業用ロボットの可動範囲内において当該産業用ロボットについて教示などの作業を行うときは、当該産業用ロボットの不意の作動による危険または当該産業用ロボットの誤操作による危険を防止するため、

第2部　請負の管理

<u>次の措置を講じなければならない。</u>
　一　<u>次の事項について規程を定め、</u>これにより作業を行わせること（第150条の3）。
　2　事業者は、化学設備又はその附属設備を使用して作業を行うときは、これらの設備に関し、<u>次の事項について、爆発又は火災を防止するため必要な規程を定め、</u>これにより作業を行わせなければならない（第274条）。

労働安全衛生規則にそのような規定を定める必要があるということは、一般的にそのような規程を定める義務は事業主にはないということを意味します。

では、労働者派遣法や告示第37号に請負事業主には作業マニュアルを作成する義務がある旨定めた規定があるかと言えば、どこにもありません。

したがって、請負に当たって、請負事業主が作業マニュアルを作らなければならないということはありません。

ただし、効率的に作業を行うためには、作業マニュアルがある方が良いことは間違いありませんので、そのような観点から作業マニュアルを用意されていることは望ましいことです。

発注者の作業マニュアルの利用についてですが、労働者派遣法第2条第1号は、「労働者派遣」について、「自己の雇用する（請負）労働者を、……<u>他人（発注者）の指揮命令を受けて、</u>当該他人のために労働に従事させること」である旨規定し、告示第37号は、「労働者に対する業務の遂行方法に関する指示その他の管理を自ら（請負事業主が）行うこと」と規定しています。

したがって、請負に関して問題となるのは、発注者が請負労働者を指揮命令していて、請負事業主が請負労働者に対する業務の遂行方法に関する指示その他の管理を自ら行っていない場合です。

発注者の作業マニュアルを利用しただけで、発注者が請負労働者を指揮命令していると言えるでしょうか。あるいは、請負事業主が請負労働者に対する業務の遂行方法に関する指示その他の管理を自ら行っていないと言えるでしょうか。

作業マニュアルは、作業を行うための道具の1つで、それだけで作業できるという性格のものではありません。むしろ、その作業マニュアル通りに作業させるためには、労働者に対して的確な指示を行う必要があります。

このような指示を請負事業主が行っている以上、単に発注者の作業マニュアルを利用しただけで、発注者が請負労働者を指揮命令しているとも、請負

事業主が請負労働者に対する業務の遂行方法に関する指示その他の管理を自ら行っていないとも言えないと考えられます。

むしろ、発注者の作業マニュアルは、請負事業主に対して、このような作業方法で作業して欲しいという注文の中身だということではないかと考えられます。

そうでなければ、設計図なども使えなくなり、建設の請負など成り立たなくなります。

問114 請負事業主が作業マニュアルを作った場合に、発注者の認印を受けることは禁止されているのでしょうか。

答　労働者派遣法第2条第1号は、「労働者派遣」について、「自己の雇用する（請負）労働者を、……他人（発注者）の指揮命令を受けて、当該他人のために労働に従事させること」である旨規定し、告示第37号は、「労働者に対する業務の遂行方法に関する指示その他の管理を自ら（請負事業主が）行うこと」と規定しています。

したがって、請負に関して問題となるのは、発注者が請負労働者を指揮命令していて、請負事業主が請負労働者に対する業務の遂行方法に関する指示その他の管理を自ら行っていない場合です。

ところで、請負事業主が作業マニュアルを作った場合に発注者の認印を受けることは、請負労働者の作業に何か影響するでしょうか。請負事業主が作業マニュアルを作った場合に発注者の認印を受けるか否かは、請負事業主と発注者との取引上の関係に過ぎず、請負労働者の作業に何も影響はないと思われます。

つまり、ご指摘の事項は、労働者派遣法にも、告示第37号にも全く関係のない事項なのです。

ウ　職長の発注者主催の会議への出席

問115 現場管理者が不在の時に、作業に従事する職長が発注者主催の会議に出席することは、発注者の指揮命令に当たるのでしょうか。

答　労働者派遣法第2条第1号は、「労働者派遣」について、「自己の

雇用する（請負）労働者を、……他人（発注者）の指揮命令を受けて、当該他人のために労働に従事させること」である旨規定し、告示第37号は、「労働者に対する業務の遂行方法に関する指示その他の管理を自ら（請負事業主が）行うこと」と規定しています。

したがって、請負に関して問題となるのは、発注者が請負労働者を指揮命令していて、請負事業主が請負労働者に対する業務の遂行方法に関する指示その他の管理を自ら行っていない場合です。

ところで、職長が発注者主催の会議に出席する場合の会議の内容ですが、仮にその会議の内容が職長自身の作業に関することであれば、それは当該職長に対する業務の遂行方法に関する指示を発注者が行っていることになり、発注者が請負労働者を指揮命令していることになります。

これに対して、その会議の内容が請負事業主が請け負った作業全体に関することであれば、それは当該職長は請負事業主を代表して会議に出席したものであり、当該職長に対する業務の遂行方法に関する指示を発注者が行っているとも、発注者が請負労働者を指揮命令しているともいえません。

エ　混在

> 問116　現在、製造現場で請負化を推進しているのですが、あるラインの前工程から後工程まで全てを請負会社に委託を考えています。しかし、コアとなる段替え（金型交換等）など、品質や設備保護に関わる部分は技術指導では相当の時間がかかるため、自社にて対応したいと考えています。しかし、自社で段替えを行うことにより、業者の請負ラインに自社の社員が入り、混在になってしまいます。このような形で、請負を適正に行うための方策はありませんか。段替えの時だけ一時的に混在状態となりますが、設備を一緒に使うことはありません。1つの方法として、請負会社との間でメンテナンス契約のように、段替え作業についての委託契約を結んではどうかと考えています。考え方をお伺いできればと思います。

答　混在になること自体が告示第37号に抵触する訳ではありません。
告示第37号に関する疑義応答集（第1集）Q5．発注者の労働者と請負労働者の混在においても、

「適正な請負と判断されるためには、請負事業主が、自己の労働者に対する業務の遂行に関する指示その他の管理を自ら行っていること、請け負った業務を自己の業務として契約の相手方から独立して処理することなどが必要です。上記の要件が満たされているのであれば、パーテーション等の区分がないだけでなく、発注者の労働者と請負労働者が混在していたとしても、それだけをもって偽装請負と判断されるものではありません」と述べています。

しかしながら、労働局の職員がかならずしもそのことを熟知している訳ではありませんので、そのことについて十分説明する必要があると考えます。

その上で、請負化を推進するに当たって、前工程から後工程までに至る機械設備については、請負事業主に賃貸借で貸与されていることと思いますが、

これに関連して労働者派遣事業関係業務取扱要領においては「〔製造業務の場合〕注文主の所有する機械、設備等の使用については、請負契約とは別個の双務契約を締結しており、保守及び修理を受託者が行うか、ないしは保守及び修理に要する経費を受託者が負担していること」との記載があります。

この記載の内容も必ずしも告示第37号に規定されている訳ではありませんが、労働者派遣事業関係業務取扱要領に記載があるためにそのような指導が行われる可能性があります。

段替え（金型交換等）などについては、保守修理とは性格が異なるとは思いますが、念のためにご指摘のように委託契約を結んで、請負事業主が費用負担を行う方が無難であると考えます。

労働局の職員によっては、さらに請負事業主の業務が注文主から独立していないといった類いのことを言ってくる可能性がないとは言えませんが、そういうことを言ってきたときには、告示第37号の規定に基づいてキチンと説明を行うしかないと考えます。

問117 告示37号の派遣と請負の区分基準についてお伺いします。当社は樹脂加工を中心とした部品メーカーです。生産は基本的に自社の社員で対応しておりましたが、ここ数年受注が増え、自社だけでは対応できず、外部の人材を派遣で使用しています。しかし、派遣の抵触日を6月後に迎えようとしていますが、現在の受注状況からは引き続き外部人材に頼らざるを得ない状況です。直接雇用も検討しましたが、コストや雇用管理、企業リスクを考えると非常に厳しく、派遣会社と相談し、生産ラインの一部を請負化することにしました。現在請負化に向け、発注

者ガイドラインを参考に取組んでいます。そこで、請負の区分という点で、当社の生産ラインの一部ではありますが、設備が大きく、床面にラインテープで区分けする方法をとっています。看板や掲示板で請負ラインの明示をする必要はあるのでしょうか。ご見解をお願いいたします。

答　1　発注者ガイドラインについて

　発注者ガイドラインに関して、最も留意しなければならないのは、発注者ガイドラインを満たしているか否かは、法令の遵守の部分を除き、適法な（労働者派遣事業に該当しない）請負であるか否かとはまったく関係なく、適法な（労働者派遣事業に該当しない）請負であるためには、告示第37号を満たさなければならないことです。

　製造業務の請負については、依然としていわゆる偽装請負の問題が指摘されており、これに関連しては、告示第37号の要件を満たすことは困難であるとの意見もあるため、告示第37号を満たしていなくても、発注者ガイドラインを満たしていれば、適法な（労働者派遣事業に該当しない）発注者であると評価されるという誤解があるようです。

　しかしながら、発注者ガイドラインの考え方の中でも、「このガイドラインは、遵守すべき法令の範囲に変更を生じさせるものではなく、各種関係法令を遵守しなければならないことは当然の前提である」とされており、仮に法令遵守の部分を除く発注者ガイドラインを満たしていても、告示第37号を満たしていなければ、適法な（労働者派遣事業に該当しない）請負であると評価されることはなく、労働局の是正指導の対象となることを十分認識しておかなければなりません。

2　作業場の区分けの明示について

　作業場の区分けの明示に関しては、告示第37号に関する疑義応答集（第1集）のＱ5に「発注者の労働者と請負労働者の混在」という項目があり、

　「発注者の作業スペースの一部に請負事業主の作業スペースがあるときに、発注者と請負事業主の作業スペースを明確にパーテーション等で区分しないと偽装請負となりますか。また、発注者の労働者と請負労働者が混在していると、偽装請負となりますか。」という問に対して、

　「適正な請負と判断されるためには、請負事業主が、自己の労働者に対する業務の遂行に関する指示その他の管理を自ら行っていること、請け負った業務を自己の業務として契約の相手方から独立して処理することなどが必要

です。
　これらの要件が満たされているのであれば、仮に両事業主の作業スペースがパーテーション等により物理的に区分されていることがなくても、それだけをもって偽装請負と判断されるものではありません。
　また、同様に、上記の要件が満たされているのであれば、パーテーション等の区分がないだけでなく、発注者の労働者と請負労働者が混在していたとしても、それだけをもって偽装請負と判断されるものではありません。
　ただし、例えば、発注者と請負事業主の作業内容に連続性がある場合であって、それぞれの作業スペースが物理的に区分されてないことや、それぞれの労働者が混在していることが原因で、発注者が請負労働者に対し、業務の遂行方法に必然的に直接指示を行ってしまう場合は、偽装請負と判断されることになります。」と回答しています。
　告示第37号に関する疑義応答集（第１集）については、告示第37号に適合していないものが含まれているため、全てを信用する訳にはいきませんが、Ｑ５の回答については、偽装請負という表現（正確には労働者派遣事業）を除けば、告示第37号に適合しています。
　この回答によれば、作業スペースがパーテーションなどにより物理的に区分されていることがなくても、それだけをもって偽装請負（正確には労働者派遣事業）と判断されることはありませんから、床面にラインテープで区分けしていて、かつ、貴社の労働者が請負労働者に対し、業務の遂行方法に必然的に直接指示を行うことがなければ、偽装請負（正確には労働者派遣事業）には該当しません。
　ただし、告示第37号に関する疑義応答集（第１集）が出された後でも、作業場がパーテーションで区切られていた請負事業所に対して、是正指導書を出した労働局の指導官がいたことも事実です。
　要は、告示第37号に関する疑義応答集（第１集）が徹底しておらず、勉強していない指導官がいたために起こったことですが、現在においてもこのような労働局の指導官がいないとは限りません。
　もし、作業場の区分けに関して是正指導書を出すような指導官がいた場合には、仕方がありませんので、告示第37号に関する疑義応答集（第１集）のＱ５について説明を行い、理解してもらうしかありません。

オ　朝礼

問118　請負において、朝礼や終礼を社員と協力会社合同で行うことはできますか。

答　発注者と協力会社である請負事業主が朝礼や終礼を合同で行い、個々の請負事業主の労働者に対する具体的な指示・指揮命令にならないように注意し、事業所の施設などに関する一般的な注意や安全衛生に関する事項を伝えることは、告示第37号には何も記載がありませんから、可能であると考えられます。

カ　改善活動

問119　協力会社と合同で改善活動を実施することはできますか。

答　発注者と協力会社である請負事業主が合同で、個々の請負事業主の労働者に対する具体的な指示・指揮命令にならないように注意し、品質や業務の改善のための活動を行うことは、告示第37号には何も記載がありませんから、可能であると考えられます。

キ　コンピュータ制御

問120　部品組立の中間工程を請負していますが、その請負工程で、温度、湿度などをPCでコントロールしています。その情報を発注者の大型情報システムへ入力し、全体の生産管理をコントロールしています。情報システムが発注者の大型コンピューターに委ねられることになりますが、業務の独立性で問題はありませんか。

答　請負により行われる事業が労働者派遣事業に該当しないための基準は告示第37号に示されており、そのほかには一切基準がありません。
　告示第37号第2条柱書は、「業務の処理に関し同条各号のいずれにも該当する場合を除き、労働者派遣事業を行う事業主とする」旨規定していますので、逆に言えば、同条各号のいずれにも該当する場合には、第3条に該当す

る特別な場合を除き、労働者派遣事業を行うことにはなりません。

　告示第37号第２条各号に規定されているのは、次の項目です。
① 労働者に対する業務の遂行方法に関する指示・管理を請負事業主が行うこと
② 労働者の業務の遂行に関する評価などに関する指示・管理を請負事業主が行うこと
③ 労働者の始業・終業の時刻、休憩時間、休日、休暇などに関する指示・管理を請負事業主が行うこと
④ 労働者の時間外・休日労働に関する指示・管理を請負事業主が行うこと
⑤ 労働者の服務上の規律に関する事項についての指示・管理を請負事業主が行うこと
⑥ 労働者の配置などの決定・変更を請負事業主が行うこと
⑦ 業務の処理に要する資金を、すべて請負事業主の責任で調達し、支弁すること
⑧ 業務の処理について、法律に規定された事業主としてのすべての責任を請負事業主が負うこと
⑨ 業務の処理に必要な機械、設備、器材（業務上必要な簡易な工具を除く）または材料、資材を請負事業主が提供するか、あるいは請負事業主が行う企画または請負事業主の有する専門的な技術もしくは専門的な経験により、業務を処理すること、のいずれかを満たすこと

　したがって、請負事業主の業務の処理が上記①から⑨までのすべての項目を満たしていれば、労働者派遣事業（いわゆる偽装請負）には該当しません。

　ご質問では、部品組立の工程における温度、湿度などを発注者の大型情報システム（大型コンピューター）でコントロールしているとのことですが、「製造工程における温度、湿度など」は、一般に作業環境に該当します。

　上記①から⑥の項目は、いずれも作業方法に関することで、作業環境に関するものではありません。したがって、告示第37号では、作業環境に関する基準はどこにもありませんから、作業環境がどのような状況にあろうと、告示第37号に抵触する、したがって、労働者派遣事業（いわゆる偽装請負）に該当することはありません。

　ちなみに、労働衛生管理においては、健康管理、作業管理および作業環境管理を３管理と呼び、最も基本的な管理の項目となっています。このことからも明らかな通り、作業管理と作業環境管理とは別の管理の手法です。

以上のことから明らかなように、温度、湿度などを発注者の大型情報システム（大型コンピューター）でコントロールしていることが、告示第37号に抵触するということはありません。

> **問121** コンピュータシステムによって工場全体の生産が管理されており、その工場の一部を請負事業主が請け負っている工程もそのシステムにより生産状況などが管理されている場合には、請負は成り立たないのでしょうか。

答　労働者派遣法第2条第1号は「労働者派遣」について、「自己の雇用する（請負）労働者を、……他人（発注者）の指揮命令を受けて、当該他人のために労働に従事させること」である旨規定し、告示第37号第2条柱書は、「業務の処理に関し同条各号のいずれにも該当する場合を除き、労働者派遣事業を行う事業主とする」旨規定した上で、次の項目を満たすことを求めています。

① 労働者に対する業務の遂行方法に関する指示・管理を請負事業主が行うこと
② 労働者の業務の遂行に関する評価などに関する指示・管理を請負事業主が行うこと
③ 労働者の始業・終業の時刻、休憩時間、休日、休暇などに関する指示・管理を請負事業主が行うこと
④ 労働者の時間外・休日労働に関する指示・管理を請負事業主が行うこと
⑤ 労働者の服務上の規律に関する事項についての指示・管理を請負事業主が行うこと
⑥ 労働者の配置などの決定・変更を請負事業主が行うこと
⑦ 業務の処理に要する資金を、すべて請負事業主の責任で調達し、支弁すること
⑧ 業務の処理について、法律に規定された事業主としてのすべての責任を請負事業主が負うこと
⑨ 業務の処理に必要な機械、設備、器材（業務上必要な簡易な工具を除く）または材料、資材を請負事業主が提供するか、あるいは請負事業主が行う企画または請負事業主の有する専門的な技術もしくは専門的な経験により、業務を処理すること、のいずれかを満たすこと

コンピュータシステムによって工場全体の生産が管理されているからといって、上記の①から⑨のいずれかを満たさないということにはならないと考えられます。

したがって、コンピュータシステムによって工場全体の生産が管理されていたとしても、上記の①から⑨のいずれも満たしていれば、労働者派遣事業には該当しませんから、請負が成り立たないということは考えられません。

問122 コンピュータシステムが生産の指示を出している場合には、機械のオペレータ業務を請け負うことは自己の裁量で業務を行っていないため、請負は成り立たないのでしょうか。

答　「裁量」に関して、告示第37号に関する疑義応答集（第2集）問14に「契約上の業務内容に請負事業主の裁量の余地がない場合は、……労働者派遣事業と判断される」旨の記載があります。

ところで、「裁量」という言葉を広辞苑で引くと、「自分の意見によって裁断し処置すること」とあります。

一方、労働者派遣法第2条第1号は「労働者派遣」について、「自己の雇用する（請負）労働者を、……他人（発注者）の指揮命令を受けて、当該他人のために労働に従事させること」である旨規定しています。同じく広辞苑で引くと、「指揮」および「命令」とは、それぞれ「指図すること」「言い付けること」とあります。

このため、「裁量」がないことが「指揮命令」に該当するためには、一方の当事者が「自分の意見によって裁断し処置しないこと」が他方の当事者が「指図し、言い付けること」に合致しなければなりませんが、日本語として到底そのように言うことはできないのではないでしょうか。

コンピュータシステムによる生産の指示に関しては、コンピュータシステムによる生産の指示が行われているからといって、告示第37号に定める次のいずれかの要件を満たさないということにはなりません。

① 労働者に対する業務の遂行方法に関する指示・管理を請負事業主が行うこと
② 労働者の業務の遂行に関する評価などに関する指示・管理を請負事業主が行うこと
③ 労働者の始業・終業の時刻、休憩時間、休日、休暇などに関する指示・

管理を請負事業主が行うこと
④ 労働者の時間外・休日労働に関する指示・管理を請負事業主が行うこと
⑤ 労働者の服務上の規律に関する事項についての指示・管理を請負事業主が行うこと
⑥ 労働者の配置などの決定・変更を請負事業主が行うこと
⑦ 業務の処理に要する資金を、すべて請負事業主の責任で調達し、支弁すること
⑧ 業務の処理について、法律に規定された事業主としてのすべての責任を請負事業主が負うこと
⑨ 業務の処理に必要な機械、設備、器材（業務上必要な簡易な工具を除く）または材料、資材を請負事業主が提供するか、あるいは請負事業主が行う企画または請負事業主の有する専門的な技術もしくは専門的な経験により、業務を処理すること、のいずれかを満たすこと

したがって、コンピュータシステムによって生産の指示が行われていたとしても、①から⑨のいずれも満たしていれば、労働者派遣事業には該当しませんから、請負が成り立たないということは考えられません。

ク　物の流れのコントロール

問123 物の流れが請負事業主によってコントロール出来る状況でない場合には、請負は成り立たないのでしょうか。

答　労働者派遣法第2条第1号は「労働者派遣」について、「自己の雇用する（請負）労働者を、……他人（発注者）の指揮命令を受けて、当該他人のために労働に従事させること」である旨規定しています。

つまり、労働者派遣事業に該当するか否かは、労働者というヒトが発注者の指揮命令を受けているか否かで判断しますので、物の流れなどモノがどう取り扱われるかは直接の関係はありません。

したがって、物の流れが請負事業主によってコントロール出来る状況でないとしても、告示第37号に定める次の要件のいずれも満たしていれば、労働者派遣事業には該当しませんから、請負が成り立たないということは考えられません。
① 労働者に対する業務の遂行方法に関する指示・管理を請負事業主が行う

こと
② 労働者の業務の遂行に関する評価などに関する指示・管理を請負事業主が行うこと
③ 労働者の始業・終業の時刻、休憩時間、休日、休暇などに関する指示・管理を請負事業主が行うこと
④ 労働者の時間外・休日労働に関する指示・管理を請負事業主が行うこと
⑤ 労働者の服務上の規律に関する事項についての指示・管理を請負事業主が行うこと
⑥ 労働者の配置などの決定・変更を請負事業主が行うこと
⑦ 業務の処理に要する資金を、すべて請負事業主の責任で調達し、支弁すること
⑧ 業務の処理について、法律に規定された事業主としてのすべての責任を請負事業主が負うこと
⑨ 業務の処理に必要な機械、設備、器材（業務上必要な簡易な工具を除く）または材料、資材を請負事業主が提供するか、あるいは請負事業主が行う企画または請負事業主の有する専門的な技術もしくは専門的な経験により、業務を処理すること、のいずれかを満たすこと

ケ　ISOの監査と研修

問124　発注者がISO14000に適合しているかどうかについて、請負事業主の請負工程を内部審査する事は、請負事業主への指揮命令に当たり告示37号に抵触するとの指摘がありますが、問題がないか教えてください。

答　**1　告示第37号の法的意味**

告示第37号は、労働者派遣法の適正な運用を確保するためには労働者派遣事業に該当するか否かの判断を的確に行う必要があるために、労働者派遣事業と請負事業との区分を明らかにすることを目的としています。

労働者派遣事業とは、労働者派遣法第2条第1号および第3号から明らかなように、「自己（派遣元）の雇用する労働者（派遣労働者）を、当該雇用関係の下に、かつ、他人（派遣先）の指揮命令を受けて、当該他人（派遣先）のために労働に従事させることをいい、当該他人（派遣先）に対し当該労働

者(派遣労働者)を当該他人(派遣先)に雇用させることを約してするものを含まないものを業として行うこと」を言います。

つまり、ご質問のケースに照らしていえば、告示第37号は、請負事業主の雇用する労働者を、請負事業主との雇用関係を維持しながら、かつ、発注者の指揮命令を受けて、発注者のために労働に従事させるものであるか否かを判定するための基準です。

2　発注者が請負事業主を内部審査することと告示第37号との関係

発注者が請負事業主を内部審査することは、発注者と請負事業主との企業間の取引関係に関することですので、労働者派遣法とか告示第37号とは全く関係のないことです。

労働者派遣法とか告示第37号とかが登場する場面として想定されるのは、発注者が請負事業主を内部審査する過程で、発注者が請負事業主の労働者に対して、指揮命令を行い、発注者のために労働に従事させると評価される可能性のある場面です。

したがって、発注者が請負事業主を内部審査した結果に基づく指摘事項、改善を求むべき事項について、発注者が請負事業主の責任者、管理者などに対して指摘し、改善を求めて、これに基づき、請負事業主の責任者、管理者などが請負事業主の作業に従事する労働者に対して必要な指示を行えば、何も問題はありません。

もし、ISO14000の規格上その場で指示を行わなければならないとすれば、発注者が請負事業主を内部審査する間、請負事業主の責任者、管理者などを立ち会わせ、その者に対して対応を求めるということであれば、何も問題はありません。

問125　発注者の主催するISO14000説明会に請負事業主の労働者が参加することに問題がないか教えてください。

答　1　発注者ガイドライン

発注者ガイドラインは「発注者は、教育訓練に係る施設やプログラムについて、利用料を適切に設定する等して請負労働者の利用を可能とすること」と記載しています。

「発注者の主催するISO14000説明会」というのは、説明会という名称にはなっていますが、ISO14000に関する知識を深めるための教育訓練プログラ

ムではないでしょうか。

　もしご心配の向きがあれば研修会として、教育訓練プログラムであることをより明確にしてはいかがでしょうか。その上で、請負事業主の労働者が利用できるようにすれば、利用料の問題を別として、発注者ガイドラインが求めている発注者が講ずべき措置に適合すると考えられます。

　なお、発注者ガイドラインには利用料を適切に設定するとありますが、これは発注者が無償でサービスを行う義務はないことがベースにあると考えられますので、発注者が無償で良いというのであれば、問題はないと考えます。

2　請負事業主の労働者の参加の強制

　請負事業主の労働者の参加については、発注者側で直接強制することはできませんが、請負事業主はその労働者に業務命令として参加を強制することは可能です。

　また、請負契約の中で、請負事業主はその労働者（あるいは一定の業務に従事する労働者）に必ずISO14000に関する研修を受講させておくことと規定することは、個々の労働者に対する指示ではありませんので、可能です。

　その上で、発注者の主催するISO14000研修会については、請負事業主の労働者も参加できるようにし、請負事業主がその労働者に業務命令として研修会に参加するよう命じるのであれば、問題がないと考えます。

3　参考

　建設工事では、通常朝礼を毎日開いていて、その工事に参加する請負事業主の労働者が監督者立会いのもと全員が参加し、その日の段取りや安全などの確認をしていますが、何も問題になっていません。

　告示第37号は、製造業にも建設業にも同様に適用されるのですから、同じような性格のものであれば、全く問題はありません。

4．技術指導

問126　製品のモデルチェンジなど大幅に作業が変更になった場合に請負事業主の労働者に教育を行うことができますか。

答　告示第37号は「労働者に対する業務の遂行方法に関する指示その他の管理を自ら（請負事業主が）行うこと」と規定し、その中には技術的な

指導も含まれますので、請負事業主の労働者に対する技術的な指導は請負事業主が行うべきです。

ただし、告示第37号に関する疑義応答集（第1集）には「新製品の製造着手時において、発注者が、請負事業主に対して、請負契約の内容である仕様等について補足的な説明を行う際に、請負事業主の監督の下で労働者に当該説明（資料などを用いて行う説明のみでは十分な仕様等の理解が困難な場合に特に必要となる実習を含みます。）を受けさせる場合」には発注者が請負事業主の労働者に対して技術指導等を行っても差し支えない旨の記載がありますので、ご指摘のような教育は可能であると考えます。

問127 新規ラインにおいて、発注者が請負事業主へ技術指導が出来る期間は、どれくらいが許容されますか。

答 請負労働者に対する技術指導は請負事業主が行わなければなりませんが、告示第37号に関する疑義応答集（第1集）においては、発注者が請負労働者に対して直接行う実習を含む説明のうち、次に該当するものについては問題ないとしています。

① 請負事業主が、発注者から新たな設備を借り受けた後初めて使用する場合、借り受けている設備に発注者による改修が加えられた後初めて使用する場合などにおいて、請負事業主による業務処理の開始に先立って、当該設備の貸主としての立場にある発注者が、借り手としての立場にある請負事業主に対して、当該設備の操作方法などについて説明を行う際に、請負事業主の監督の下で労働者に当該説明（操作方法などの理解に特に必要となる実習を含む）を受けさせる場合

② 新製品の製造着手時において、発注者が、請負事業主に対して、請負契約の内容である仕様などについて補足的な説明を行う際に、請負事業主の監督の下で労働者に当該説明（資料などを用いて行う説明のみでは十分な仕様などの理解が困難な場合に特に必要となる実習を含む）を受けさせる場合

その期間については、①または②の趣旨に照らして、合理的な期間で、一般的に請負事業主が当該設備の操作を習得し、あるいは当該仕様などに基づく製造ができるまでの期間です。

したがって、借り手として設備の操作方法などについて説明を受けて、操

作できるようになるまでにどれくらいの期間を要するのかについては、発注者がその設備を購入した設備メーカーから設備の操作に関してどの程度の期間技術指導を受けたのか、仕様などについて補足的な説明を受けて、新製品を製造するまでにどれくらいの期間を要するのかについては、発注者の設計部門から製造部門に対してその製造に関してどの程度の期間技術指導を受けたのか、などを参考として、設備や製品の種類などに応じて判断する必要があります。

この期間は、作業に従事する労働者が習熟するまでの期間ということではありません。したがって、例えば、労働者が習熟するまで3年を要するからといって、2年というような長期の期間とするのは到底合理性はありません。

5．請負労働者の能力評価

問128 労働者派遣契約では勤務実績を提出してもらっていましたが、請負においても継続することはできますか。

答 告示第37号第2条第1号イ(1)は「労働者の業務の遂行に関する評価等に係る指示その他の管理を自ら（請負事業主が）行うこと」と規定しています。

このため、請負事業主の労働者の勤務実績の管理は請負事業主が行うべき事項ですので、発注者が関与することは適当とはいえません。

問129 発注者は、請負の管理者に話して請負労働者個人の能力について指摘することはできますか。

答 告示第37号第2条第1号イ(1)は「労働者の業務の遂行に関する評価等に係る指示その他の管理を自ら（請負事業主が）行うこと」と規定しています。

このため、請負事業主の労働者の能力評価については、請負事業主が行うべき事項であり、発注者が関与することは適当ではありません。

ただし、労働者派遣事業関係業務取扱要領には「医療事務受託業務の場合について、受託者は、……病院等の担当者からの聴取……を活用し、受託業

務従事者の業務の遂行についての評価を自ら行っていること」旨の記載がありますので、発注者が請負事業主の管理者が請負事業主の労働者の能力評価を行うに当たって参考となる情報を提供することは差し支えないと考えられます。

問130　発注者に能力評価の資料などを提出することは告示第37号に抵触するのでしょうか。

答　告示第37号第2条第1号イ(1)は「労働者の業務の遂行に関する評価等に係る指示その他の管理を自ら（請負事業主が）行うこと」と規定していますので、請負事業主の労働者の能力評価については、請負事業主が行うべき事項であり、発注者が関与することは適当ではありませんが、労働者派遣事業関係業務取扱要領には「医療事務受託業務の場合について、受託者は、……病院等の担当者からの聴取……を活用し、受託業務従事者の業務の遂行についての評価を自ら行っていること」旨の記載がありますので、発注者が請負事業主の管理者が請負事業主の労働者の能力評価を行うに当たって参考となる情報を提供することは差し支えないと考えられます。

このため、発注者から請負事業主の労働者の能力評価を行うに当たって参考となる情報の提供を受けるために、請負事業主が発注者に請負事業主の労働者の能力評価の資料などを提出することは差し支えないと考えられます。

問131　発注者から直接請負事業主の個々の労働者の能力不足などの指摘を受けることは告示第37号に抵触するのでしょうか。

答　告示第37号第2条第1号イ(1)は「労働者の業務の遂行に関する評価等に係る指示その他の管理を自ら（請負事業主が）行うこと」と規定していますので、請負事業主の労働者の能力評価については、請負事業主が行うべき事項であり、発注者が関与することは適当ではありませんが、労働者派遣事業関係業務取扱要領には「医療事務受託業務の場合について、受託者は、……病院等の担当者からの聴取……を活用し、受託業務従事者の業務の遂行についての評価を自ら行っていること」旨の記載がありますので、発注者が請負事業主の管理者が請負事業主の労働者の能力評価を行うに当たって参考となる情報を提供することは差し支えないと考えられます。

このため、発注者から請負事業主の労働者の能力評価を行うに当たって参考となる情報の提供を受けるために、請負事業主が発注者から直接請負事業主の個々の労働者の能力不足などの指摘を受けることは差し支えないと考えられます。

6. 請負労働者の労働時間管理

問132 残業・休日出勤を請負事業主の「リーダー」に連絡してやってもうらことはできますか。

答 告示第37号第2条第1号ロ(2)は「労働者の労働時間を延長する場合又は労働者を休日に労働させる場合における指示その他の管理（これらの場合における労働時間等の単なる把握を除く）を自ら（請負事業主が）行うこと」と規定しています。

このため、請負事業主の労働者の残業・休日出勤の指示については、請負事業主が行うべき事項であり、発注者は行うべきではありません。

発注者としては、発注する仕事量を請負事業主の管理者に注文し、請負事業主の管理者の判断で、請負事業主の労働者に残業や休日出勤の指示を行うようにすべきです。

問133 カンバン方式は、請負とは認められないのでしょうか。

答 いわゆるカンバン方式が「生産現場で連続する工程間において、前工程は生産指示標であるカンバンを発注書として受け取り、製品を加工し、加工後、加工品は納品書であるカンバンとともに後工程に渡す、後工程は受け取った加工品を使ったら、そのカンバンを前工程に戻し、カンバンが戻ってきた前工程は再び次の加工をする」というのであれば、カンバン方式というのは、発注者による請負事業主に対する業務の遂行方法に関する指示の仕方の1つの方法であるということができます。

告示第37号第2条第1号イ(1)には「業務の遂行方法に関する指示その他の管理を自ら行うこと」という規定がありますが、その対象となる業務は、当該規定を読めば分かる通り、「<u>労働者</u>に対する」もので、「<u>請負事業主</u>に対す

る」ものではありません。

　つまり、発注者による請負事業主に対する業務の遂行方法に関する指示の仕方について、告示第37号は何も触れていないのです。これは、発注者による請負事業主に対する業務の遂行方法に関する指示の仕方が労働の問題ではなく、経営の問題である以上当然のことです。

　ところが、このような誤解は決して珍しいことではなく、例えば、告示第37号に関する疑義応答集（第1集）には次のような記載があります。
1　工場の中間ラインの一つを請け負っている場合で、一定期間において処理すべき業務の内容や量が予め決まっておらず、他の中間ラインの影響によって、**請負事業主が作業する中間ラインの作業開始時間と終了時間**が実質的に定まってしまう場合など、請負事業主が自ら業務の遂行に関する指示その他の管理を行っているとはみなせないときは、偽装請負と判断されることになります（6．中間ラインで作業をする場合の取扱い）。
2　発注者が作業の内容、順序、方法等に関して文書等で詳細に示し、そのとおりに**請負事業主が作業**を行っている場合も、発注者による指示その他の管理を行わせていると判断され、偽装請負と判断されることになります（7．作業工程の指示）。

　これらは明らかな間違いであるとしか言いようがありません。

7．就業規則

問134　請負事業主が発注者の就業規則をそのまま使用することはできないのでしょうか。

答　告示第37号第2条第1号ハ(1)は「労働者の服務上の規律に関する事項についての指示その他の管理を自ら行うこと」と規定していますので、労働者の服務上の規律に関する事項について定めた就業規則については、請負事業主の労働者に対しては請負事業主の就業規則が適用されなければなりません。

　しかし、そのことと請負事業主が発注者の就業規則をそのまま使用することとは別の問題であり、請負事業主が便宜的に発注者の就業規則をそのまま使用することが禁止されている訳ではありません。

そのことは、モデル就業規則が広く市販されており、また、厚生労働省も特に小規模な事業所向けにモデル就業規則普及事業のようなものを行っていることからも明らかです。

8．作業着

問135 製造業務の構内請負事業を行っていますが、発注者側から、外部の関係者との関係があるので、請負業務に従事する当社の労働者についても発注者の作業着を着用するよう要請が来ています。これについては、どのように対応すべきなのでしょうか。

答　貴社の行っている請負事業が労働者派遣事業に該当せずに適法な請負事業であるためには、告示第37号の要件を満たさなければなりませんが、作業着の着用については、特に告示第37号第2条第1号ハ(1)の「労働者の服務上の規律に関する事項についての指示その他の管理を請負事業者が自ら行うこと」の要件を満たすのかが問題となります。

　これに関しては、告示第37号に関する疑義応答集（第1集）Q9には、次のような記載があります。

　「請負労働者に対して発注者が直接作業服の指示を行ったり……することは、請負事業主が自己の労働者の服務上の規律に関する指示その他の管理を自ら行っていないこととなり、偽装請負と判断されることになる」とした上で、「ただし、例えば、製品の製造に関する制約のため、事業所内への部外者の侵入を防止し企業機密を守るため、労働者の安全衛生のためなどの特段の合理的な理由により、特定の作業服の着用について、双方合意の上、予め請負契約で定めていることのみをもって、偽装請負と判断されるものではありません」。

　したがって、上記のような特段の合理的な理由があると認められ、発注者とそのことについて合意が得られる場合には、貴社の労働者に発注者の作業着を着用させることは可能であると考えられます。

問136 当社の工場はモデル工場で外部からのお客様の見学工場でもあるため、外部人材（請負社員）の方にも当社と同じ作業服を着ていた

だいています。区分けの方法としては、請負会社の社員には名札に会社名と氏名をいれてもらっています。この場合、特殊な事情と判断してもらえるでしょうか。ご見解をお願いいたします。

答　作業着の着用については、告示第37号第2条第1号ハ(1)の「労働者の服務上の規律に関する事項についての指示その他の管理を請負事業者が自ら行うこと」の要件を満たすのかが問題となりますが、告示第37号に関する疑義応答集（第1集）Q9には、次のような記載があります。

「請負労働者に対して発注者が直接作業服の指示を行ったり、請負事業主を通じた関与を行ったりすることは、請負事業主が自己の労働者の服務上の規律に関する指示その他の管理を自ら行っていないこととなり、偽装請負と判断されることになります。ただし、例えば、製品の製造に関する制約のため、事業所内への部外者の侵入を防止し企業機密を守るため、労働者の安全衛生のため等の特段の合理的な理由により、特定の作業服の着用について、双方合意の上、予め請負契約で定めていることのみをもって、偽装請負と判断されるものではありません。」

告示第37号に関する疑義応答集（第1集）Q9については、偽装請負という表現（正確には労働者派遣事業）と「請負労働者に対して発注者が……請負事業主を通じた関与を行ったりすることは、請負事業主が自己の労働者の服務上の規律に関する指示その他の管理を自ら行っていないこととなり、偽装請負と判断されることになります」という記載（告示第37号は発注者が関与を行う場合についてまで定めていない）を除けば、告示第37号に適合しています。

「モデル工場で外部からのお客様の見学工場でもある」ことが告示第37号に関する疑義応答集（第1集）Q9の回答に言う「特段の合理的な理由」に該当するかについては明確にお答えすることはできませんが、貴社として「特段の合理的な理由」に該当すると判断されるのであれば、請負会社と合意の上、予め請負契約で定めておくことが適当であると考えます。

9．請負労働者の安全衛生管理

問137　請負事業主と請負契約を結ぶとき、安全衛生管理に関して、

どのような点に注意すればよいのでしょうか。

答　請負事業主に関する次の①から⑩の状況を確認し、その事業主が安全衛生管理を適切に行うことができる能力を十分に有していることを確認した上で、請負契約を締結することをお勧めします。
① 安全衛生管理体制整備状況（規模に応じ労働安全衛生法で定められた管理者の選任など、安全衛生委員会などの設置状況など）
② 安全衛生教育実施状況（事業者として自らの労働者の教育責任を自覚や実施状況など）
③ 労災保険加入状況（加入していない会社は起用しない）および事業主などの労災特別加入状況
④ 就業規則の整備状況（労働基準法で定める就業規則作成が必要な事業主の場合）
⑤ 時間外労働・休日労働に関する協定（36協定）の締結状況
⑥ 労働者名簿の整備状況（正社員、期間契約社員、臨時工、パートタイマー等の区分と期間）
⑦ 賃金台帳の整備状況（労働基準法で定めるもの）
⑧ 健康診断の実施状況
⑨ 従業員に必要な資格免許の保有状況
⑩ その他OSHMS（労働安全衛生マネジメントシステム）、リスクアセスメントや危険予知などの活動状況

　ただし、⑨従業員に必要な資格免許の保有状況については、個人情報になる可能性があるので、請負事業主から取得するに当たっては、請負事業主が本人の同意を得て提供するよう依頼するなど取扱には注意が必要です。

　元方事業者は、労働安全衛生法第29条により、①請負事業主や請負労働者が発注した仕事に関し労働安全衛生法令に違反しないよう必要な指導を行わなければならない、②請負事業主や請負労働者が発注した仕事に関し労働安全衛生法令に違反していると認めるときは是正のため必要な指示を行わなければならない、③指示を受けた請負事業主や請負労働者はその指示に従わなければならない旨規定していますので、例えば、元方事業者が請負労働者について必要な資格免許を持っていることを確認しなかったために、労働基準監督署が元方事業者に対して是正勧告を行っている例が、少なくはありません。

第2部　請負の管理

したがって、元方事業者としては、安全衛生管理を適切に行うことができる能力を十分に有する請負事業主に限って発注するとともに、安全衛生管理が適切に行われるよう「製造業の元方事業者の講ずべき措置に関する指針」に基づいて適切な措置を講じ、労働安全衛生法令違反などがないようにすることが重要です。

問138　請負において、服装の乱れている人に対して注意することはできますか。安全に関するルールなどを請負事業主の労働者に説明することはできますか。

答　労働安全衛生法第29条は、元方事業者は、①請負事業主の労働者が、発注した仕事に関し労働安全衛生法令に違反しないよう必要な指導を行わなければならない、②請負事業主の労働者が当該発注した仕事に関し労働安全衛生法令に違反していると認めるときは是正のため必要な指示を行わなければならない、③この指示を受けた請負事業主の労働者はその指示に従わなければならない、と規定しています。

これについて、告示第37号に関する疑義応答集（第2集）には「労働安全衛生法第29条に基づく指導や指示は、安全確保のために必要なものであり、元請事業者から下請事業者の労働者に対して直接行われたとしても、業務の遂行に関する指示等には該当しない」旨の記載がありますので、元方事業者がこの規定に基づく指導・指示を請負事業主の労働者に対して直接行うことはできます。

問139　安全衛生活動は請負事業主に任せることは可能ですか。

答　請負事業主の労働者の安全衛生については、請負事業主が労働安全衛生法の事業者として責任を負いますが、一方、労働安全衛生法第29条は、元方事業者は、請負事業主の労働者が、発注した仕事に関し労働安全衛生法令に違反しないよう必要な指導を行わなければならない、請負事業主の労働者が当該発注した仕事に関し労働安全衛生法令に違反していると認めるときは是正のため必要な指示を行なわなければならない、この指示を受けた請負事業主の労働者はその指示に従わなければならない、と規定しているほか、製造業の元方事業者については同法第30条の2において作業間の連絡調

整、有機溶剤などの容器の集積箇所やクレーンの合図の統一などが義務付けられており、さらには、「製造業の元方事業者が講ずべき総合的な安全衛生管理に関する指針」が定められていますので、元方事業者はこれらのことを行わなければならず、全て請負事業主に任せることはできません。

10. 請負労働者の配置

ア 請負事業主の責任者・リーダー

問140 請負事業主の責任者およびリーダーを決める際に発注者は口をはさむことができますか。

答 告示第37号第2条第1号ハ(2)は「労働者の配置等の決定及び変更を自ら行うこと」と規定していますので、請負事業主の責任者及びリーダーについてもそれに沿って配置などの決定・変更を行うことが適当です。

このため、請負事業主の責任者及びリーダーについて求められる能力を示すことは差し支えないと考えられますが、具体的な人選は請負事業主が行うべきことですので、発注者が関与することは適当ではありません。

問141 委託業務を3交代制で行っている場合で、その管理責任者およびその代理者が日勤で勤務しているときであっても、日勤以外のシフトについても、それぞれのシフトのリーダーが発注者との窓口になることはできず、発注者との窓口になるのは、請負事業主を代表し、請負契約の改定についての権限を有するその業務の管理責任者か、またはその代理者でなければならないのでしょうか。

答 請負事業主の誰を代表者にするかは請負事業主が決定すべき事項ですので、告示第37号は誰を請負事業主の代表者にするのかについては、何も規定していません。

したがって、請負事業主の誰を代表者にするかについては、請負事業主の判断で行えばよいのですが、ただ注意して頂きたいのは、請負事業主の代表者が請負業務に従事する者である場合には、その者の従事する業務に関する指示にならないようにする必要があります。

イ　名刺への請負労働者の名前の記載

> **問142**　発注元Ｙ社の取引先であるＸ社へ製品を販売するにあたり請負会社Ｚ社で技術サポートの業務を請け負います。取引先ごとにＺ社の中で担当者を決めた場合、Ｘ社の担当はサポート担当のＡということになりますが、当然Ｙ社の営業担当者も担当が決まっていますので営業の際にＹ社の営業担当の名刺にＺ社の担当Ａの名前も同時に記載することは問題ありますか。

答　ご質問の件ですが、告示第37号には直接「発注者の担当者の名刺に請負事業主の担当者の名前を記載していないこと」という類いの規定はありません。

関係する規定としては、告示第37号の第２条第１号ハ(2)の「労働者の配置等の決定及び変更を自ら行うこと」というのがあります。

これを本件に当てはめますと、「Ｘ社に対するＺ社のサポート担当者を誰にし、誰に変更するかについては、Ｚ社が行うこと」ということになります。

したがって、Ｚ社がＸ社に対するＺ社のサポート担当者をＡとすることを決定し、Ｚ社としてサポート担当者を変更する必要が生じた場合には、Ｚ社の独自の判断でその変更を決定することができることを留保できれば、Ｙ社の担当者の名刺に請負会社の担当者の名前を記載しても、告示第37号には抵触しないことになります。

このため、Ｙ社に対しては、Ｘ社に対するＺ社のサポート担当者を誰にするかについてはＺ社が独自に判断すること、Ｚ社としてサポート担当者を変更する必要が生じた場合にはＺ社の独自の判断でその変更を決定することについて、しっかり確認を取ることが必要であり、Ｚ社としてサポート担当者を変更する必要が生じた場合にはＹ社が異論を挟まないことはもとより、Ｙ社の担当者の名刺も差し替えが必要となることについても、しっかり確認を取ることが必要です。

また、Ｚ社内においても、Ｘ社に対するＺ社のサポート担当者を誰にし、誰に変更するかについて、Ｚ社が独自の判断で行ったことを明確にしておく必要があると考えます。

もう１つは、個人情報保護の問題があります。個人情報保護法では、第三者提供の場合には原則として本人の同意が必要となります。本件の場合に

は、Z社がY社にサポート担当者の個人情報を提供するのが第三者提供になりますが、さらに、Y社からX社に対してサポート担当者の個人情報を提供することになりますので、いわば第四者提供になります。

第四者提供については個人情報保護法には何も規定がありませんが、第三者提供以上に慎重に本人の同意を得る必要があると考えます。

ウ　作業場所の指示

問143　請負労働者の作業場所の決定や変更は発注者の判断で行うことができますか。

答　告示第37号は「労働者の配置等の決定及び変更を自ら（請負事業主が）行うこと」と規定していますので、請負事業主の労働者の作業場所の決定や変更は請負事業主が行うべき事項です。

このため、請負労働者の作業場所の決定や変更を発注者の判断で行うことはできません。

11. 請負代金

問144　日々、多品種を製造する食品メーカーでは、「個数あたり何円」という請負単価では何通りもの価格設定をしなければならず、現実的ではありません。それができなければ、即直接雇用するしか選択の余地はないのでしょうか。単価の決め方はほかにあるのでしょうか。

答　　1　契約の自由と告示第37号

請負契約は「当事者の一方がある仕事の完成を約束し、相手方がその仕事の結果に対してその当事者に報酬を与えること」を約束する契約をいいますが（民法632条）、その報酬、すなわち、請負代金をどのように設定するかは、原則として当事者である発注者と請負事業主間で自由に決定することができます。我が国では、契約の自由が原則だからです。

しかしながら、請負契約により行う事業であっても、労働者派遣法に定める労働者派遣事業に該当する場合には、労働者派遣法に定める規制を受ける

ことになります。

このような請負事業と労働者派遣法の規制を受ける労働者派遣事業との区分を明確にするために定められたものが告示第37号です。

したがって、請負代金をどのように設定するかは原則自由ですが、告示第37号に照らして、労働者派遣事業に該当する場合には、労働者派遣法により、発注者は派遣先として、請負事業主は派遣元事業主として、労働者派遣法に定める規制に沿って行わなければならないことになります。

2　請負代金の設定と告示第37号

告示第37号には、請負代金の設定の仕方に直接言及した箇所はありません。たとえば、労務管理の独立性は、業務の遂行方法や労働時間、服務規律、労働者の配置などについて、請負事業主側で行うべきことが定められているに過ぎません。また、事業の独立性の中でも、経理の独立性については、事業に必要な資金は請負事業者側で調達すべきこと、法律の独立性については、請負契約に関する民法や商法その他の法律上の責任を請負事業主側が負うべきことを定めていて、請負代金の設定の仕方とは直接関係はありません。

問題となるのは、業務の独立性で、次のいずれかに該当し、単に肉体的な労働力を提供するものでないことが必要です。

① 機械、設備、器材、材料、資材などについて、請負事業主側が調達して、業務を行っていること
② 請負事業主の企画により、あるいははその有する専門的な技術や経験により業務を行っていること

この業務の独立性の中で最も重要なポイントは、「単に肉体的な労働力を提供するものでないこと」です。

3　作業時間基準による請負代金の設定

労働者が実際に作業した時間を基準として請負代金を設定する場合には、「単に肉体的な労働力を提供」している要素となり、請負代金を作業時間基準にすることだけで請負に関するこの要件を満たさないとまでは言えないものの、これに関連する他の要素も加味して総合的に判断される場合に、単に肉体的な労働力の提供と評価される可能性が高まると考えられます。

このため、作業時間基準による請負代金の設定は、避けるべきだと考えます。

4 その他の請負代金の設定方式

　発注量が変動し、請負料金が一定しない場合に、あらかじめ請負単価を設定した上で、完成した製品の個数などに基づき出来高で精算することは、「単に肉体的な労働力を提供するもの」には該当しません（告示第37号に関する疑義応答集（第1集））。

　一方、3でみたように単純に労働者が実際に作業した時間を基準として請負代金を設定することは避けるべきであることからすれば、出来高での精算方式を含めて、請負代金は、完成した製品の個数を基準として設定することが適当であると考えられます。

　一方、ビルメンテナンスや警備などにおいては、事業者が一定の期間に提供する業務に対して定額で定める料金の設定方式が取られている場合があります。このような料金の設定方式は、労働者が実際に作業した時間を基準として設定されるものではなく、また、実際にも、その間のいろいろな要因によって、労働者が実際に作業する時間も変動するので、少なくとも「単に肉体的な労働力を提供」しているものと評価されるものではないと考えられます。

　これに関して、告示第37号に関する疑義応答集（第2集）問7は「請負業務の性格により、……労働者の人数に比例する形で料金決定したりすることに**合理的な理由がある場合**もあります」旨記載しています。

　一定の期間に提供する業務に対して定額で定める料金の設定方式は、決してサービス業などに限定されるものではなく、当然に製造の請負事業においても、当然に可能です。なぜなら、告示第37号は、製造業に限らず、全ての業種に対して、同様に適用されているからです。

　したがって、製造請負に関する料金の設定の仕方を、たとえば、1月とか、ある程度まとまった期間の業務に対して定額で定めることについては、その間に労働者が実際に作業する時間にも変動があり、作業量とは関係なく設定されるものですので、「単に肉体的な労働力を提供」しているものと評価されることはありませんから、告示第37号に照らして特段の問題が生じることはないと考えられます。

> 問145　請負業務として、1件当たり30分～2時間程度の依頼が月に40～80件程度発生する業務があります。現状は1つの依頼に対して1件ずつに注文書を発行し請負代金を支払っています。そのため、間接作業

第2部　請負の管理

の工数がかかり、それを削減するためにも1月単位での支払いへ変更できないか考えています。すなわち、以下のような現状を変更案のように変更したいと考えていますが、懸念点もあります。このため、どのように対応すればよいのか、アドバイスをいただきたいと思います。

現状	変更案	懸念点
①1件毎の依頼に対し注文書を発行し、費用の支払いを行っている。 ②依頼の量には変動があり、突発の依頼も多いため、件数の予測ができない。 ③依頼の件数が多いため、注文書の発行や費用の支払いを1件毎で行うと間接工数が非常に掛かる。 ④1ヶ月単位で支払い金額を集計すると金額の差は大きい（月10万円〜17万円程度）。	①1ヶ月単位で注文書を発行し、費用の支払いを行いたい。 ②支払い金額は毎月一定とし、1年単位で見直す。	①作業は依頼ごとで分けることができる。また、依頼が無い（作業しない日）も発生する状態で、月単位の契約は法律上問題ないのか。 ②事前に作業件数（工数）が予測できない状態で、決められた金額を「見積り」及び「支払い」とすることは法律上問題ないのか。 ③①および②が問題なかったとして、一時的に依頼が重なり契約金額を大幅に超えるような作業が発生した場合に備えた契約を結ぶ必要が（法律上）あるのか。

答　企業間の場合を含め私人間の契約については、公の秩序または善良の風俗に反するものでなければ、これを自由に決めることができるのが原則です（民法第90条）。

請負契約は「当事者の一方がある仕事の完成を約束し、相手方がその仕事の結果に対してその当事者に報酬を与えること」を約束する契約をいいます（民法第632条）が、請負契約についても、この原則は当てはまります。

したがって、請負契約の内容である請負代金についても、当事者が合意すれば自由に決めることができるのが原則です。

請負契約に関して問題となる公の秩序に関する法律としては労働者派遣法があり、同法に定める労働者派遣事業との関係が問題となります。

労働者派遣事業は「自己（派遣元）の雇用する労働者（派遣労働者）を、

当該雇用関係の下に、かつ、他人（派遣先）の指揮命令を受けて、当該他人のために労働に従事させることをいい、当該他人に対し当該労働者を当該他人に雇用させることを約してするものを含まない」ものを業として行うことをいいます（同法第2条第1号）が、どのような場合に請負事業に該当するのか、労働者派遣事業に該当するのかについての判断が必ずしも容易ではないことから、その明確化を図る必要があるために、告示第37号が定められています。

このため、請負契約、あるいは請負契約に基づいて行われる事業を労働者派遣事業に該当することにならないように行うためには、その請負契約、あるいは請負契約に基づいて行われる事業が告示第37号に抵触しないようにする必要があります。

告示第37号においては、労務管理の独立性に関する基準と事業の独立性に関する基準の双方から労働者派遣事業に該当するか否かを判断していますが、このうち、事業の独立性に関する基準には、次のような基準が示されています。

次のいずれかに該当するものであって、単に肉体的な労働力を提供するものでないこと。
(1) 自己の責任と負担で準備し、調達する機械、設備若しくは器材（業務上必要な簡易な工具を除く）又は材料若しくは資材により、業務を処理すること。
(2) 自ら行う企画又は自己の有する専門的な技術若しくは経験に基づいて、業務を処理すること。

この基準の中で最も重要な点は、「単に肉体的な労働力を提供するものでないこと」であり、「単に肉体的な労働力を提供するもの」である場合には、請負の形式による契約により行う事業である場合であっても、労働者派遣事業に該当するものと評価されます。

請負代金について告示第37号との関係で問題となり得るのも、この「単に肉体的な労働力の提供でないこと」との関係で、これに抵触しないものであれば、契約自由の原則に則って、契約の両当事者が請負代金を自由に設定することができます。

最も問題となるケースは、請負代金を労働者の作業時間を基準とする場合

です。このように、請負代金を労働者の作業時間を基準とする場合には、そのことだけで「単に肉体的な労働力を提供するもの」にはならないとは考えられますが、他の要素も加味して総合的に判断される場合に、「単に肉体的な労働力を提供するもの」と評価される可能性が高まると考えられます。

したがって、労働者派遣事業に該当しない請負事業として行おうとするのであれば、請負代金の設定を労働者の作業時間を基準とするのではなく、製作した製品の個数を基準とすることが適当です。

一方、ご質問にあるように、請負代金を例えば、1月とするなどある程度まとまった期間の業務に対して定額で定める場合には、その期間における作業量は変動し、請負事業者の労働者が提供する労務の量と結びつくことはないと考えられます。

そうであるとすれば、請負事業者の労働者が提供する労務の量と結びつくことのないような請負代金の決め方は、「単に肉体的な労働力を提供するもの」と評価される可能性はないと考えられますから、告示第37号に抵触する問題は、発生しないと考えています。

なお、このような代金の設定方式を定めた契約は、あるいは、民法に規定する請負契約には必ずしも該当しないかもしれませんが、もともと、民法に定められた請負、委任、準委任などのいわゆる典型契約でなければ契約できないという性格のものではないので、そのことによって、問題が生じることはないと考えられます。

問146 請負単価の設定について、現状は人件費をベースに製品単価に割り戻しています。生産変動が大きく、出来高での単価設定が困難な状況です。製品も多品種となっているのですが、代表的な品種の製品を幾つかに分けて単価設定し、人件費を割り戻す方法でも請負として大丈夫でしょうか。

答 告示第37号には、請負単価に関する記載は一切ありません。したがって、請負単価の設定については、請負契約の当事者間で原則として自由に決めることができます。

このため、請負単価の設定に当たっては、請負業務を処理するために必要となる経費に基づいて積算を行い、合理的に設定すれば、問題はないと考えますが、その際人件費は請負業務を処理するために必要となる最も重要な経

費になると考えられますので、経費として積算の根拠とされることは、問題がないと考えられます。

ただし、請負業務を処理するためには、告示第37号第2条第2号ハにおいて、

「次のいずれかに該当するものであって、単に肉体的な労働力を提供するものでないこと。
1. 自己の責任と負担で準備し、調達する機械、設備若しくは器材（業務上必要な簡易な工具を除く。）又は材料若しくは資材により、業務を処理すること。
2. 自ら行う企画又は自己の有する専門的な技術若しくは経験に基づいて、業務を処理すること。」と規定していますので、

少なくともこれらのうちのどれかの経費は必要になると考えられますので、単に労務費だけを積算根拠にするのではなく、これらの経費など他の経費を合算して積算を行えば、投入した労働時間だけに比例することにはならないと考えられます。

なお、告示第37号に関する疑義応答集（第1集）Q8.発注量が変動する場合の取扱いには「業務を処理するために費やす労働力（労働者の人数）に関して受発注を行い、投入した労働力の単価を基に請負料金を精算している場合は、発注者に対して単なる労働力の提供を行われているにすぎず、その場合には偽装請負と判断されることになります」と述べています。この記載と告示第37号の規定との関係は明確ではありませんが、少なくとも投入した労働力の単価に投入した時間数にのみ比例するような請負単価の設定は避けるべきであると考えます。

問147 生産業務以外で機械設備の洗浄・清掃作業を請負事業主からの派遣受入または業務委託での対応を検討しています。作業開始時刻も生産状況により変化することと、作業時間も短時間のため派遣の受入も可能ですが、契約面や管理面を考えると業務委託で請負事業主に任せることが良いと考えています。そこで問題となるのが作業に係る支払金額の算出です。派遣であれば作業者の人数と作業時間で派遣料を支払えばいいのですが、業務委託の場合は派遣のように労務費での支払は出来ないと思います。委託料金に関しては請負事業主と協議しなければなりませんが、「機械設備の洗浄・清掃業務一式」ということで料金の支払い

は可能でしょうか。また、請負事業主に請求書を提出させる際に明細として作業人員と作業時間を添付してもらうことは可能でしょうか。

答　労働者派遣と請負の区分を定めた告示第37号には料金に関する規定は一切ありませんので、本来であれば料金をどのように定めようと告示第37号に抵触することはありません。

ところが、告示第37号に関する疑義応答集（第1集）の問8は、告示第37号に何の根拠もないまま、「業務を処理するために費やす労働力（労働者の人数）に関して受発注を行い、投入した労働力の単価を基に請負料金を精算している場合は、発注者に対して単なる労働力の提供を行われているにすぎず、その場合には偽装請負と判断されることになります」と記載しています。

しかるに、告示第37号に関する疑義応答集（第2集）の問7では「当該請負業務の性格により、請負業務を実施する日時、場所、標準的な人数等を指定して発注したり、労働者の人数に比例する形で料金決定したりすることに合理的な理由がある場合もあります。このような場合には、契約・精算の形態のみによって発注者が請負労働者の配置決定に関与しているとはいえず、労働者派遣事業又は労働者供給事業と直ちに判断されることはありません」と、第1集とは矛盾した記載をしています。

合理的な理由がある場合には労働者の人数に比例する形で料金決定したりすることは可能であるが、合理的な理由がない場合には労働者の人数に比例する形で料金決定したりすることは告示第37号に抵触するというつもりなのでしょうが、もともと告示第37号は合理的な理由の有無で判断するという構造になっておらず、第2条の柱書きに規定されているように「同条各号のいずれにも該当する場合を除き、労働者派遣事業を行う」とある訳ですから、第2条各号の要件だけで判断するという構造になっていることからすれば、疑義応答集の第1集の問8も第2集の問7も告示第37号に適合していません。

いずれにしても、この問題については、混とんとしている状況にあります。

このような中でのご質問ですが、「機械設備の洗浄・清掃業務一式」ということで料金の支払いは、「労働者の人数に関して受発注を行い、投入した労働力の単価を基に請負料金を精算している」訳でも、「労働者の人数に比例する形で料金決定している」訳でもありませんので、問題はないと考えます。

一方、「請求書を提出させる際に明細として作業人員と作業時間を添付させる」ことについては、告示第37号に抵触している訳でも、「労働者の人数に関して受発注を行い、投入した労働力の単価を基に請負料金を精算している」訳でも、「労働者の人数に比例する形で料金決定している」訳でもありませんので、本来は問題はないのですが、これまでの経験に照らすと、労働局の指導は通達をさらに拡大して解釈する可能性があります。
　そうなると、「請求書を提出させる際に明細として作業人員と作業時間を添付させ」ただけで、「労働者の人数に関して受発注を行っている」とか、「労働者の人数に比例する形で料金決定している」とか、指摘する可能性がないとは言えません。
　その場合、リスクを回避するために「請求書を提出させる際に明細として作業人員と作業時間を添付させ」ることはしないという選択肢があり得るかと考えます。
　もちろん、本来告示第37号に抵触している訳ではありませんから、「請求書を提出させる際に明細として作業人員と作業時間を添付させ」た上で、労働局の指摘に対して、告示第37号に基づいてキチンと説明するという選択肢もあり得ます。
　この問題に限らず、告示第37号とこれに関する厚労省の解釈や労働局の指導にはかい離があるというのが現実です。したがって、それを踏まえて対応して頂くしかないのです。

12. 報奨金の支払

問148 発注者が請負事業主に報奨金を支払うことは請負事業主の自己責任による資金の調達・支弁に抵触するのでしょうか。

答　告示第37号第2条第2号イは「業務の処理に要する資金につき、すべて自らの責任の下に調達し、かつ、支弁すること」と規定しています。
　この規定の趣旨は、事業運転資金その他の諸経費を自己の責任において調達支弁していることにあります（昭和23年2月25日職発第139号）。
　したがって、この規定は発注者が請負事業主に支払う報奨金のような請負代金のことを言っている訳ではありません。

13. 旅費・交通費

問149 旅費、交通費などはその都度発注者に請求してはいけないのでしょうか。

答 告示第37号第2条第2号イは「業務の処理に要する資金につき、すべて自らの責任の下に調達し、かつ、支弁すること」と規定していますが、この規定の趣旨は、事業運転資金その他の諸経費を自己の責任において調達支弁していることにあります（昭和23年2月25日職発第139号）。

したがって、この規定は旅費、交通費のような経費の請求の時期について言っている訳ではありませんから、旅費、交通費などについてその都度発注者に請求しても差し支えありません。

問150 旅費、交通費などは発注者の旅費規程によって請求してはいけないのでしょうか。

答 告示第37号第2条第2号イは「業務の処理に要する資金につき、すべて自らの責任の下に調達し、かつ、支弁すること」と規定していますが、この規定の趣旨は、事業運転資金その他の諸経費を自己の責任において調達支弁していることにあります（昭和23年2月25日職発第139号）。

したがって、この規定は旅費、交通費のような経費の請求の算定方式について言っている訳ではありませんから、旅費、交通費などについて発注者の旅費規程によって請求しても差し支えありません。

14. 機械・設備

ア　機械設備の賃貸借

問151 梱包ラインエリア（請負エリア）の賃借料、設備・備品賃借料に関して、無償でも大丈夫ではないかと質問されました。労働局に問い合わせをしての質問のようなのですが、賃借料は必ず支払わなければならないと思っておりましたので、常識的な質問ですがアドバイスを頂

けたらと思います。なお、ある労働局からは「梱包箱に入れるという作業」のみを委託する場合には、無償提供で良い、ただし、「梱包箱に入れて、完成品として納入」する旨契約すると、有償提供が必要という回答をもらったそうです。

答 　施設・設備・備品の賃貸借に関して、告示第37号第2条第2号ハは、「次のいずれかに該当するものであって、単に肉体的な労働力を提供するものでないこと。
1　自己の責任と負担で準備し、調達する機械、設備若しくは器材（業務上必要な簡易な工具を除く。）又は材料若しくは資材により、業務を処理すること。
2　自ら行う企画又は自己の有する専門的な技術若しくは経験に基づいて、業務を処理すること。」と規定しています。
　このうち、「機械、設備若しくは器材を自己の責任と負担で準備し、調達する」ための方法として、有償の双務契約である賃貸借があります。
　ところで、上で線を引いていますように、この規定は各文書が「いずれか」「又は」「若しくは」でつながっていますので、その中のどれかを満たせばよいという構造になっています。
　ところが、労働局（場合によっては厚労省も）によっては、この「いずれか」「又は」「若しくは」を「いずれも」「及び」「並びに」に読み替えて、機械、設備または器材を自己の責任と負担で準備し、調達しなければならないから、機械設備は賃貸借でなければならないと言っている場合があるようです。
　しかしながら、他の要素、例えば、請負事業主の企画で業務を処理している、請負事業主の専門的な技術で業務を処理している、請負事業主の専門的な経験で業務を処理している、という要素があれば、賃貸借でなければならないということはありません。
　これが、法律的には正確であり、したがって、これらの要素が満たされている限り、梱包ラインエリア（請負エリア）の賃借料、設備・備品賃借料に関して、無償でも差し支えありません。
　なお、労働局の回答の「梱包箱に入れるという作業」のみを委託する場合には、無償提供で良い、ただし、「梱包箱に入れて、完成品として納入」する旨契約すると有償提供が必要というのは、まったくどこにも根拠のない間

第２部　請負の管理

違いです。

> **問152**　当社は、「請負化において、使用する機械設備については、『双務契約締結による賃貸借』または『請負先調達』が必須」という見解をもっています。これ以外の方法があれば教えいただけないでしょうか。一部の請負先は、「設備使用契約」で対処できる旨を主張しています。当社においてはこの方法は、双務契約でないため避けるべきとの認識を持っています。この点についても、教えていただけないでしょうか。当社において、「産活法（産業活力再生特別措置法）の関係で、機械設備を賃貸借出来ない可能性がある」という事態が発生しています。その回避方法を検討しています。何か良い解決案がありましたら、教えてください。

答　告示第37号第２条第２号ハは、次のように規定しています。

「次の<u>いずれか</u>に該当するものであって、単に肉体的な労働力を提供するものでないこと。
(1) 自己〔請負事業主〕の責任と負担で準備し、調達する機械、設備<u>若しくは</u>器材（業務上必要な簡易な工具を除く）<u>又は</u>材料<u>若しくは</u>資材により、業務を処理すること。
(2) 自ら〔請負事業主が〕行う企画<u>又は</u>自己〔請負事業主〕の有する専門的な技術<u>若しくは</u>経験に基づいて、業務を処理すること。」

告示第37号の中で、第２条第２号ハだけが、「いずれか」、「又は」、「若しくは」で規定が構成されていますので、どれか１つの要素を満たせばよく、この要件を満たすためには、①請負事業主が準備し、調達する機械、設備または簡易な工具を除く器材により業務を処理すること、②請負事業主が準備し、調達するするその作業に必要な材料または資材により業務を処理すること、③請負事業主が行う企画に基づいて業務を処理すること、④請負事業主が有する専門的な技術に基づいて業務を処理すること、または⑤請負事業主が有する専門的な経験に基づいて業務を処理すること、のいずれかの要件を満たすことが必要であり、かつ、十分ということになります。

したがって、②から⑤のいずれかを満たしていれば、①請負事業主が準備し、調達する機械、設備または簡易な工具を除く器材により業務を処理する必要はありませんので、「請負化において、使用する機械設備については、

『双務契約締結による賃貸借』または『自社調達』が必須」ということにはなりません。

　本来であれば、③から⑤までの請負事業主が行う企画、請負事業主が有する専門的な技術、請負事業主が有する専門的な経験のいずれかのソフトのノウハウに基づいていても、適正な（労働者派遣事業に該当しない）請負は成り立ちます。

　例えば、メンテナンス業者などはほとんど機械・設備は使用しませんので、請負事業主が有する専門的な技術によって、この要件を満たしています。

　そして、この請負事業主が有する専門的な技術とは、請負事業主独自の高度な技術専門性ではなく、その作業の遂行に必要な専門的な工法上の監督技術、すなわち、通常学問的な科学知識を有する技術者によって行われる技術監督、検査などをいいますので、技術者が技術監督、検査などを行っていれば、この要件を満たします。

　ただ、企画、専門的な技術、専門的な経験という目に見えないものは心配だというのであれば、②の作業に必要な材料または資材を請負事業主が準備し、調達することによって、この要件を満たすということも考えられます。

　この場合、注文主から調達するのであれば、有償の売買契約であれば、請負事業主が準備し、調達したことになります。

　もし、労働局の担当者が、機械、設備、器材も、材料、資材も有償でなければならないと主張するのであれば、これは論外です。

　告示第37号第2条の規定を根拠に主張するしかありません。

　「請負化において、使用する機械設備については、『双務契約締結による賃貸借』または『自社調達』が必須」という考えにこだわる必要はまったくないと考えます。

問153　告示第37号「労働者派遣事業と請負事業との区分告示」に基づき、工場の工程構内協力会社とは、発注者の機械・設備を使用する場合は、設備賃貸借契約を結んでいます。一方場内で発生する修理などについては、工事業者が随時修理を実施しますが、時折設備などの搬送に発注者の天井クレーンなどを利用します。こうした工事業者との請負工事契約でも機械・設備の賃貸借契約を結ぶ必要がありますか。当社としては、設備保守管理は発注者が行い、工事業者がクレーンなど使用時には、資格者が操作すると共に、使用者の表示（看板など）をする、連絡

合図の統一など「製造業における総合的安全衛生管理のための指針」に基づいていれば、設備賃貸借契約を締結していなくてもいいと思いますが、いかがでしょうか。

答　ご質問の件ですが、告示第37号は、発注者の機械・設備を使用する場合は賃貸借契約を結ばなければならないと規定している訳ではありません。

告示第37号第2条第2号ハは、次のように規定していて、「いずれか」「又は」「若しくは」で接続していますので、これらの要素のどれか1つを満たせばよいことになります。「　次の**いずれか**に該当するものであって、単に肉体的な労働力を提供するものでないこと。
(1) 自己の責任と負担で準備し、調達する機械、設備**若しくは**器材（業務上必要な簡易な工具を除く。）**又は**材料**若しくは**資材により、業務を処理すること。
(2) 自ら行う企画**又は**自己の有する専門的な技術**若しくは**経験に基づいて、業務を処理すること。」

賃貸借契約というのは、機械、設備若しくは器材を請負事業主が自己の責任と負担で準備し、調達する方法の1つです。

したがって、他の要素を満たしているのであれば、この要素を満たすことが必ず必要ということではありません。

なお、機械、設備もしくは器材を請負事業主が自己の責任と負担で準備し、調達することによって第2条第2号ハを満たす場合には、各目的に軽微な部分を提供するにとどまるときは、請負事業主がその責任と負担で準備し、調達しているとは言えない（労働者供給事業業務取扱要領）ことになります。

いずれにしても、第2条第2号ハについては、どのような要素で要件を満たしているかを明確にすることが重要です。

なお、「製造業における総合的安全衛生管理のための指針」に基づいているか否かは、告示第37号とは直接の関係はありません。

イ　同一の機械・設備の複数の事業者による使用

問154　同じ発注者の工場の同じ施設において同じ設備を用いて複数

の事業主が別々の時間帯に請負事業を行うことは可能でしょうか。この場合に、一方の請負事業主が請け負った加工品が借りていた設備の使用時間の制限のために半製品で終わった場合には、その半製品を別の時間帯において請負事業主に引き継がせて、完成品に加工することは可能でしょうか。

答　1　施設・設備の時間帯別の借受け

(1)　施設・設備の時間帯別の借受けは可能か。

　製造業務請負関係者からの報告によれば、労働局によっては、同じ発注者の工場の同じ施設において同じ設備を用いて複数の事業主が別々の時間帯に請負事業を行う場合には、双方の請負事業主の労働者が混在して作業するおそれがあるので、請負の要件を満たさないとの指導がなされているとのことです。

　しかしながら、このような指導や指摘には根拠がないと言わざるを得ません。

　例えば、会館やホテルなどの会議室を利用する場合に、時間帯を分けて、当該会議室を借り受けて、販売促進会などのイベントを行うことは日常茶飯事のことであり、そのことによって混在が生じるなどという問題が指摘されるとは考えられません。

　同様に、店舗や事務所を借り受ける場合にも、時間帯を分けて借り受けて事業活動を行っている事例も多数あり、この場合にも従業員の混在が問題となることは、考えられません。

　工場の特定の施設における特定の設備についても、このことは当てはまり、別々の時間帯において、複数の請負事業主が同じ施設の同じ設備を発注者から借り受けて、製造業務請負という事業活動を行うこと自体が問題となるとは考えられません。

　問題は、このような製造業務請負が適正に運営されているか否か、複数の請負事業主の請負業務に従事する労働者間の作業が混在することによって指揮命令関係が生じないようにすることです。

(2)　業務請負の適正な運営

　業務請負が適正に運営されるためには、告示第37号の要件を満たさなければなりませんが、特に重要なのは、告示第37号第2条第2号ハの(1)または(2)のいずれかに該当し、単に肉体的な労働力を提供するものでないことです。

このうち(1)の「請負事業者が自己の責任と負担で準備し、調達する機械、設備もしくは器材（業務上必要な簡易な工具を除く）または材料もしくは資材により、業務を処理すること」については、「機械、設備、資材などの所有関係、購入経路などの如何を問うものではないが、機械、資材などが相手方から借り入れまたは購入されたものについては、別個の双務契約（契約当事者双方に相互に対価的関係をなす法的義務を課する契約）による正当なものであることが必要である」とされていますので、同じ発注者から同一施設の同一設備を借り受ける複数の請負事業主は、いずれも有償の賃貸借契約により、その施設および設備を借り受けるようにすることが適当です。なお、その使用料については、基本的に契約自由の原則により貸し手と借り手の間で決定されるものですが、著しく不適正な額であるものについては、「正当なものである」と評価されない可能性もあり得ます。

また、労働者派遣事業関係業務取扱要領には、製造業務の場合には、注文主の所有する機械、設備などの使用に当たり、「その保守および修理を請負事業主が行うか、ないしは保守および修理に要する経費を請負事業主が負担していること」との記載があります。この記載自体は告示第37号に根拠のあるものではありませんが、保守および修理の費用負担を行うようにする方が無難であると考えられます。具体的には、施設・設備を借り受ける複数の請負事業主が第三者に保守および修理を委託して、その経費を各請負事業主がその使用時間などに応じて負担すること、請負事業主の一方が保守および修理を行い、他方に対してその使用時間などに応じて費用を請求することが考えられます。

(3)　複数の請負事業主の請負業務に従事する労働者間の作業が混在しないようにするための措置

複数の請負事業主の請負業務に従事する労働者間の作業が混在しないようにすることが適当ですので、そのためには、借り受ける施設・設備の使用時間を明確にかつ合理的に設定することが適当で、一方の請負事業主の労働者の作業が終了し、その施設から退出した後に、他方の請負事業主の労働者が入室するように合理的な入替え時間を設定することが適当であると考えられます。

2　請負事業者間の半製品の引継ぎ

複数の請負事業主が同じ施設の同じ設備を発注者から借り受ける場合であっても、請負契約は、発注者が複数の請負事業主のそれぞれとの間に締結

されているものです。したがって、それぞれの請負事業主はそれぞれが請負契約の仕事の完成物である完成品は、それぞれ発注者に納入する必要があります。

このことは、半製品についても同様のことが言えます。したがって、複数の請負事業主が同じ施設の同じ設備を発注者から借り受ける場合であっても、複数の請負事業主は、それぞれが半製品を発注者に納入する必要があります。これに対し、一方の請負事業主が他方の請負事業主に半製品を納入することは、発注者とそれぞれの請負事業主間で締結されている請負契約に抵触する可能性があります。

また、この場合に、半製品の納入を受けた発注者が請負契約に基づき、納入された半製品を他の請負事業主に加工を請け負わせることは問題がないと考えられます。

したがって、一方の請負事業主がその作業で半製品で終わったものを他方の請負事業主に直接引き継がせるのではなく、一方の請負事業主がその作業で半製品で終わったものは、一たん発注者に納入し、半製品の納入を受けた発注者がさらに他の請負事業主に請け負わせて半製品を完成品に加工する必要があると判断すれば、他方の請負事業主に加工を請け負わせるようにすることになります。

なお、労働者派遣事業関係業務取扱要領には、「発注者への製品の受渡しについては伝票などによる処理体制が確立されていること」との記載もあります。この記載も告示第37号に根拠のあるものではありませんが、伝票の処理によって行うようにする方が無難であると考えられます。

問155　1つのエリアを日勤が発注者労働者、中番が請負で運営することは可能でしょうか。

答　1　施設・設備の一時的な貸出・借受

一般に、施設・設備を所有者が一時的に貸し出し、借り手がこれを借り受けることは、可能です。そして、この施設・設備の一時的な貸出については、1日のうちのある特定の時間を貸し出し、借り受けることも可能です。その典型的な例が貸会議室などです。

そして、この1日のうちのある特定の時間について、施設・設備を連日貸し出し、借り受けることも可能です。

これらのことは、貸会議室などに限らず、生産設備に関しても、当然可能です。そうであるとすれば、ある工場の特定の生産設備を所有者が１日の多くの時間を使用しながら、ある特定の時間を他の事業主に貸し出すことも当然可能となります。そして、所有者が発注者となって、借り受けた事業主に対し、仕事を発注しても可能ということになります。

　この場合に、発注する仕事の内容が所有者がその生産設備を自ら使用している時間に行う業務と同じ業務を、１日の特定の時間借り受けている事業主に対して請け負わせることもこれができないとする理由はありません。

　このようなことからすれば、ある工場の特定の生産設備を使用して、１日の特定の時間帯についてはその生産設備の所有者である発注者がある業務について生産活動を行い、他の時間帯についてはその生産設備を借り受けた請負事業主がその生産設備の所有者である発注者から請け負って、同じ業務について生産活動を行うことは可能です。

　したがって、１つの生産施設（エリア）について、日勤については発注者側が業務を行い、中番については請負事業主が発注者から請け負って同一の業務を行うことは、可能であると考えられます。

２　施設・設備の一時的な貸出・借受に関する留意事項

　生産設備の所有者である発注者については、その所有権に基づき、その業務を行う権限があることは、言うまでもありませんが、生産設備を借り受ける請負事業主の側では、その生産設備を使用する権限が必要となります。このため、生産設備を毎日借り受ける請負事業主は、生産設備の所有者である発注者との間で、当該生産設備を借り受けるための賃貸借契約を結ぶことが適当です。

　なお、生産設備を使用する権限については、法律的には無償で借り受ける使用貸借契約によることも可能ですが、生産設備を使用する権限を明確にするためにも、また、告示第37号に関し、機械、設備、資材などの所有関係、購入経路などの如何を問うものではないが、機械などを発注者から借り入れる場合には、別個の双務契約（契約当事者双方に相互に対価的関係をなす法的義務を課する契約）、すなわち、賃貸料を支払う賃貸借契約による正当なものであることが必要であるとされていることからも、その施設・設備については、賃貸料を支払う賃貸借契約によることが適当です。

　また、賃貸借契約において貸し手の権限をどれだけ残すかは、本来契約の自由ですが、このような場合については、借り手が借り受けている時間帯に

ついては、貸し手はその生産設備を使用する権限がないことを明確にしておくことが適当です。

借り手が借り受けている時間帯については、貸し手はその生産設備を使用する権限がない賃貸借契約である場合には、その時間帯については借り手だけが使用することが可能となるので、生産設備の所有者である発注者が日勤について、その労働者にその業務に従事させる場合にも、借り手が借り受けている時間帯が開始する前に、発注者側の労働者の業務を終了させることが適当です。

そして、借り手が借り受けている時間帯については、借り手である請負事業主がその責任においてその労働者にその業務を処理させることが可能となります。その結果として、発注者側の労働者と請負事業主側の労働者との混在による指揮命令関係が生じるのを避けることができるとともに、告示第37号で求められている労務管理の独立性、すなわち、①業務の遂行方法などについての指示について請負事業主が自ら行うこと、②労働時間についての指示について請負事業主が自ら行うこと、③服務規律に関する指示や人事管理について請負事業主が自ら行うこと、④労働者の勤務場所や管理者などの決定・変更などの配置の決定や変更について請負事業主が自ら行うこと、を確実に履行できることになります。

3　設備のメンテナンスなどに関する留意事項

告示第37号第2条第2号ハは、事業の独立性として、次の①または②のいずれかに該当し、単に肉体的な労働力の提供でないことを定めています。
① 請負事業主が自己の責任と負担で準備し、調達する機械、設備もしくは器材（業務上必要な簡易な工具を除く）または材料もしくは資材により、業務を処理すること
② 請負事業主が自ら行う企画またはその有する専門的な技術もしくは経験に基づいて、業務を処理すること

本来、この要件は、①または②のいずれかの要件を満たせばよいのですが、①の要件を満たすようにする場合には、機械などを請負事業主が発注者から借り入れたものについては、2に述べたように、賃貸借契約によることが必要になります。

これに加えて、労働者派遣事業関係業務取扱要領には、製造業務の場合には、注文主の所有する機械、設備などの使用に当たり、「その保守および修理を請負事業主が行うか、ないしは保守および修理に要する経費を請負事業

主が負担していること」との記載があります。この記載自体は告示第37号に根拠のあるものではありませんが、保守および修理の費用負担を行うようにする方が無難であると考えられます。

この場合、時間帯を区分して使用する場合には、機械、設備のメンテナンスに要する経費については、発注者および請負事業主がそれぞれ使用する時間帯の長さに応じて負担することを賃貸借契約で明確にし、それに対応した費用負担とすることが適当です。

さらに、労働者派遣事業関係業務取扱要領には、「発注者への製品の受渡しについては伝票などによる処理体制が確立されていること」との記載もあります。この記載も告示第37号に根拠のあるものではありませんが、伝票の処理によって行うようにする方が無難であると考えられます。

問156 現在、メーカー構内を完全２交代制で、昼間をメーカーが担当し、夜間に請負事業主が担当しているのですが問題はないですか。昼間と夜間の区別は、人員構成・指揮命令・完成品の検収等完全に分離しています。設備の賃借契約も完了しています。また、これを３社による３交代にした場合は、どうでしょうか。

答 **1 時間を区切って施設や機械・設備を借り受け、生産活動を行うことは可能**

時間を区切って施設を借り受けることが可能なのは、貸会議室などの例に照らしても明らかです。また、時間を区切って機械・設備を借り受けることが可能なのも、機械・設備のリース業などの例に照らしても明らかです。

したがって、時間を区切って施設や機械・設備を借り受け、生産活動を行うことができることは言うまでもありません。そして、その生産活動が施設や機械・設備を借り受けた相手方が発注した仕事であっても変わりはありません。

その意味で、請負事業主が注文主から夜間の一定時間施設や機械・設備を借り受け、その時間についてその注文主から注文を受けた仕事を処理することは、当然可能です。

2 告示第37号の基準を満たすことが必要

その請負が労働者派遣事業(偽装請負)に該当しないようにするためには、告示第37号第２条の基準を満たすこと、すなわち、

① 請負業務に従事する労働者に対する業務の遂行方法に関する指示その他の管理を請負事業主が自ら行っていること
② 請負業務に従事する労働者の業務の遂行に関する評価などに関する指示その他の管理を請負事業主が自ら行っていること
③ 請負業務に従事する労働者の始業および終業の時刻、休憩時間、休日、休暇などに関する指示その他の管理を請負事業主が自ら行っていること
④ 請負業務に従事する労働者の労働時間を延長する場合または労働者を休日に労働させる場合における指示その他の管理を請負事業主が自ら行っていること
⑤ 請負業務に従事する労働者の服務上の規律に関する事項についての指示その他の管理を請負事業主が自ら行っていること
⑥ 請負業務に従事する労働者の配置等の決定および変更を請負事業主が自ら行っていること
⑦ 請け負った業務の処理に要する資金につき、すべて請負事業主の責任の下に調達し、かつ、支弁していること
⑧ 請け負った業務の処理について、民法、商法その他の法律に規定された事業主としてのすべての責任を請負事業主が負っていること
⑨ 請負事業主の責任と負担で準備し、調達する機械、設備もしくは器材または材料もしくは資材により、請け負った業務を処理しているか、あるいは請負事業主が行う企画または請負事業主の有する専門的な技術もしくは請負事業主の有する専門的な経験に基づいて、請け負った業務を処理すること

の基準を満たすことしかありません。

3　告示第37号の基準を満たすに当たっての留意点

これに関しては、次の点に留意する必要があります。

(1)　施設や機械・設備については賃貸借契約を結んでおいた方が無難

　施設や機械・設備を有償の賃貸借契約とすることは、2の⑨の基準では必須ではありませんが、有償の賃貸借契約を結んでおいた方が無難だと思います。その際、できれば、請負事業主が請負業務を請け負っている時間帯については、請負事業主が排他的に利用できるような契約内容とすることが望ましく、その時間帯については請負事業主が管理しているという表示や場所的な区切り、注文主の労働者が入場する場合の管理簿などを合わせて用意しておいた方がより適切であると考えます。

(2) 注文主の労働者と請負会社の労働者の入れ替えの際の混在はできるだけ避ける

　　注文主の労働者と請負事業主の労働者の入れ替えの際にも注意を要します。本来混在は告示第37号第2条の基準にはありませんが、混在すると請負事業主の労働者が注文主の労働者から指揮命令を受けるリスクが高まりますので、できるだけ避けた方が良いと思います。その意味で、できれば、注文主側が作業を行う時間帯と請負事業主側が作業を行う時間帯との間に一定の間隔を置いた方が望ましいと考えます。

　　施設や機械・設備について注文主側が管理する時間帯と請負事業主側が管理する時間帯もできるだけ厳格にし、相手側が管理する時間帯が始まる前にもう一方は必ず作業を終了するようにした方がより適切であると考えます。

(3) 半製品の状態で納入できるようにする

　　注文主側が作業を行う時間帯に作業が終了せず、半製品である場合には、半製品の状態で請負事業主に発注できるようにし、逆に請負事業主側が作業を行う時間帯に作業が終了せず、半製品である場合には、半製品の状態で注文主に納入するようにすることが必要です。

(4) 作業の引継ぎは注文主側の管理者と請負事業主側の管理者との間だけで行う

　　作業の引継ぎは、注文主側の管理者と請負事業主側の管理者との間だけで行い、誰が誰に引き継ぐか表示しておいた方がより適切であると考えます。

(5) 3社による3交代制の場合、半製品の状態である場合を含め、請負事業主は注文主に納入し、納入を受けた注文主があらためて他の請負事業主に発注することが適切であると考えます。

　　以上のことは、2交代制の場合でも、3社による3交代制の場合でも基本的に同じですが、特に注意しなければならないのは、半製品の状態である場合を含め、請負事業主は注文主から発注を受け、注文主に納入するということです。したがって、半製品の状態である場合を含め、請負事業主は、他の請負事業主に納入するのではなく、注文主に納入し、納入を受けた注文主があらためて他の請負事業主に発注する仕組みとすることが必要です。

ウ　機械・設備の保守・管理

問157　A社の製造ラインをオペレーションはB社、設備のメンテナンスをC社が請け負っています。設備の保守や修理については、C社からA社へ直接請求しています。これは製造請負の観点から違法となるのでしょうか。また、B社から作業の依頼をし、C社にて作業を行い、B社へ請求すれば、違法にはならないのでしょうか。

答

1　労働者派遣事業と請負事業との区分

労働者派遣事業は、①派遣元が派遣労働者を雇用していること、②派遣元と派遣先との間に労働者派遣契約が締結され、この契約に基づき、派遣先は派遣労働者を指揮命令し、派遣先のために労働に従事させることができること、③派遣先は派遣労働者を雇用せずに指揮命令し、派遣先のために労働に従事させること、を内容としているのに対し、請負事業は、請負事業主が注文主から請け負った仕事の完成を主たる内容としています。

したがって、請負事業主がその労働者を直接指揮命令する場合には請負事業になりますが、請負事業と称していても注文主が請負事業主の労働者を直接指揮命令している場合には、労働者派遣事業に該当します。

請負事業と労働者派遣事業の区分を明確にするために定められたのが告示第37号です。

このため、請負事業が労働者派遣事業に該当せず、適正な請負事業であるためには、告示第37号に定められた次の基本的な要件を満たす必要があります。

① 労働者の業務の遂行について、請負事業主が直接指揮監督を行うこと
② その業務を請負事業主の業務として発注者から独立して業務を処理すること

告示第37号第2条には、次の具体的な判断基準が示されていますので、労働者派遣事業に該当しないよう、請負事業を行おうとする場合には、これらの基準に適合する必要があります。

(1) 労務管理の独立性

請負事業主がその雇用する労働者を直接に指揮命令していること。すなわち、①業務の遂行方法などについての指示、②労働時間についての指示、③服務規律に関する指示や人事管理、④労働者の配置の決定や変更について請

負事業主が自ら行っていること。
(2) 事業の独立性
　請負事業主の事業の経営が独立して行われていること。すなわち、①経理の独立性、②法律の独立性が確保されていること、③次のアまたはイのいずれかに該当し、単に肉体的な労働力の提供でないこと。
　　ア　自己の責任と負担で準備し、調達する機械、設備もしくは器材（業務上必要な簡易な工具を除く）または材料もしくは資材により、業務を処理すること。
　　イ　請負事業者自ら行う企画またはその有する専門的な技術もしくは経験に基づいて、業務を処理すること。

2　A社の製造ラインのオペレーションを請け負っているB社について

　告示第37号の(2)③の要件は、アまたはイの要件を満たすことが必要であり、B社がイの要件を満たしていれば問題はありませんが、イの要件を満たしていない場合には、「注文主の所有する機械、設備などを使用する場合には、請負契約とは別個の賃貸借契約などの双務契約を締結していること」が必要です。また、労働者派遣事業関係業務取扱要領には、製造業務の場合には、注文主の所有する機械、設備などの使用に当たり、「その保守および修理を請負事業主が行うか、ないしは保守および修理に要する経費を請負事業主が負担していること」との記載があります。この記載自体は告示第37号に根拠のあるものではありませんが、保守および修理の費用負担を行うようにする方が無難であると考えられます。
　したがって、本件においは、B社が保守や修理を行うか、あるいはその経費を負担することが無難であると考えられます。
　そして、そのためには、B社が独自で設備の保守および修理を行うか、またはB社からC社に保守および修理の作業依頼を行い、C社において保守および修理の作業を行った上で、C社からB社に対し保守および修理の費用の請求を行うか、のいずれかとすることが無難であると考えられます。

3　A社の製造設備のメンテナンスを請け負っているC社について

　C社が行う製造設備のメンテナンスについては、C社の企画または専門的な技術もしくは経験に基づいて業務を処理していれば、適正な（労働者派遣事業に該当しない）請負事業になります。また、設備のメンテナンスについては、一般に独立して業務を行っているので、労働者派遣事業に該当するとは考え難いと思われます。

エ　機械・設備の故障

問158　請負事業主のラインで機械が故障してしまいました。修理は発注者側の労働者しか行うことができないので、その間請負事業主側の労働者に別の仕事を4時間行ってもらいました。この4時間については別契約として請求してもらうことが必要と考えていますが、労働者1人1時間当たり単価1,000円で請負事業主側に支払うことで問題はありませんか。また、発注者側の労働者が行った修理費用は無償として差し支えありませんか。

答　**1　請負契約**

請負契約は「当事者の一方がある仕事の完成を約束し、相手方がその仕事の結果に対してその当事者に報酬を与えること」を約束する契約をいいます（民法第632条）。したがって、請負事業主に仕事を請け負わせるためには、あらかじめ発注者と請負事業主との間で、完成すべき仕事の内容を定めて契約する必要があります。

ただし、請負契約は、書面で締結しなければならないものではありませんので、書面にしていないから請負契約に該当しないということではなく、その請負開始までの間に完成すべき仕事の内容が明確にされていれば、可能であると考えられます。

請負契約は、発注者と請負事業主の間の契約であって、請負事業主の労働者との契約ではありませんから、発注者は請負事業主の労働者に従事すべき作業を指示することはできません。仮にご質問の趣旨が、発注者が請負事業主の労働者に直接従事すべき作業を指示していたということであれば、発注者と請負事業者の労働者の間には就業した4時間について、黙示の労働契約が成立していたものと評価される可能性が高いと考えられます。

この時間においても、請負事業主がその労働者との労働契約を継続しているとすれば、請負事業主の労働者は発注者と請負事業主双方との間と労働契約関係があることになりますが、このような事業形態は、労働者供給事業として、職業安定法第44条によって禁止されており、その違反に対しては、1年以下の懲役または100万円以下の罰金が労働者を供給した請負事業主にも、労働者の供給を受けた発注者の側にも課されます。

したがって、違法な事業形態であると言わざるを得ません。

2 請負代金

　請負代金は、請負事業主が請負契約に基づき完成した仕事の結果に対して支払われるものであって、原則として請負契約の締結時に定められるものです。ただし、請負契約の締結時に必ず定めなければならないものとはされていませんので、事後に請負代金を定めてもそのことだけで、違法となるものではないと考えられます。

　一方、請負事業が労働者派遣事業に該当しないものとして、労働者派遣法の規制を受けないものであるためには、労働者派遣事業の範囲に関して解釈を示した告示第37号に適合するものでなければなりません。

　告示第37号においては、労務管理の独立性に関する基準と事業の独立性に関する基準の双方から労働者派遣事業に該当するか否かを判断していますが、このうち、事業の独立性に関する基準には、次のような基準が示されています。

　次のいずれかに該当するものであって、単に肉体的な労働力を提供するものでないこと。
(1) 自己の責任と負担で準備し、調達する機械、設備もしくは器材（業務上必要な簡易な工具を除く）または材料もしくは資材により、業務を処理すること。
(2) 自ら行う企画または自己の有する専門的な技術もしくは経験に基づいて、業務を処理すること。

　この基準の中で最も重要な点は、「単に肉体的な労働力を提供するものでないこと」であり、「単に肉体的な労働力を提供するもの」である場合には、請負の形式による契約により行う事業である場合であっても、労働者派遣事業に該当するものと評価されます。

　ご質問は、労働者1人1時間当たり単価1,000円の請負代金を設定するということですが、このように請負代金を労働者の作業時間を基準とすることについては、そのことだけで「単に肉体的な労働力を提供するもの」にはならないとは考えられますが、他の要素も加味して総合的に判断される場合に、単に肉体的な労働力の提供と評価される可能性が高まると考えられます。

　したがって、労働者派遣事業に該当しない請負事業として行おうとするのであれば、請負代金の設定を労働者の作業時間を基準とすることには問題が

あるといわざるを得ません。
3　機械の修理費用

　上記の「単に肉体的な労働力を提供するものでないこと」に関する基準においては、①自己の責任と負担で準備し、調達する機械、設備もしくは器材（業務上必要な簡易な工具を除く）または材料もしくは資材により、業務を処理するか、または②自ら行う企画または自己の有する専門的な技術もしくは経験に基づいて、業務を処理することのいずれかを満たすことが必要となります。

　このうち、②の技術要件を満たす場合には、機械の修理費用について発注者側で負担しても問題はありませんが、2の①の機械・設備要件を満たすこととする場合には、機械、設備、資材などの所有関係、購入経路などの如何を問うものではないとされているものの、機械などを発注者から借り入れる場合には、別個の双務契約（契約当事者双方に相互に対価の関係をなす法的義務を課する契約）、すなわち、賃貸料を支払う賃貸借契約による正当なものであることが必要で、賃貸料を支払わない使用貸借契約によることは、これに抵触することになります。

　その上で、労働者派遣事業関係業務取扱要領には、製造業務の場合には、注文主の所有する機械、設備などの使用に当たり、「その保守および修理を請負事業主が行うか、ないしは保守および修理に要する経費を請負事業主が負担していること」との記載があります。この記載自体は告示第37号に根拠のあるものではありませんが、保守および修理の費用負担を行うようにする方が無難であると考えられます。

　このため、発注者が所有する機械の修理費用を発注者側で負担することには①の機械・設備要件を満たす場合には問題があり、発注者としては、機械の修理費用を請負事業主に請求して、請負事業主に負担させるようにした方が無難であると考えられます。

> **問159**　請負事業主の製造ラインで機械が長期に故障してしまいました。このような場合の請負事業主に対する賃金の補償はどのように考えるべきなのでしょうか。機械の保守点検の責任が発注者側にある場合には賃金の60％を補償しなければならないのでしょうか。

第2部　請負の管理

答　1　債務不履行の責任

　一般に契約の当事者がその契約に定められた義務を履行しない場合には、その債務の不履行に伴って、相手方に発生する損害を賠償する責任を負います。これについて、民法では、次のような規定を置いています。
① 債務者（発注者）がその債務の本旨に従った履行をしないときは、債権者（請負事業主）は、これによって生じた損害の賠償を請求することができる（同法第415条）
② 債務の不履行に対する損害賠償の請求は、これによって通常生ずべき損害の賠償をさせることをその目的とする。特別の事情によって生じた損害であっても、当事者がその事情を予見し、または予見することができたときは、債権者は、その賠償を請求することができる（同法第416条）

　したがって、発注者と請負事業主は、この規定に基づいて、協議することになると考えられますが、問題となるのは、①請負事業主の製造ラインで機械が長期に故障してしまったことによって発生した請負事業主の損害が発注者側の債務不履行によるものであるのか、②請負事業主に発生した損害の範囲はどの範囲であるのか、といった点です。

2　請負事業主に発生した損害と発注者側の債務不履行

　請負事業が労働者派遣事業に該当しないものとして、労働者派遣法の規制を受けないものであるためには、労働者派遣事業の範囲に関して解釈を示した告示第37号に適合するものでなければなりません。
　告示第37号第2条第2号ハは、次のように規定しています。

　次のいずれかに該当するものであって、単に肉体的な労働力を提供するものでないこと。
① 自己の責任と負担で準備し、調達する機械、設備もしくは器材（業務上必要な簡易な工具を除く）または材料もしくは資材により、業務を処理すること。
② 自ら行う企画または自己の有する専門的な技術もしくは経験に基づいて、業務を処理すること。

　このうち、②の技術要件を満たす場合には、機械の修理費用について発注者側で負担しても問題はありません。しかしながら、①の機械・設備要件を満たすとする場合には、機械、設備、器材などの所有関係、購入経路など

の如何を問うものではないが、機械などを発注者から借り入れる場合には、別個の双務契約（契約当事者双方に相互に対価的関係をなす法的義務を課する契約）、すなわち、賃貸料を支払う賃貸借契約による正当なものであることが必要であり、賃貸料を支払わない使用貸借契約によることは、これに抵触します。その上で、労働者派遣事業関係業務取扱要領には、製造業務の場合には、注文主の所有する機械、設備などの使用に当たり、「その保守および修理を請負事業主が行うか、ないしは保守および修理に要する経費を請負事業主が負担していること」との記載があります。この記載自体は告示第37号に根拠のあるものではありませんが、保守および修理の費用負担を行うようにする方が無難であると考えられます。

このため、請負事業主が発注者から機械などを借り受けてその製造ラインに使用する場合には、その機械などの保守点検は、原則として請負事業主が行うようにすることが無難であり、発注者側で行うことは適当とは言えません。

3 請負事業主に発生した損害の範囲

発注者に債務不履行があったために、請負事業主に損害が発生した場合には、発注者は請負事業主に対して発生した損害を賠償しなければなりませんが、その範囲については、個々の請負事業によって異なってくると考えられます。ここでは、請負事業主の労働者に対する労務に関する損害について見ていくことにします。

(1) 休業手当の支払い

使用者の責めに帰すべき事由による休業の場合には、使用者は、その休業期間中、平均賃金の6割以上の休業手当を支払わなければなりません（労働基準法第26条）。

「使用者の責めに帰すべき事由」に該当するか否かについては、休業になることを避けるために最善の努力をしたかどうかが判断の基準となり、天災地変の場合、休電による場合、法令に基づくボイラーの検査のための休業、労働基準法第33条に基づく代休命令などの不可抗力の場合には使用者の責めに帰すべき事由による休業には該当しませんが、不可抗力以外の場合には使用者の責めに帰すべき事由による休業に該当します。

このため、例えば、派遣先から派遣労働者の就労を拒絶された場合でも、派遣元は休業手当を支払わなければなりません（三都企画建設事件　大阪地裁平成18年1月6日労判913-49）。

ご質問のように製造ラインの機械が故障した場合には、請負事業主にとって不可抗力であるとは考えにくい。このため、このような場合には、請負事業主は、その雇用する労働者に対して少なくとも休業手当を支払わなければなりません。

(2) 賃金の支払い

労働基準法第26条の規定は、使用者の都合による休業が民法第536条第2項の「債権者の責めに帰すべき事由」に基づく履行不能に該当し、全額賃金の支払を請求し得る場合にも、その請求権を平均賃金の6割に減縮しようとする趣旨のものではありません（小倉綜合補給廠事件　最高裁第二小法廷昭和37年7月20日民集16-8-1684）。このため、民法第536条第2項の請負事業主「の責に帰すべき事由」に該当する場合には、請負事業主は、その労働者に対して賃金全額を支払わなければなりません。なお、労働基準法第26条の「使用者の責に帰すべき事由」の方が民法第536条第2項の「債務者の責に帰すべき事由」よりも範囲が広く、使用者側に起因する経営、管理上の障害を含むと解されています（ノースウエスト航空事件　最高裁第二小法廷昭和62年7月17日労判499-6）。

ご質問にある賃金の60％の補償とは、休業手当のことを意味すると考えられますが、請負事業主が労働者に対して支払うのは休業手当で足りるのかは明確なことは言えませんので、裁判例なども参考としながら、発注者と請負事業主の間で協議する必要があります。

オ　賃貸された機械・設備に対する発注者の権限

問160　発注者は機械・設備を請負事業主に賃貸すると、賃貸した機械・設備に対する権限はなくなるのでしょうか。

答　賃貸借契約の場合に、貸主がどのような権限を有するかについては、契約自由の原則によって当事者間で定めるというのが大原則です。

その際、貸主側が持っている権利、例えば所有権があるとすれば、その権利は当然に尊重されなければなりません。

したがって、貸主の権限がなくなるということはあり得ないことだと考えられます。

15. 管理事務所

問161 製造工程の一部を派遣から請負に変更しました。請負事業主の責任者から事業所の労務管理や事務作業を行うための管理事務所が必要とのことで、管理事務用のスペースを確保したいとの要望がありました。工場設備やスペースの問題もあり、作業場の空いたスペースに机を置いて事務作業をして貰っています。当然のことながら通信環境なども無く、物理的にも事務スペースとして区分けもしていません。請負事業主からは独立（区画）した事務所は請負の必須条件と聞いています。事務所のような独立したスペースが無いと偽装請負と判断されるのでしょうか。

答 ご質問の中の「偽装請負」というのは、「労働者派遣事業」のことであると思料いたします。

というのも、労働者派遣法は、「労働者派遣」や「労働者派遣事業」について規定していて、「偽装請負」について規定している訳ではありません。

また、いわゆる告示第37号も「労働者派遣事業と請負により行われる事業との区分に関する基準」という表題で、「労働者派遣事業」に関する区分を定めているからです。

これらの規定を順番に見てみましょう。

まず労働者派遣法は、「労働者派遣」について、「自己の雇用する労働者を、当該雇用関係の下に、かつ、他人の指揮命令を受けて、当該他人のために労働に従事させることをいい、当該他人に対し当該労働者を当該他人に雇用させることを約してするものを含まないものとする」と規定しています。

したがって、請負事業主の労働者が発注者の指揮命令を受けて、発注者のために労働に従事させる場合が「労働者派遣」になりますが、請負の管理事務所については何も触れていません。

同様に告示第37号の第2条をみると、「当該業務の処理に関し次の各号のいずれにも該当する場合を除き、労働者派遣事業……とする」旨規定していますが、そこに規定されているのは、業務の遂行方法、業務の遂行に関する評価など、労働時間などおよび服務上の規律に関する事項についての指示その他の管理ならびに配置などの決定および変更を請負事業主が自ら行うこ

と、事業資金をすべて請負事業主が自らの責任の下に調達し、支弁すること、法律に規定された事業主としてのすべての責任を請負事業主が負うことならびに機械、設備もしくは器材（業務上必要な簡易な工具を除く）または材料もしくは資材を請負事業主が自らの責任と負担で準備し、調達するか、または請負事業主が自ら行う企画または請負事業主が自ら有する専門的な技術もしくは経験に基づいて、業務を処理すること、と規定していて、請負の管理事務所については何も触れていません。

さらに、告示第37号に関する疑義応答集（第2集）問8に「請負事業主の管理責任者は常駐しておらず、請負労働者や発注者との連絡調整のため、必要に応じて巡回して業務上の指示を行っていますが、請負業務として問題がありますか」という質問に対して、「当該管理責任者が業務遂行に関する指示、労働者の管理等を自ら的確に行っている場合には、多くの場合、<u>管理責任者が発注者の事業所に常駐していないことだけをもって、直ちに労働者派遣事業と判断されることはありません</u>」と回答しています。

つまり、管理責任者が発注者の事業所に常駐していなくても、それだけでは労働者派遣事業に該当しないわけですから、まして、独立（区画）した管理事務所がないことだけで、労働者派遣事業に該当することはありません。

ただし、請負事業主の責任者が業務遂行に関する指示や請負労働者の管理等を的確に行うためには、独立（区画）した管理事務所があった方が望ましいことは間違いありませんので、その点を十分考慮して、ご対応いただきたいと思います。

16. 製品・部品の受け渡し

ア 材料・資材の調達

問162 原料、部品等を発注者から無償で提供されている場合には告示第37号に抵触するのでしょうか。

答 告示第37号第2条第2号ハは、「次の<u>いずれか</u>に該当するものであつて、単に肉体的な労働力を提供するものでないこと。
1 自己の責任と負担で準備し、調達する機械、設備若しくは器材（業務上必要な簡易な工具を除く。）<u>又は</u>材料若しくは資材により、業務を処理す

ること。
2　自ら行う企画又は自己の有する専門的な技術若しくは経験に基づいて、業務を処理すること。」と規定しています。

　上で線を引いていますように、この規定は「いずれか」「又は」「若しくは」でつながっていますので、その中のどれかを満たせばよいという構造になっています。

　ところが、労働局（場合によっては厚労省も）によっては、この「いずれか」「又は」「若しくは」を「いずれも」「及び」「並びに」に読み替えて、材料もしくは資材を自己の責任と負担で準備し、調達しなければならないから、原料、部品などを発注者から無償で提供されてはならないと言っている場合があるようです。

　これは、上記の告示第37号第2条第2号ハの規定から、間違いであることは明白です。

問163　請負の場合、機械・設備も原材料もどちらも請負事業主が準備し、調達しなければならないのでしょうか。

答　告示第37号第2条第2号ハは、「次のいずれかに該当するものであつて、単に肉体的な労働力を提供するものでないこと。
1　自己の責任と負担で準備し、調達する機械、設備若しくは器材（業務上必要な簡易な工具を除く。）又は材料若しくは資材により、業務を処理すること。
2　自ら行う企画又は自己の有する専門的な技術若しくは経験に基づいて、業務を処理すること。」と規定しています。

　したがって、この規定は「いずれか」「又は」「若しくは」でつながっていますので、その中のどれかを満たせばよいという構造になっています。

　ところが、労働局（場合によっては厚労省も）によっては、この「いずれか」「又は」「若しくは」を「いずれも」「及び」「並びに」に読み替えて、機械・設備も原材料もどちらも請負事業主が準備し、調達しなければならないと言っている場合があるようです。

　これは、上記の告示第37号第2条第2号ハの規定から、間違いであることは明白です。

イ　製品・部品の受け渡し

問164　請負工程へ部材、製品を引き渡しと受け取りの際に何かルールがありますか。

答　部材・製品の受け渡しに当たっては、受け渡し場所を決めて、一方がそこに置いて、他方がそれを受け取るようにし、必要な連絡調整は発注者の担当者と請負事業主の管理者間で行うようにすることが適当です。

できれば連絡調整図を作成して、作業場に掲示することが必要な連絡調整を明確にして、望ましいと考えられます。

なお、労働者派遣事業関係業務取扱要領には「製造業務の場合には、注文主からの原材料、部品等の受取りや受託者から注文主への製品の受渡しについて伝票等による処理体制が確立されていること」旨の記載があります。

告示第37号が伝票等による処理体制まで定めている訳ではありませんが、発注者と請負事業主の連絡調整を明確にするためには望ましいことですので、伝票等による処理体制を確立することもご検討頂きたいと思います。

問165　主に電子部品関係の製造販売をしています。製造ラインの一部として、原材料の加工ラインの機械オペレーション業務と品質検査業務を請負として業者に任せています。請負化を推進する中で、職場の区分けや独立性は確保し、請負事業主に作業を任せていますが、中間ラインということもあり、物の受け渡しという点が発注元である当社の管理簿で処理されており、発注者と請負事業主間で正式な受け渡しの記録がありません。個別で受け渡し表のような帳票は必要でしょうか。また、賃貸借契約により請負事業主に貸している機械の消耗部品等についてですが、日常の点検時に請負事業主に交換してもらっています。この場合、消耗部品の請負事業主への供給は貸主の当社が行っています。部品の供給なども受け渡しや在庫管理が相互で必要になるのでしょうか。

答　ご質問の件ですが、告示第37号第2条は「請負の形式による契約により行う業務に自己の雇用する労働者を従事させることを業として行う事業主であっても、当該事業主が当該業務の処理に関し次の各号のいずれにも該当する場合を除き、労働者派遣事業を行う事業主とする」と規定していま

す。したがって、第2条各号つまり、同条第1号と第2号に規定している要件を全て満たしていれば、労働者派遣事業には該当しない、つまり請負として問題がないことになります。

第2条でご質問に関係するのは第2号ハで、次のように規定しています。

「次の**いずれか**に該当するものであつて、単に**肉体的な労働力を提供する**ものでないこと。

(1) 自己の責任と負担で準備し、調達する機械、設備**若しくは**器材（業務上必要な簡易な工具を除く。）**又は**材料**若しくは**資材により、業務を処理すること。

(2) 自ら行う企画**又は**自己の有する専門的な技術**若しくは**経験に基づいて、業務を処理すること。」

この規定からすれば、次の**いずれか**として(1)と(2)が規定され、しかも(1)と(2)の中も「又は」「若しくは」で結んでいますので、これらのうちの1つを満たせば、この要件を満たすことになりますが、労働局においては「機械、設備、器材は、自己の責任と負担で準備し、調達しなければならない」「準備し、調達する方法としては、有償の双務契約（つまり賃貸借契約）でなければならない」と指導しているところが多いようです。

このような現状を踏まえると、機械、設備、器材については賃貸借とすることが無難であると考えます。

本件においては、機械は賃貸借契約により請負事業主に貸しているということで問題がないと考えますが、労働者派遣事業関係業務取扱要領には、製造業務に関して、さらに次のような記載があります。

① 注文主からの原材料、部品等の受取りや受託者から注文主への製品の受渡しについて**伝票等による処理体制が確立されている**こと。

② 注文主の所有する機械、設備等の使用については、請負契約とは別個の双務契約を締結しており、**保守及び修理を受託者が行うか、ないしは保守及び修理に要する経費を受託者が負担している**こと。

これらの記載は、告示第37号には根拠はないと思いますが、労働者派遣事業関係業務取扱要領に記載されている以上、これに沿って行う方が無難と考えられます。

これらの記載に従えば、まず発注者と請負事業主間で部品などの受取りや製品の受渡しについて伝票などによって処理する体制を確立することが無難ですので、物の受け渡しに関して帳票を整備しておいた方がよいと考えられ

ます。
　また、保守および修理を受託者が行うか、ないしは保守及び修理に要する経費を受託者が負担することが無難ですので、機械の消耗部品などについては請負事業主が費用を負担した方がよいと考えられます。
　請負事業主が費用を負担する以上、有償ということになりますので、その受け渡しについても明確にしておいた方がよいと考えられます。

17. 企画・専門的な技術・経験

> **問166**　「自ら行う企画又は自己の有する専門的な技術若しくは経験」に対する労働局の考え方は具体的には何でしょうか。また「自ら行う企画」「専門的な技術若しくは経験」が論点となった事例、認められた事例はあるのでしょうか。「専門的な技術若しくは経験」とは、日本に唯一レベルのものは求められないのでしょうか。専門26業種のような専門性で足りるのでしょうか。委託元会社でできないものを委託することは専門性ありといえるのでしょうか。

答　告示第37号の内容を理解するためには、労働者供給事業業務取扱要領の第1「労働者供給事業の意義等」の職業安定法施行規則第4条について解説した部分を理解することが大変有意義なのですが、大変残念ながら、労働局の担当者の多くは、これを理解していないのが実情ですので、労働局の担当者がどのように考えているかは、良く分からないところがあります。また、「自ら行う企画」「専門的な技術若しくは経験」が論点となった事例、認められた事例も必ずしも明らかではありません。
　一方、「自ら行う企画又は自己の有する専門的な技術若しくは経験」の内容については、労働者供給事業業務取扱要領の第1「労働者供給事業の意義等」の職業安定法施行規則第4条について解説した部分やその他過去の資料を紐解けば、理解できます。
　労働者供給事業業務取扱要領は、「『企画もしくは専門的な技術、もしくは専門的な経験』とは、請負業者として全体的に発揮すべき企画性、技術性、経験を指すのであって、個々の労働者の有する技術または技能などや業務自体の専門性をいうのではない。そして、当該作業が『企画もしくは専門的な

技術、もしくは専門的な経験』を必要とするかどうかの認定は、その作業が単に個々の労働者の技能の集積によって遂行できるものか、また、その請負業者が企業体として、その作業をなし得る能力を持っており、かつ、現実にその技能、経験を発揮して作業について企画し、または指揮監督しているかどうかについて検討すべきものである」と記載しています。

したがって、①請負事業主が企業体としてその業務を行う能力を持っていること、および②①の能力を発揮してその業務について企画し、あるいは指揮監督していること、の2つの要件を両方とも満たしている場合に、告示第37号第2条第2号ハ(2)の基準を満たすことになり、逆にいえば、③請負事業主が企業体としてその業務を行う能力を持っていない場合、あるいは④請負事業主が企業体としてその業務を行う能力を持っていても、その能力を発揮してその業務について企画し、あるいは指揮監督していない場合には、告示第37号第2条第2号ハ(2)の基準を満たしていないことになります。

また、そのレベルに関しては、「要するに『企画もしくは専門的な技術、もしくは専門的な経験』とは、請負事業主として全体的に発揮すべき企画性、技術性、経験を指すのであって、個々の労働者の有する技術または技能などや業務自体の専門性をいうのではない。そして、当該作業が『企画若しくは専門的な技術、若しくは専門的な経験』を必要とするかどうかの認定は、その作業が単に個々の労働者の技能の集積によって遂行できるものか、また、その請負事業主が企業体として、その作業をなし得る能力を持っており、かつ、現実にその技能、経験を発揮して作業について企画し、又は指揮監督しているかどうかについて検討すべきものである」と記載しています。

つまり、①請負事業主が企業体としてその業務をなし得る能力を持っていること、②現実にその企業体として持っているその業務をなし得る能力を発揮して、その業務について、a企画を行っていること、あるいはb指揮監督をしていること、のいずれかの要件を満たせば、告示第37号第2条第2号ハ(2)の要件を満たすことになり、それ以上のレベルを要求している訳ではありません。

以上のことから明らかなように、日本に唯一レベルのものが求められる訳ではありませんし、発注者でできるものであっても、委託することは可能です。

なお、政令で定める26（現在は28）業務の専門性は、個々の派遣労働者の従事する業務の専門性ですので、請負事業主が企業体として有する専門性と

は、異なります。

　なお、「企画」、「専門的な技術」、「専門的な経験」については、次のように考えられます。

(1)　企画

　昭和27年の通達（昭和27年7月23日職発第502号の2）においては「『企画』とは請負作業の遂行に必要な計画または段取りを行うことを意味しますが、企画するには必ず一定の技術または経験を必要とし、このような技術または経験を有する者が、その技術経験を駆使して企画を行うのであるから企画性の有無を判定するに当っては概ねその企画を行う者の技術力または経験度を基準とし、なおその技術経験を必要とする程度の企画であるかどうかによって判断することが適当である」と記載しています。

(2)　専門的な技術

　労働者供給事業業務取扱要領においては「『専門的な技術』とは、当該作業の遂行に必要な専門的な工法上の監督技術、すなわち、通常学問的な科学知識を有する技術者によって行われる技術監督、検査などをいう」と記載しています。

　ここでいう「専門的な技術」は、請負事業主の有する専門的な技術ですので、請負業務に従事する個々の労働者の有する専門的な技術は含まれません。

　したがって、個々の労働者が従事する業務が専門的な技術を必要としないものであっても、技術者が労働者の業務の遂行について技術的な監督や検査などを行っていれば、告示第37号第2条第2号ハ(2)の基準を満たします。

　逆に、業務に従事する個々の労働者が専門的な技術を有していても、技術者が労働者の業務の遂行について技術的な監督や検査などを行っていなければ、告示第37号第2条第2号ハ(2)の基準を満たしません。

(3)　専門的な経験

　労働者供給事業業務取扱要領においては「『専門的な経験』とは、学問的に体系づけられた知識に基づくものではないが、永年の経験と熟練により習得した専門の技能を有するいわゆる職人的技能者が、作業遂行の実際面において発揮する工法上の監督的技能、経験をいう。例えば、作業の実地指導、仕事の順序、割振、危険防止などについての指揮監督能力がこれであり、単なる労働者の統率ないしは一般的労務管理的技能、経験を意味するものではなく、また、個々の労働者の有する技能、経験をもって足りるような作業は『専門的な経験』を必要とする作業とはいえないものである」と記載してい

ます。

　このため、請負事業主の雇用する職人的技能者で永年の経験と熟練により習得した専門の技能を有するものが労働者の業務の遂行について技術的な監督や検査などを行っていれば、請負事業主が自己の有する専門的な経験に基づいて業務を処理していることになります。

　ここでいう「専門的な経験」は、請負事業主の有する専門的な経験ですので、請負業務に従事する個々の労働者の有する専門的な経験や技能は含まれません。

　したがって、個々の労働者が従事する業務が専門的な経験や技能を必要としないものであっても、職人的技能者が労働者の業務の遂行について技術的な監督や検査などを行っていれば、告示第37号第2条第2号ハ(2)の基準を満たします。

　逆に、業務に従事する個々の労働者が専門的な経験や技能を有していても、職人的技能者が労働者の業務の遂行について技術的な監督や検査などを行っていなければ、告示第37号第2条第2号ハ(2)の基準を満たしません。

　なお、告示第37号に関する疑義応答集（第2集）問15には「車両運行管理業務の内容が、運転者の提供のみならず、車両の整備、修理全般、燃料、備品、消耗品等の購入、車両運行管理のための事務手続及び事故処理全般等車両運行管理全体を請け負うものである場合は、多くの場合、請負事業主が自らの企画又は専門的技術・経験に基づき業務が処理されているものと判断できます」という記載があります。

問167　企画・専門的な技術・経験であるためには、発注者に無い請負事業主独自の高度な技術・専門性等で処理をしていることが必要なのでしょうか。

答　告示第37号第2条第2号ハ(2)の「企画」、「専門的な技術」、「専門的な経験」に関して、労働者供給事業業務取扱要領および昭和27年の通達（昭和27年7月23日職発第502号の2）は、次のように記載しています。

(1)　企画

　「企画」とは請負作業の遂行に必要な計画または段取りを行うことを意味するが、企画するには必ず一定の技術または経験を必要とし、このような技術または経験を有する者が、その技術経験を駆使して企画を行うのであるか

ら、企画性の有無を判定するに当っては概ねその企画を行う者の技術力または経験度を基準とし、なおその技術経験を必要とする程度の企画であるかどうかによって判断することが適当である。

(2) 専門的な技術

「専門的な技術」とは、当該作業の遂行に必要な専門的な工法上の監督技術、すなわち、通常学問的な科学知識を有する技術者によって行われる技術監督、検査などをいう」という記載があります。

(3) 専門的な経験

「専門的な経験」とは、学問的に体系づけられた知識に基づくものではないが、永年の経験と熟練により習得した専門の技能を有するいわゆる職人的技能者が、作業遂行の実際面において発揮する工法上の監督的技能、経験をいう。例えば、作業の実地指導、仕事の順序、割振、危険防止などについての指揮監督能力がこれであり、単なる労働者の統率ないしは一般的労務管理的技能、経験を意味するものではなく、また、個々の労働者の有する技能、経験をもって足りるような作業は『専門的な経験』を必要とする作業とはいえないものである。

なお、告示第37号に関する疑義応答集（第2集）問15には「車両運行管理業務の内容が、運転者の提供のみならず、車両の整備、修理全般、燃料、備品、消耗品等の購入、車両運行管理のための事務手続及び事故処理全般等車両運行管理全体を請け負うものである場合は、多くの場合、請負事業主が自らの企画又は専門的技術・経験に基づき業務が処理されているものと判断できます」という記載があります。

したがって、告示第37号第2条第2号ハ(2)は、発注者に無い請負事業主独自の高度な技術・専門性等で処理をしていることまで定めている訳ではありません。

第3節 その他

1．請負と直接雇用

問168　メーカーA社に請負契約により請負会社B社従業員34名が働いており、このうちB社従業員寮を利用している者が15名います。ベテラン層の割合が高く34名中、18名が5年以上～10年未満の従業員です。A社からは、1年間34名全員を一時的に直接雇用した後再度B社と請負契約を締結し、一旦直接雇用した者をB社へ戻したい、直接雇用する期間は1年間に限定し、A社への直接雇用前には、事前に説明し、全員納得した上でこのスキームを取り入れたい、との要望が寄せられています。生産部門では、製品の増産に伴い、現在の34名が生産する上で必要不可欠となっていることが背景にあるようです。今回のA社の要望の重要点としましては、①派遣⇒直雇用⇒派遣（×）であるが、請負⇒直雇用⇒請負（○）、②今回特殊な事情も有り、1年間限定の直雇用および終了後の請負（B社）への再雇用の事前説明は可能、ということです。紐付きでの雇用契約（職業紹介）への問題点を深く説明する事が出来ず、アドバイスを頂きたく質問をさせて頂きました。

答　請負については労働者派遣事業のような法規制はありませんので、基本的に一般の事業と同じように自由に行うことができます。

ただし、いわゆる偽装請負の場合には労働者派遣事業になりますので、労働者派遣法の適用を受けますが。ここでは、適正な（労働者派遣事業に該当しない）請負であることを前提としますと、B社からA社に転籍することについても、A社からB社に転籍することについても、特段の制限はありません。

ただし、転籍を行う場合には、雇用主が変わりますが、民法625条第1項は「使用者は、労働者の承諾を得なければ、その権利を第三者に譲り渡すことができない」と規定していますので、労働者本人の同意が必要です。したがって、B社からA社に転籍する場合も、A社からB社に転籍する場合も、必ず労働者本人の同意を得るようにしてください。

また、事業運営についても、直轄事業で行うのか、請負で他に委託するか

も自由に選択することができますので、問題はありません。

なお、労働局は請負を所管しているわけではなく、請負が労働者派遣事業に該当する、あるいはその恐れがある場合に初めて所管になりますので、適正な（労働者派遣事業に該当しない）請負については、雇用管理の面以外に何か言う立場にはありません。

> **問169** 問168の場合に、A社へ移籍する際に、1年間がA社にて直接雇用、1年終了後は、またB社が同じ工程を請負を再開する為、その際には戻って来て欲しいとの話を、「A社への直接雇用前」に説明してもいいでしょうか。

答　労働者供給事業にならないように注意することが必要です。

労働者供給事業業務取扱要領では、これに関連して、

「注文主が請負業務に従事していた労働者を直接雇用することについては、直用していると称する注文主の使用者としての業務履行の状況と、請負ないし労働者供給の事実の確認に基づいて判断され、例えば二重帳簿の備付、賃金支払の方法、採用、解雇の実権の所在、手数料的性格の経費の支払等によって、注文主が労働者を実質的に直接雇用しているとは認められない場合には、労働者供給事業に該当する」旨記載しています。

したがって、注文主が労働者を実質的に直接雇用しているとは認められず、旧請負事業主が労働者と実質的に支配従属関係にある場合には、労働者供給事業に該当する可能性があります。

このため、請負事業主であるB社としては、A社に直接雇用される労働者と実質的に支配従属関係にあると判断されないようにする必要があります。

ご質問の「A社へ移籍する際に、1年終了後はまたB社が同じ工程を請負を再開する為、その際には戻って来て欲しいとの話を『A社への直接雇用前』に説明すること」は、B社がA社に直接雇用される労働者と実質的に支配従属関係にあると判断される恐れがありますので、避けるべきと考えます。

問168では、A社の側の法的判断については問題がないと申し上げたものですが、A社に直接雇用されている間もB社と労働者との間に関係があることについては、適当とは言えません。

この点、B社としてはやり難いと思われるかと考えますが、このスキームにおいては、B社と労働者との間の関係はいったん切った方が良いと考えま

す。

問170 問168の場合に、有料職業紹介として移籍させて手数料を請求し、また再度当人達を雇用する事となった場合、反復している様に思われますが、職業紹介として問題無いでしょうか。

答 有料職業紹介については、A社から求人の申込みを受け、個々の労働者から求職の申込みを受けるようにして、A社への契約社員としての就職については、B社としては、有料職業紹介事業者として、就職あっせんをするものであって、それ以外のことを行うものではないことを明確にされておかれたほうが良いように思われます。

A社の契約社員としての雇用期間終了後については、B社としては、請負、派遣、職業紹介を行うことができるので、対応することは可能だという趣旨を話されることは問題がないと考えます。その中で、A社から再度請負をやって欲しいという話があり、請負の注文があったときには、B社としてベテランの人材が必要となることを伝えられることも問題がないと考えます。

いずれにせよ、B社としては、支配従属関係が継続しないように配慮することが必要です。

2．請負事業主のラインへの発注労働者の投入

問171 請負事業主の側において欠勤が発生した場合、発注者が対応することができますか。

答 請負事業主の労働者に欠勤があった場合に、発注者がそれを補充するのは、発注者が請負事業主に労働者派遣を行うことになりますので、発注者が労働者派遣事業の許可を受け、あるいは届出をしていなければ違法になります。

このため、請負事業主が管理スタッフの就業やアルバイトの採用、他の派遣元から労働者派遣を受け入れるなどして対応するようにすべきと考えます。

第2部　請負の管理

問172　請負事業主のラインで請負事業主の労働者から風邪で休むとの連絡がありました。このラインは、人の補充をしないと動かないことになります。しかしながら、請負事業主の側では補充できる人員が不足しているために、補充できないと言ってきました。このような場合には、一時的に発注者側の労働者をそのラインに投入することは問題ありませんか。

答　**1　請負契約とは**

　請負契約とは「当事者の一方がある仕事の完成を約束し、相手方がその仕事の結果に対してその当事者に報酬を与えること」を約束する契約をいいます（民法第632条）。

　したがって、製造ラインの作業を請け負う契約とは、請負事業主がその製造ラインの作業を完成させることが契約内容となります。仮に、請負事業主が製造ラインの作業を完成させることができなければ、請負事業主側に契約上の義務を履行していない債務不履行となり、この場合には、「債務者（請負事業主）がその債務の本旨に従った履行をしないときは、債権者（発注者）は、これによって生じた損害の賠償を請求することができます（同法第415条）。」

2　告示第37号とは

　請負契約によって行われる事業であっても、労働者派遣法に定める労働者派遣事業に実質的に該当する場合には、労働者派遣事業と評価され、労働者派遣法の規制を受けることになります。

　労働者派遣事業は、「自己（派遣元）の雇用する労働者（派遣労働者）を、当該雇用関係の下に、かつ、他人（派遣先）の指揮命令を受けて、当該他人のために労働に従事させることをいい、当該他人に対し当該労働者を当該他人に雇用させることを約してするものを含まない」ものを業として行うことをいいます（同法第2条第1号）。

　しかしながら、どのような場合に請負事業に該当するのか、労働者派遣事業に該当するのかについての判断は必ずしも容易ではないことから、その明確化を図る必要があるために定められたのが、告示第37号です。

　法令の解釈は通達で行われるのが一般的ですが、労働者派遣事業については、労働者派遣事業に該当するのか否かは労働者派遣法の適用があるのか否

かであり、重要であるために、官報に掲載される告示によってその範囲を明確にするために、その解釈について告示第37号で示されています。

なお、告示第37号は、労働者派遣法に根拠がないから効力がないのではないかという議論があるようですが、法律に根拠のない告示には、例えば、「自動車運転者の労働時間等の改善のための基準（平成元年２月９日労働省告示第７号）」などがあり、決して例外的なものではありません。告示第37号の場合には、労働者派遣法第２条第１号の定義に関する解釈を示したものですから、例えば、「厚生労働大臣が定める基準」などとの表現が同法にないのは、当然のことです。

3　告示第37号との関係

告示第37号においては、労務管理の独立性に関する基準と事業の独立性に関する基準の双方から労働者派遣事業に該当するか否かを判断しています。このうち、事業の独立性に関する基準については、事業経営に関するものであるので、労働問題に関する基準とすべきではないとする議論もあるようですが、企業としての独立性を欠いていて発注者の労務担当の代行機関と同一視しうるものであるなどその存在が形式的名目的なものに過ぎない場合には、その企業自体の存在が否定され（法人格の濫用の法理）、このような場合には、請負事業でないばかりか、労働者派遣事業にすら該当しないと考えられます。

この告示第37号の事業の独立性に関する基準の中には、「業務の処理について、民法、商法その他の法律に規定された事業主としてのすべての責任を負うこと」との基準が定められています。このため、製造ラインの作業を請け負う事業が労働者派遣事業に該当しないものであるためには、請負事業主がその製造ラインの作業について、民法、商法その他の法律に規定された事業主としてのすべての責任を負わなければなりません。

4　ご質問について

製造ラインの作業を請け負う事業において、そのラインの作業に必要な労働力をどのように確保するかは、請負事業主が責任を負うべき事項であって、発注者側が関与する問題ではありません。請負事業主が必要な労働力を確保する方法としては、例えば、請負事業主の管理スタッフをラインの作業に従事させる、アルバイトを雇ったり、派遣労働者を活用するなどによって確保することが考えられます。

仮に、請負事業主にこのような労働力を確保する能力がないとすれば、そ

れは発注者として、適切な能力を有する請負事業主を選択していないことになります。

また、発注者側の労働者を請負事業主の製造ラインに臨時的に就業させることは、発注者が請負事業主に労働者派遣を行っていることになり、このような場合には通常事業性がありますので、少なくとも発注者は許可・届出を行っていて、労働者派遣事業を行うことができなければなりません。

なお、このことは、発注者側の労働者が風邪などで休んだために、発注者側のラインが止まった場合にも同様の問題があり、この場合に、請負事業主の労働者を発注者側のラインに請負のままでは就業させることはできません。仮に、請負事業主の労働者を発注者側のラインに就業させた場合には、労働者派遣事業と評価されます。このため、発注者側として、欠員補充のための労働力を必要とする場合には、直接雇用する労働者に就業させるか、または労働者派遣事業の派遣労働者を就業させることによって、対応する必要があります。

3．請負事業主の資格などの確認

問173 構内請負事業主の資格・許可などの確認事項として、請負労働者の労働保険、社会保険の加入状況確認以外に何かありますか。

答 請負事業主の選定に当たっては、告示第37号を遵守し、労務管理や安全衛生管理などを適切に行う能力を有し、発注した仕事を的確にこなす能力があることを確認することが重要です。

資格・許可などについては、それぞれの業種や業務により事情が異なるので、一概に申し上げられませんが、例えば、薬事法では、医薬品などの包装、表示、保管のみを行う場合にも医薬品などの製造業の許可が必要になります。

また、安全衛生管理に関しては、元方事業者は、労働者の危険や健康障害を防止するための措置を講じる能力がない請負事業主や必要な安全衛生管理体制を確保することができない請負事業主など労働災害を防止するための責任を果たすことのできない請負事業主には仕事を請け負わせてはならないという指導が行われていますので、安全管理者、衛生管理者、産業医などが選

任されていて、届け出が行われていること、就業制限業務や作業主任者の選任を要する作業などについては、免許・技能講習修了などの資格があるのかなどの確認も必要になります。

したがって、貴社の請負事業として、どのような資格・許可などが必要かを精査して頂き、その資格・許可などを請負事業主あるいはその労働者が有しているかを確認して頂くことが必要となります。

問174 請負事業主の選択において、コンプライアンスを重視しています。現在、請負事業主から社会保険、雇用保険、労働保険の加入状況を口頭で確認していますが、証となるものがありません。派遣の場合は、通知書での確認は可能ですが、請負に関しては個人情報の関係もあり、個人ごとのデータを提出いただくことはできません。発注元として確認するには、社会保険料や労働保険料の納付書の控を提出してもらうのが良いと思いますが、如何でしょうか。また、別の確認方法がありましたら教えていただけますでしょうか。

答 請負事業主を選択するに当たり、社会保険、労働保険に適正に加入している事業主であることなどコンプライアンスを重視して行われることは、リスク管理の観点からも極めて重要だと考えます。

その際、社会保険、労働保険の加入状況を確認する方法ですが、社会保険料や労働保険料の納付書には、被保険者個人名の記載はありませんので、請負事業主にその控を提出してもらうのは、有効な確認方法の1つであると考えます。

また、個人情報保護法は、個人情報の第三者への提供を一切禁止している訳ではなく、本人の同意が得られれば、第三者への提供は可能ですので、貴社から請負事業主に趣旨を十分説明した上で、請負事業主から請負業務に従事する労働者本人の同意を得てもらった上で、個々の労働者の社会保険、労働保険の加入状況を確認することも可能です。

ただし、この場合には、対象となるのが個人情報ですので、貴社および請負事業主において、個人情報保護法に基づいて適正に管理することが必要です。

4. 請負労働者への提案手当の支給

問175 注文主に改善提案制度があり、それを請負労働者にも適用しています。提案してきた請負労働者に対しては、注文主が雇用する労働者と同じように改善提案制度の手当を直接支給していますが、問題がありますか。

答 請負労働者の場合には、請負事業主のために労働していることからすれば、請負労働者には注文主の改善提案制度を適用せずに、請負事業主が注文主に提案するための改善提案制度を自ら設け、これを請負労働者に適用し、請負労働者からの提案を請負事業主が整理した上で、請負事業主の提案として、注文主に対して提案することが適当です。

また、注文主が請負労働者に改善提案手当を直接支給することは、注文主と請負労働者の間に雇用関係が発生する可能性があり、さらに問題があります。この場合、注文主として、請負事業主の提案に対する報奨金制度を設け、これも原資の1つとして請負事業主が請負労働者に請負事業主の提案手当として支給することは、問題がないと考えられます。

1 請負事業などにおける3者間の関係

請負事業などの場合も、契約の形式が労働者派遣契約ではなく業務請負契約や業務委託契約であっても、実態として労働者派遣を業として行っていると認められれば、労働者派遣事業に該当し、労働者派遣法の規制を受けます。

労働者派遣事業は、「自己の雇用する労働者を、当該雇用関係の下に、かつ、他人の指揮命令を受けて、当該他人のために労働に従事させることを業として行うことをいい（当該他人に対し当該労働者を当該他人に雇用させることを約してするものを含みません）」ますので、請負事業主の雇用する請負労働者を、その雇用関係を維持しながら、注文主の指揮命令を受けて、注文主のために労働に従事させるときは、労働者派遣事業に該当します。請負事業は労働者派遣事業に該当しないことが必要ですから、労働者派遣事業に該当しないためには、請負事業主の雇用する請負労働者が注文主の指揮命令を受けたり、注文主のために労働に従事していないことが必要となります。

また、注文主と請負労働者との間に雇用関係がある場合には、労働者派遣事業には該当しませんが、職業安定法で禁止されている労働者供給事業に該

当しますので、違法となります。
2 注文主と請負労働者の間に雇用関係が生じる場合
　注文主と請負労働者の場合にも、請負労働者が注文主の事業所において注文主から作業上の指揮命令を受けて労務に従事していること、実質的にみて請負事業主ではなく注文主が請負労働者に賃金を支払い、請負労働者の労務提供の相手方が請負事業主ではなく注文主である場合には、請負労働者と注文主の間に雇用関係が成立していると解されています（ナブテスコ事件　神戸地裁明石支部平成17年7月22日労判901-21）。
3 改善提案制度および改善提案制度の手当の適用と雇用関係
　請負労働者に注文主の改善提案制度を適用することは、その限りにおいて、注文主のために労働に従事している、別の言い方をすれば、請負労働者の労務提供の相手方が注文主であると評価され、労働者派遣事業に該当する可能性があります。
　さらに、改善提案制度の手当を請負労働者に適用する場合には、請負労働者の注文主に対する労務提供の対価として、注文主が請負労働者に賃金を支払っていることになり、請負労働者と注文主の間に雇用関係があると評価され、労働者供給事業に該当する可能性があります。
4 注文主の請負事業主に対する報奨金の支払い
　注文主が請負事業主に対して報奨金を支払うことに関しては、告示第37号第2条第2号イとの関係を心配する向きがあります。
　しかし、告示第37号第2条第2号イに規定しているのは、「業務の処理に要する資金につき、すべて自らの責任の下に調達し、かつ、支弁すること」で、その意味することは、「請負った作業の完成に伴う諸経費（例えば事業運転資金その他の経費）を自己の責任で調達支弁すること（労働者供給事業業務取扱要領）」です。
　報奨金は、ボーナス的な請負代金です。請負代金は請負事業主にとって収入であり、請負った作業の完成に伴う経費という負担の調達支弁とは関係のない事項です。

5．請負ガイドライン

問176　請負ガイドラインを満たしていれば、告示第37号を満たして

いなくても、適正な請負であるということなので、このガイドラインに沿って取り組んでいきたいと考えていますが、どのようなことに注意したらよいでしょうか。

答　1　請負ガイドラインの趣旨

　請負ガイドラインは、製造業の請負事業が広がりを見せ、製造現場で大きな役割を果たしている中で、請負労働者については、労働契約が短期で繰り返されるなど労働条件や処遇などの雇用管理が必ずしも十分でなく、技術や技能が蓄積されない、労働関係法令が徹底されていないといった現状があり、これらの改善により請負労働者が現在および将来の職業生活を通じてその有する能力を有効に発揮することができるようにする必要があります。また、請負事業は、請負労働者の雇用などに関して、請負事業主が発注者からの影響を受けやすい特徴があり、その雇用管理の改善および適正化の促進を実効あるものにするためには、発注者の協力が必要です。このため、製造業の請負事業の雇用管理の改善および適正化の促進に取り組む請負事業主が講ずべき措置に関して、必要な事項が定められたのが請負ガイドラインです。

　一方、発注者に関しても、発注者ガイドラインがあります。

　請負ガイドラインに関して、最も留意しなければならないのは、請負ガイドラインを満たしているか否かは、法令の遵守の部分を除き、適法な請負であるか否かとはまったく関係なく、適法な（労働者派遣事業に該当しない）請負であるためには、告示第37号を満たさなければならないことです。

　製造業の請負事業については、依然としていわゆる偽装請負の問題が指摘されており、これに関連しては、告示第37号の要件を満たすことは困難であるとの意見もあるため、告示第37号を満たしていなくても、請負ガイドラインを満たしていれば、適法な請負であると評価されるという誤解があるようです。

　しかしながら、請負ガイドラインにも「このガイドラインは、遵守すべき法令の範囲に変更を生じさせるものではなく、各種関係法令を遵守しなければならないことは当然の前提である」と記載しており、仮に法令遵守の部分を除く請負ガイドラインを満たしていても、告示第37号を満たしていなければ、適法な請負である（労働者派遣事業に該当しない）と評価されることはなく、労働局の是正指導の対象となることを十分認識しておかなければなりません。

2 適法な請負事業を行うために

したがって、適法な請負事業を行うためには、まず告示第37号を満たすようにする必要であり、その前提の上に立って、請負ガイドラインに取り組む必要があります。

その際、最も注意しなければならないのは、告示第37号を正確に理解し、認識した上で、その要件を満たすために何をしなければならないかを判断して、対応することです。

告示第37号に関しては、多くの誤解があるように思われます。たとえば、「告示37号の要件を満たすことは不可能である」と主張する人がいますが、告示第37号の要件を満たすことは、決して難しくはありません。たとえば、鉄鋼、造船、炭鉱、建設、港湾運送などの業界も従来から「労働者供給事業と請負事業の区分」を定めていた職業安定法施行規則4条との関係で長年問題がありましたが、現在では基本的に問題が解消しています。したがって、製造請負業界でも、関係者の努力によって十分克服できるのです。

特に告示第37号の第2条第2号のハに関しては誤解が多い。この要件の中で最も重要な要素は「単に肉体的な労働力を提供するものでないこと」であり、これを満たすためにハの（1）または（2）を満たさなければならないのであり、しかも、ハの（1）、（2）については、そのいずれかを満たさなければならないものであって、その双方を満たさなければならないものではありません。さらに、ハの（1）、（2）に記載されたそれぞれの項目は「いずれか」「又は」、「若しくは」であって、「いずれも」「及び」、「並びに」ではありません。

さらに、ハの（2）の「企画」は、「専門的な技術」や「専門的な経験」とは異なり、「専門的な企画」ではなく、単なる「企画」です。そして、昭和27年に従来から「労働者供給事業と請負事業の区分」を定めていた職業安定法施行規則4条が改正され、それまでの「専門的な企画」から「企画」に変更されていることの意味を十分認識しておく必要があります。

このように、適法な請負事業を行うためには、まず告示第37号を満たすようにする必要があり、そのために、請負ガイドラインにおいては、次のような取組みを行うことにより、これを確実なものとすることを求めています。

① 請負労働者に対する必要な指揮命令を請負事業主が自ら行って業務処理ができる体制などを整備すること
② 請負に係る契約や仕様などの内容を適切に定めるとともに、当該契約、

仕様などに即して業務処理を進めることができる体制などを整備し、発注者から独立した適正な請負として業務処理を行うことができるようにすること

また、発注者ガイドラインにおいても、次のような取組みを行うことにより、これを確実なものとすることを求めています。

① 発注者は、請負事業主が請負労働者に対する必要な指揮命令を自ら行って業務処理ができることを確保するよう、労働者派遣事業と請負により行われる事業との区分に関する基準を定める告示に係る自主点検を行うこと

② 発注者は、請負事業主が発注者から独立して適正に請負として業務処理ができるよう、請負に係る契約、仕様などの内容を適切に定めるなど必要な措置を講ずること

したがって、このような取組みを優先して、行うべきです。

問177 請負ガイドラインや発注者ガイドラインの内容は、どのようなものなのでしょうか。

答 請負ガイドラインおよび発注者ガイドラインの主要な内容は、次のとおりです。

1 請負ガイドラインの内容
(1) 就業条件などの改善のための措置

次により、請負労働者が将来展望を持ち、安定して働けるよう、請負労働者の希望を踏まえて、労働契約をできるだけ長くすることや働きに応じた処遇の向上を図るとともに、適正な請負料金の設定などの請負労働者の雇用の安定と待遇の向上を図ることができる事業運営を行うこと。

① 業務内容や労働条件などを具体的かつ詳細に明示するなど募集・採用を適切に行うこと。特に、発注者が使用者であるとの誤解を招くことがないよう、労働条件の明示に当たっては使用者を明確化するなどの措置を講ずること

② 労働契約の期間を請負契約の期間に合わせることや請負契約の期間を超えたものにすることで労働契約の期間をできるだけ長くする、または期間の定めのないものとすること

③ 請負労働者と意思疎通を図ることにより、定着の促進を図ること

④ 社宅や独身寮などの福利厚生を充実すること

⑤　請負契約が解除された場合における損害賠償に関すること、発注者の協力を得て適切な請負業務の機会の提供を受けることなどについて取決めを行っておくこと
　⑥　技術・技能の水準、技術力や生産管理能力を高めたことによる請負の業務処理の質の向上、職業能力開発、労働・社会保険料などを考慮した適正な請負料金を設定すること
　⑦　請負労働者のキャリアパスを明示するとともに、上位の職務への登用制度を設けること
(2)　職業能力開発
　次により、請負労働者が職業能力を向上でき、それが処遇に反映されるよう、計画的な研修の実施や適正な能力評価などを行うこと。
　①　定期的な研修の実施など計画的に教育訓練を実施すること
　②　研修受講のための休暇を与えるなど自発的な能力開発を行いやすくするよう支援すること
　③　職業能力を適正に評価し、賃金などの処遇に反映すること
(3)　法令遵守
　次により、偽装請負とならない適正な請負事業の実施や、労働・社会保険の適用促進のための取組みを行うこと。
　①　業務の内容、契約期間などを考慮して、労働者派遣、請負のいずれにより業務を処理すべきかを的確に判断し、労働者派遣により業務を処理すべきと考えられる業務については、請け負わないこと
　②　安全衛生管理体制を確立するとともに、作業間の連絡調整などの措置を講ずること
　③　労働・社会保険に適切に加入させ、発注者に加入状況を通知すること
　④　労働者派遣法、職業安定法、労働基準法、労働安全衛生法などの関係法令の請負労働者や発注者への周知の徹底を図るために、説明会などの実施、文書の配布などの措置を講ずること
　⑤　法令遵守を徹底できる労務管理、生産管理などの事業の体制の整備および改善を図ること
　⑥　自主点検結果の公表など法令遵守の状況を発注者などに対し明らかにすること
　⑦　請負料金の設定は、労働・社会保険の事業主負担分など法令遵守に必要な費用の確保を考慮したものとすること

(4) 苦情の処理

発注者とも連携し、請負労働者の苦情処理を行うこと。

(5) 体制の整備

次により、雇用管理上の責任の明確化、現場における業務処理の責任の明確化などのため、事業所および現場に責任者を置くこと。

① 雇用管理上の責任を担う事業所責任者を選任すること
② 現場における業務処理の責任を担う工程管理等責任者を選任すること

2 発注者ガイドラインの内容

(1) 就業条件などの改善のための措置

請負労働者の就業条件などの改善に発注者が協力するため、次により、福利厚生施設の利用や良好な請負事業主の選定、安定的な取引関係の継続などを行うこと。

① 給食施設などの福利厚生施設を利用させること
② 技術・技能、生産・労務管理、職業能力開発の状況などを請負事業主の選定および請負料金に適切に反映させること
③ 請負契約を可能な限り長期のものにし、実績を十分に評価して更新することで安定的な取引関係を継続すること
④ 解除の理由を明らかにすること、解除の事前の申入れ、解除の予告または損害の賠償、他の請負業務の発注など請負契約の解除の際のルールを取り決めること
⑤ 中途採用における募集方法を明示するとともに、請負労働者を採用の対象から排除しないこと

(2) 職業能力開発

教育訓練プログラムの策定に協力し、教育訓練施設などを請負労働者にも利用させること。

(3) 法令遵守

偽装請負とならない適正な請負事業の実施や、労働・社会保険の適用促進のため、次の取組みを行うこと。

① 処理することが必要な業務の内容、契約期間などを考慮して、労働者派遣により業務を処理すべきと考えられる業務については、請け負わせないこと
② 請負事業主が請負労働者に対する必要な指揮命令を自ら行って業務処理ができることを確保するよう、告示第37号について自主点検を行うこ

と
③ 請負事業主が発注者から独立して適正に請負として業務処理ができるよう、請負に係る契約、仕様などの内容を適切に定めるなど必要な措置を講ずること
④ 「製造業における元方事業者による総合的な安全衛生管理のための指針」に則り、必要な取組みを行うこと
⑤ 請負労働者を健康保険、厚生年金保険、雇用保険に適切に加入させているか確認すること
⑥ 労働者派遣法、職業安定法、労働安全衛生法の関係者への周知の徹底を図るために、説明会等の実施、文書の配布などの措置を講ずること
⑦ 法令遵守を徹底できる体制の整備及び改善を図ること
⑧ 法令遵守の自主的な点検などの状況を請負事業主などに対し明らかにすること
⑨ 法令遵守が確保されている請負事業主を選択すること
(4) 苦情の処理
発注者側に原因がある苦情を処理すること。

6．請負のキャンセルと下請法

問178 あるメーカーの下に様々な業種の下請請負業者がいます。そのメーカーでは「請負発注において、確定発注した注文の一部を、月末締め直前に『作業が実際には発生しなかったから、キャンセルさせていただく』としています。請負において、確定発注した注文の一部を、月末締め直前に「作業が実際は発生しなかったから」という理由でキャンセルするという行為は、下請法第4条第2項第4項の「不当な給付内容の変更及び不当なやり直しの禁止」に抵触しているので、メーカーにやめさせたいと考えていますが、如何でしょうか。なお、もし、発注した通り下請業者に支払うならば、作業がなく、成果物もないゆえ検収ができない状態で、そのメーカーはどのような名目の金員で支払うのが適当でしょうか（違約金、賠償金など）。

答 公正取引委員会の下請代金支払遅延等防止法に関する運用基準

(平成15年12月11日事務総長通達第18号) 第４親事業者の禁止行為１受領拒否(1)ウに、「『受領を拒む』とは、下請事業者の給付の全部又は一部を納期に受け取らないことであり、発注を取り消すことにより発注時に定められた納期に下請事業者の給付の全部又は一部を受け取らない場合も原則として受領を拒むことに含まれる」とありますので、「確定発注した注文の一部をキャンセルする」行為は、同法第４条第１項第１号により親事業者に禁止された「下請事業者の責に帰すべき理由がないのに、下請事業者の給付の受領を拒むこと」に該当するということではないでしょうか。

　また、支払う名目ですが、民法第536条第２項には「債権者の責めに帰すべき事由によって債務を履行することができなくなったときは、債務者は、反対給付を受ける権利を失わない」という規定がありますので、通常の債権として請求することは可能だと考えられます。

　ただし、この場合には「自己の債務を免れたことによって利益を得たときは、これを債権者に償還しなければならない」と規定していますので、経費などの支出をしなくてよくなったものについては、その分を減額する必要があると考えられます。

第 3 部

労務の管理

第3部 労務の管理

第1節　雇用と個人請負・委託

問179　機器への電子POPの取付作業及びデータ交換作業の業務請負を受注しました。当初、現地より、「マイカーを使って異動するので、労働契約を結ぶより業務委託契約を結ぶ方が良いのではないか」との質問を受けました。しかし、「マイカー手当」のような手当をつけ、普通の労働者として労働契約を結べば良いと思いますが、如何でしょうか。

答　労働契約でも再委託契約でも可能と思いますが、労働契約の場合には貴社のみの事業となり、再委託契約の場合には貴社が委託を受けて、再委託となり、労災保険などの適用がありません。

　実際に作業に当たる者が通常自営業をしている場合には問題ありませんが、通常雇用されて働いている場合には労働契約の方が労災保険の適用や税金の源泉徴収などで便利のように思います。

　また、再委託契約の場合には、発注者の再委託に関する了解を要する規定を設けるかなどの問題も出てくると思います。

第2節　仕事相談会

問180　仕事を探している者の中には上手く意思の疎通がとれない者もいますので、「10〜30代の若年者限定」であることを明記して、ホームページで「仕事相談コーナー」を開設しようと考えています。ホームページで希望者を募り、事務所で無料で仕事選びについてアドバイスする企画ですが、特に法律上問題はないと考えていますが、「10〜30代の若年者限定」と明記することは許されるのでしょうか。

答　「仕事相談コーナー」で行う仕事相談というのは、職業安定法にいう職業指導（職業に就こうとする者に対し、実習、講習、指示、助言、情報の提供その他の方法により、その者の能力に適合する職業の選択を容易にさせ、及びその職業に対する適応性を増大させるために行う指導）に当たるのでしょうか。

いずれにせよ、職業安定法で規制しているのは、職業紹介事業、労働者の募集、労働者供給事業、労働者派遣事業で、職業指導については特段の規制はありません。

また、年齢にかかわりない均等な機会の確保を与えなければならないとする雇用対策法第10条も募集および採用だけを対象にしていますから、職業指導について規制されている訳ではありません。

したがって、問題はないと考えます。

第3節　労働者の募集

1．紹介料（募集手当）

問181　求職者が集まらず苦戦しています。そこで現在当社で就労している従業員から知り合いを紹介してもらい、知り合いを紹介した従業員に対して紹介料を支払うことを考えています。支払う金額は、例えば「知り合い2名を紹介し、その紹介した者2名が1月働いた場合は3万円支給とし、その紹介した者2名が2月働いた場合は更に3万円支給」としたいと考えています。このような紹介料を給与として支払うことは、問題ないでしょうか。

答　職業安定法第40条は「労働者の募集を行う者は、その被用者で当該労働者の募集に従事するもの……に対し、賃金、給料その他これらに準ずるものを支払う場合……を除き、報酬を与えてはならない」と規定しています。

このため、直接募集に従事する労働者には給料以外に報酬を支払わないようにしなければなりません。

ご質問の従業員からの紹介というのは、その者に募集をさせていることを意味し、紹介料はここでいう報酬に該当しますので、職業安定法第40条に違反します。

このため、こういうことはしないようにする必要があります。

なお、ある労働局では、問い合わせに対して、担当者は紹介と募集の関係が理解出来ていなかったらしく、従業員が紹介を業として行わなければ良いのではないかといった回答をしたようです。

しかし、これはたまたま労働局の担当者が無知だったことに取り入ったことですので、極めてリスクは高いと考えています。

問182　当社では、以前、友達を紹介してくれた現場従業員および被紹介者に対し、謝礼として「15,000円」を支払っていましたが、職安法第40条の観点から、中止してきました。本当に法律に抵触しているのか、再度検討していますが、如何でしょうか。

答　ご質問の件ですが、

職業安定法第40条は「労働者の募集を行う者は、その被用者で当該労働者の募集に従事するもの……に対し、賃金、給料その他これらに準ずるものを支払う場合……を除き、報酬を与えてはならない」と規定しています。

「労働者の募集」とは「労働者を雇用しようとする者が、自ら……、労働者となろうとする者に対し、その被用者となることを勧誘することをいう」と定義しています（職業安定法第4条第5項）。

労働者の募集に関しては、労働者募集業務取扱要領がありますが、そこでは「直接募集」について「……募集主の被用者が募集主の指示により、募集主のために直接働きかけて応募を勧誘すること」をいうと記載しています。

また、「募集従事者」に関して、「募集従事者になり得る者は、直接募集にあっては募集主またはその被用者……である」、「被用者」とは、事業主と雇用関係にある者であり、雇用労働者と同義である」と記載しています。

これらを本件に当てはめますと、「労働者を雇用しようとする貴社が、貴社の指示により、貴社と雇用関係にある者に貴社のために直接働きかけて応募を勧誘させる場合には、貴社と雇用関係にある者に対し、賃金、給料その他これらに準ずるものを支払う場合……を除き、報酬を与えてはならない」ということになります。

本件においては「紹介」という表現にはなっていますが、その内容は「貴社と雇用関係にある者に貴社のために直接働きかけて応募を勧誘させる」ことと考えられますので、直接募集に該当すると考えられます。

したがって、賃金、給料その他これらに準ずるもの以外に、報酬を与えることは、職業安定法第40条に違反すると考えられます。

なお、職業安定法は、被用者に労働者の募集に従事させる場合には直接募集、被用者以外の者に労働者の募集に従事させる場合には委託募集と分類していて（職業安定法第36条、第40条）、どちらの場合にも法定のもの以外の報酬の支払いを禁止していますので、被用者に労働者の募集に従事させながら、直接募集には該当しないという法律構成を取るのは困難であると考えられます。

問183　友人を紹介してくれた従業員にお金を支給する件について、報酬ではなく、給与で支給し、かつ、臨時的に支給する給与（労働基準法施行規則第21条4号の「臨時に支払われた賃金」）にすることにより、

「就業規則の賃金規程にものせず、割増賃金の基礎となる賃金にも参入しない」という方法を取ろうと考えていますが、許されるのでしょうか。

答　ご質問の件は、結構微妙な問題があります。

職業安定法第40条は「賃金、給料その他これらに準ずるものを支払う場合……を除き、報酬を与えてはならない」と規定していますので、給与として支給するのであれば、禁止の対象にはならないように形式上は読めます。

しかしながら、同条の立法趣旨が募集行為に従事したことによる報酬の支払いの禁止にあることからすれば、給与として支給する場合でも実質的にこれに抵触することになるのではないかと考えられます。

このため、このような金員を給与として支給することも問題がないとはいえません。では、どのような方法があるかということですが、

これも微妙な問題は残りますが、次のような方法はあり得るのかと考えています。

賞与（ボーナス）の査定の要素として、会社への貢献度のようなものを含めることにし、その会社への貢献度の査定の要素に会社の人材採用に貢献したことというようなものを含めることです。

この方法だと、あくまで査定の要素に過ぎず、募集行為に従事したことを理由とする報酬の支払いには該当しないのではないかと考えられます。

2．募集時の賃金

問184　「月収23万４千円以上可」という求人広告を行ったのですが、現場が暇になり残業が余り発生せず、結局は月収が約20万円位になってしまいました。応募面接時には「残業があった場合、月収23万４千円」と話したようですが、労働者は「誇大広告だ」と言っているようです。セット残業のようなことは決して話していないのですが、今後何らかの問題に発展する可能性があるでしょうか。

答　裁判例では「求人票記載の労働条件は、当事者間においてこれと異なる別段の合意をするなど特段の事情がない限り、労働契約の内容になる（丸一商店事件　大阪地裁平成10年10月30日労判750-29など）」とするもの

が多いのが実情です。

募集広告も求人票と類似の機能がありますので、同様に評価されることはあり得ると考えられます。

ただ、「求人票に記載された基本給額は賃金の「見込額」であり、最低額の支給を保障したわけではなく、将来入社時までに確定されることが予定された目標としての額である（八州測量事件　東京高裁昭和58年12月19日労判421-33）」とする裁判例もありますので、必ずそのように解される訳ではないと思われますが、この場合でも同判決では、「少なくとも求人票記載の賃金見込額の支給が受けられるものと信じて求人に応募することから、求人者はみだりに求人票記載の見込額を著しく下回る額で賃金を確定すべきでないことは、信義則からみて明らかである」としています。

一方、賃金について説明を行っていた場合に、「就職雑誌の広告とは異なる賃金月額が採用面接時に労働者と使用者の間で合意されていた（ファースト事件　大阪地裁平成9年5月30日労判738-91）」とする裁判例もあります。

結局、本件については、募集広告記載の賃金額は一定の残業時間があった場合の見込み額を記載したもので、その旨は応募面接時に説明しているから、誇大広告ではないと説明するしかないと思われます。

ただし、表記の仕方としては適切ではないので、「（残業代○○時間込み）」などの表記をした方が良いと考えます。

3．反社会的勢力の排除

問185　有料職業紹介の契約書で「紹介した者が暴力団などの反社会的勢力と関係を有する者であった場合は、違約金を支払う」旨記載されているものが多くなっています。「当該関係を有することを知得することが困難であったことに、合理的理由がある場合はこの限りではない」旨ほとんどの契約書には書かれているのですが、免責されるのは非常に難しいと考えています。そこで暴対法や条例などを根拠に誓約書を採用面接時に取得することを考えたいのですが、このような誓約書を個別に取得しても良いものでしょうか。また、誓約書の内容を面接時にチェックしてもらう書類の中に入れるか、あるいは当社の絶縁宣言文のようなものを面接時に渡す方が良いのではないか、とも考えていますが、いか

がでしょうか。

答　職業安定法第3条には、「何人も、人種、国籍、信条、性別、社会的身分、門地、従前の職業、労働組合の組合員であること等を理由として、職業紹介、職業指導等について、差別的取扱を受けることがない」と規定していますが、この「等」には誓約書にあるような①暴力団員、②暴力団員でなくなった日から5年を経過しない者、③これらに準ずる反社会的勢力と関係を有する者が含まれるとは考えられませんので、これらに該当することを理由に職業紹介事業者が差別的取扱を行っても違法ではないと考えられます。

一方、同法第5条の7には、「職業紹介事業者は、求人者に対しては、その雇用条件に適合する求職者を紹介するように努めなければならない」と規定していますので、求人者が上記①から③に該当しないことを雇用条件としている以上、その雇用条件に適合する求職者を紹介するように努める責務が職業紹介事業者にはあると考えられます。

このため、求人者が上記①から③に該当しないことを雇用条件としていることを明確にした上で、誓約書の提出を求めても差し支えないと考えます。

なお、職業紹介の面接は、労働者派遣の場合とは異なり、採用のための面接ではなく、求職者の適性と能力を把握するためのものですので、その点ご留意ください。

また、その点からも、当該求人者が求める適性と能力を把握するためにも求職者に対しては誓約書の提出が必要であると説明しても良いと考えています。

なお、京都府暴力団排除条例では、京都府が発注する公共工事の発注者は一定額以上の契約においては、受注者から暴力団員ではないこと等の誓約書を徴しなければならないこととされ（第13条第5項）、誓約書に暴力団員ではないこと等の虚偽記載をして提出した者には1年以下の懲役又は50万円以下の罰金が課されていますので、少なくとも京都府が発注する公共工事を受注する可能性がある以上、求人者が雇用条件とすることには法的合理性があります。

4．入社祝金

問186 職業紹介を行う際に、入社する者へ金2万円を入社祝金として支給する予定です。雇用関係がない職業紹介事業者が入社祝金という金員を支払っても労働法上は問題ないのでしょうか。

答 労働基準法で禁止されているのは、違約金や賠償予定、前借金相殺など労働者から費用を徴収したり、中間搾取のように他人の就業に介入して利益を得ることです。

また、賠償予定の禁止に該当するか否かが問題となるのは、使用者が労働者に対し修学費用などを貸与した際に、一定期間就労した場合には貸与金の返還は免除するが、そうでない場合には一括返還しなければならないとの合意がある場合です。

ご質問の入社祝金は、一定期間就労しなければ返還しなければならないというものでなければ、賠償予定の禁止に該当することはないと考えられます。

以上からすれば労働法上は問題ないと考えられますが、民法では贈与に当たりますので、法人税法上経費と認められるかという問題はあり得ると思います。

第３部　労務の管理

第４節　複数事業所で就業することを内容とする労働契約の締結

問187　当社では、今後労働契約３月の中で、ローテーションで色々な現場で働く従業員を増やそうと考えています。例をあげますと、食品製造現場　②自動車部品製造現場　③電子部品製造現場の組み合わせとなります。それぞれの現場で働く期間が明確に決まっている場合は良いのですが、「３つの現場で合計３月働く」というような場合、労働契約書にどのように記述したら良いか、ご指導ください。

答　ご質問の件ですが、これに関しては、労働基準法第15条第１項の規定の解釈として、平成11年１月29日基発第45号および昭和51年９月28日基発第690号に次のように記載されています。
(1)　労働契約の期間に関する事項
　期間の定めのある労働契約の場合はその期間、期間がない労働契約の場合はその旨を明示しなければならない。
(2)　就業の場所および従事すべき業務に関する事項
　雇入れ直後の就業の場所および従事すべき業務を明示すれば足りるものであるが、将来の就業場所や従事させる業務を併せ網羅的に明示することは差し支えない。
(3)　始業および終業の時刻、所定労働時間を超える労働の有無、休憩時間、休日、休暇ならびに労働者を２組以上に分けて就業させる場合における就業時転換に関する事項
　当該労働者に適用される労働時間などに関する具体的な条件を明示しなければならない。なお、当該明示すべき事項の内容が膨大なものとなる場合においては、労働者の利便性をも考慮し、所定労働時間を超える労働の有無以外の事項については、勤務の種類ごとの始業および終業の時刻、休日などに関する考え方を示した上、当該労働者に適用される就業規則上の関係条項名を網羅的に示すことで足りる。
(4)　賃金（退職手当、臨時に支払われる賃金、賞与、１月を超える期間の出勤成績によって支給される精勤手当、１月を超える一定期間の継続勤務に対して支給される勤続手当および１月を超える期間にわたる事由によって

算定される奨励加給または能率手当を除く）の決定、計算および支払の方法、賃金の締切りおよび支払の時期ならびに昇給に関する事項

　就業規則の規定と併せ、賃金に関する事項が当該労働者について確定し得るものであればよく、例えば、労働者の採用時に交付される辞令などであって、就業規則などに規定されている賃金等級が表示されたものでも差し支えないが、この場合、その就業規則などを労働者に周知させる措置が必要であることはいうまでもない。

(5)　退職に関する事項

　退職の事由および手続、解雇の事由などを明示しなければならない。なお、当該明示すべき事項の内容が膨大なものとなる場合においては、労働者の利便性をも考慮し、当該労働者に適用される就業規則上の関係条項名を網羅的に示すことで足りる。

　ご質問のように①食品製造業務　②自動車部品製造業務　③電子部品製造業務で就業することが明確な場合には、トラブルを防止するためにも、それぞれの業務ごとの就業の場所や始業および終業の時刻、所定労働時間を超える労働の有無、休憩時間、休日、休暇、交代制勤務の場合の就業時転換、場合によっては賃金に関する事項について、採用時に明確となっている範囲でできるだけ詳細に記載することが望ましいと考えます。

問188　現在、ある地域で作業量が極端に落ちており、当該地域では「A作業所とB作業所の両方で働くことが可能な労働契約を交わすこと」を考えています。労働者側も理解があり、仕事があるなら現場を掛け持っても構わない旨、言ってくれています。問題ないでしょうか。

答　複数の事業所で労働者に就業させることは、決して問題はありません。

　重要なのは、その複数の事業所で就業すること、その複数の事業所で就業するに当たり労働時間などについて労働条件に違いがある場合には、その労働条件の内容についてできるだけ詳細に労働契約書や労働条件通知書で明らかにして、労働者の同意を得ることです。

第5節　有期労働契約の無期労働契約への転換

問189　契約社員として契約更新を繰り返した場合、法律面の制約はどうなっていますか。

答　労働契約法には、有期労働契約に関して、次のような規定がありますので、ご注意ください。
(1) 原則として通算5年(クーリング期間がありますので、ご注意ください)を超えて、有期契約労働者を雇用し続けた時は、有期契約労働者の請求により、無期契約に転換するものとみなされます。
(2) 次のいずれかに該当する有期労働契約で期間満了までに労働者が契約の更新の申込みをした場合または期間満了後遅滞なく有期労働契約の締結の申込みをした場合で、使用者がその申込みを拒絶することが客観的に合理的な理由を欠き、社会通念上相当でないときは、使用者は、従前の契約と同一の労働条件でその申込みを承諾したものとみなされます。
　① 有期労働契約が過去に反復更新したもので、期間満了時に契約を更新しないことにより終了させることが、無期契約労働者に解雇の意思表示をすることにより契約を終了させることと社会通念上同視できること。
　② 労働者において契約期間満了時に契約が更新されるものと期待することについて合理的な理由があること。
(3) 有期契約労働者の労働条件が、有期契約であることにより無期契約労働者の労働条件と相違する場合に、労働条件の相違が労働者の業務の内容・責任の程度、職務の内容・配置の変更の範囲などの事情を考慮して、不合理なものであってはなりません。
(4) 有期労働契約について、必要以上に短い期間を定めることにより、その労働契約を反復して更新することのないよう配慮しなければなりません。

問190　非正規社員の活用方法としてどのような場合にどのような使い方が有効なのか明確な説明があれば伺いたいと思います。契約社員、パート社員にしても今は3年未満にて雇い止めが必要なのではないかと考えていますが、それでは、当社特有の技術を学んでもらっても正社員にする以外は3年でやめてもらわなければなりません。派遣社員となん

らかわりない扱いをしなくてはなりません。契約社員でも長年働いてもらうような何か解決法はあるのでしょうか。

答　派遣労働者については、原則として一時的臨時的労働力として位置付けられていますが、それ以外の雇用形態については、使用者側と労働者側とのニーズが合致する範囲で働くというのが大原則です。したがって、一時的な労働であれば有期契約労働者、短時間の労働であればパート労働者ということになります。

有期契約労働者やパート労働者について、3年未満で雇い止めが必要な法的根拠は現在どこにもありません。おそらく労働基準法第14条第1項に1回の労働契約が最長3年と規定されていることから、その規定を誤解あるいは拡大解釈された結果、そのような取扱いが行われていると考えられますが、法的には根拠がありませんので、そのことを前提に再検討してください。

労働契約法では、原則として通算5年（クーリング期間がありますので、ご注意ください）を超えて、有期契約労働者を雇用し続けた時は、有期契約労働者の請求により、無期契約に転換するものとみなすとする規定がありますので、5年という期間を考慮する必要があります。ただし、雇用期間以外の労働条件は、別に定めがないときは、有期契約労働者当時と同じで構いません。

問191　現在当社では期間社員を6月契約で最長2年11月までの雇用期間を定めて採用しています。最長5年の雇用期間を定めて雇用し、5年で雇止めすることは可能でしょうか。また、無期雇用への転換という点で、5年を超えて労働契約更新の手続きをしない限り、労働者側の無期雇用転換への権利は発生しないのでしょうか。

答　現在最長2年11月までの雇用期間を定めているとのことですが、これは有期労働契約の継続する上限期間を2年11月とされておられるということではないかと推察しています。

このような取扱いをされている理由は、3年未満の上限期間を設定しないと、有期労働契約が無期労働契約に転換し、雇止めができなくなるとの懸念が背景にあるからだと考えられますが、労働基準法第14条第1項は労働契約において定めることができる上限期間を原則として3年と規定しています。

しかし、これは１回の労働契約で定めることができる期間の上限で、更新は可能で、更新する有期労働契約の通算の上限期間については制限がありません。したがって、更新する有期労働契約の通算の上限期間を３年未満に設定しなければならない法的根拠はありませんので、この点ご理解を頂きたいと思います。
　一方、労働契約法第18条は、有期労働契約が原則として５年を超えて反復更新した場合には、労働者の申込みにより、無期労働契約に転換する仕組みを導入しています。
　この規定により、原則として有期労働契約が５年を超えて反復更新した場合には、労働者がいわば無期労働契約に転換する権利が発生することになります。
　一方、使用者は、有期労働契約の通算の上限期間を５年とすることは禁止されていませんので、最長５年の有期労働契約の通算の上限期間を定めて、雇止めを行うことは可能となります。
　ただし、有期労働契約が実質的に無期労働契約に転換していると評価されるような場合には、解雇権濫用の法理が準用されますので、このような場合に該当しないことが重要です。
　労働契約法第19条は、有期労働契約の反復更新により無期労働契約と実質的に異ならない状態で存在している場合、または有期労働契約の期間満了後の雇用継続について合理的期待が認められる場合には、雇止めが客観的に合理的な理由を欠き、社会通念上相当であると認められないときは、有期労働契約が更新されたとみなす旨規定していますので、雇止めを行うためには、このような状態になっていないことが必要になります。
　その際、有期労働契約の雇止めの効力に関するこれまでの裁判例においては、次の要素を総合的に考慮して判断していることにご留意ください。
(1)　業務の客観的内容
　従事する業務の種類、内容、勤務の形態（業務内容の恒常性・臨時性、業務内容について正社員と同一性の有無など）
(2)　契約上の地位の性格
　地位の基幹性・臨時性（嘱託、非常勤など）
　労働条件について正社員と同一性の有無
(3)　当事者の主観的態様
　継続雇用を期待させる使用者側の言動・認識の有無・程度など（採用に際

して有期労働契約の期間や、更新の見込みなどについての使用者側からの説明など）
(4) 更新の手続き・実態
　契約更新の状況（反復更新の有無、回数、勤続年数）
　契約更新時における手続きの厳格性の程度（更新手続の有無・時期・方法、更新の可否の判断方法など）
(5) 他の労働者の更新状況
　同様の地位にある他の労働者の雇止めの有無など
(6) その他
　有期雇用契約を締結した経緯
　勤続年数・年齢などの上限の設定など

　このような有期労働契約の雇止めが無効とされる要素がない場合には、使用者側で5年を超えて労働契約更新の手続きをしない限り、労働者側には無期雇用に転換する権利は発生しないことになります。
　このほか、①有期契約労働者の労働条件が、期間の定めがあることにより無期契約労働者の労働条件と相違する場合、その相違は、職務の内容や配置の変更の範囲等を考慮して、不合理と認められるものであってはならない（労働契約法第20条）、②労働契約締結時には、有期労働契約を更新する場合の基準を書面の交付によって明示しなければならない（労働基準法施行規則第5条）と規定されています。

問192　5年以上派遣元と雇用関係が続く派遣労働者の雇用についてご質問させていただきます。平成24年8月10日付け基発0810第2号（「労働契約法の施行について」）通達には、「なお、派遣労働者の場合は、労働契約の締結の主体である派遣元事業主との有期労働契約について法第18条第1項の通算契約期間が計算されるものであること」と書かれており、「派遣労働者も労働契約が5年を超えた場合、無期雇用への転換権を有する」と読めるかと思います。今まで当社では政令業務などで長く在籍している人に対して、「労働者派遣契約に依拠する労働契約なので、何回更新しても無期雇用の状態にはならない。判例（いよぎんスタッフサービス事件）もそのようになっている」と説明して参りました。しかしながら労働契約法を考えると、「(いよぎんスタッフサービス事件を前提とした）従前の説明は改める必要がある」と考えた方がよいのでしょ

うか。

答 いよぎんスタッフサービス事件は、労働契約法第18条の規定を前提としない判決ですから、労働契約法第18条が施行される状況の下では事情は変わってきます。

ただし、労働契約法第18条は、労働者の請求により無期雇用に転換するのは雇用期間が原則として通算5年を超える場合に限られていますので、雇用期間が通算して5年以下の場合には、いよぎんスタッフサービス事件の考え方は依然として有効です。

したがって、雇用期間が通算して5年以下の場合には、いよぎんスタッフサービス事件の考え方で説明をされても差し支えないと考えますが、雇用期間が原則として通算5年を超える場合には労働契約法第18条の規定によって説明するしかありません。

問193 労働契約法第18条の労働契約が5年を超える場合の無期雇用への転換ですが、同条施行前から就労している有期契約労働者に対して、5年で雇止めする場合、当社では3月または6月契約で更新手続きをしていますが、更新の基準は非常に曖昧です。このような場合に5年で雇止めしようとすると、それまでの間、どのような更新基準が必要で、その基準を労働契約書に明記し、更新面談で周知する必要があると思いますが、このようなケースでの雇止め基準にはどのようなものがあるのでしょうか。他社事例などがあれば、ご紹介をお願いいたします。

答 有期労働契約を更新する場合の基準については、既に「有期労働契約の締結、更新、雇い止め基準（平成15年告示第357号）」で「使用者は、有期労働契約を締結する際に、期間満了時に更新することがあるか否かを明示し、更新することがある場合はその判断基準を示さなければならない」旨定めていましたが、労働基準法施行規則第5条が改正され、労働契約締結時に、契約期間とともに「期間の定めのある労働契約を更新する場合の基準」も書面の交付によって明示しなければならない事項となりました。

有期労働契約を更新する場合の基準について、他社の具体的な事例は承知していませんが、「有期労働契約の締結、更新、雇い止め基準」の施行通達（平成15年10月22日　基発第1022001号）には、「『判断の基準』の内容は、

有期労働契約を締結する労働者が、契約期間満了後の自らの雇用継続の可能性について一定程度予見することが可能となるものであることを要する」とした上で、

「『判断の基準』については、
- a 契約期間満了時の業務量により判断する
- b 労働者の勤務成績、態度により判断する
- c 労働者の能力により判断する
- d 会社の経営状況により判断する
- e 従事している業務の進捗状況により判断する

などを明示することが考えられる」としています。

問194 有期労働契約における出口規制（上限5年）は、派遣制度にどのような影響が考えられますか。

答　派遣労働者の場合には、派遣元が雇用主ですので、派遣元が派遣労働者を原則として通算5年（クーリング期間には注意が必要です）を超えて雇用し続けた時は、派遣労働者の請求により、無期雇用に転換するものとみなされます。したがって、それ以降は、その派遣労働者を無期雇用の労働者として取り扱わなければなりませんので、派遣先が確保できないときにも少なくとも休業手当の支払いが必要であり、労働条件についても別に定めがなければ、無期雇用に転換した時点の労働条件を維持する必要があります。また、解雇する場合には解雇権濫用の法理が適用されます。

第3部　労務の管理

第6節　出向と転籍

1．出向

問195　次のような事例は労務管理面においてどのようなケース（派遣、契約、請負など）に当たり、どのような問題点（法令）があるのでしょうか。

　A社の子会社であるB社の社員Cは、A社とB社での駐在員契約といったものでA社で勤務しています。CはA社員としてA社の就業規則に基づき日常業務をこなし、本人もA社員だと名乗っています。しかし、賃金はB社から支払われており、B社の賃金規程によっています。必要経費などはA社から支払われています。この駐在員契約というのは、B社が営業活動を行うためにA社を間借りして、親会社であるA社のブランド力を利用しているもので、期間は定められているものの自動更新、必要経費の負担や就労規則、雇用の所在について触れられているだけのものです。CはB社からA社へ出向しているわけでもありません。

答　**1　複雑な雇用形態の増加と労働法の適用**

　近年雇用形態が複雑化し、1人の労働者についての労働関係が複数の事業主にまたがって成立する形態が増えています。その代表的な形態として、①労働者派遣、②出向、③派遣店員などがあります。

(1)　労働者派遣

　労働者派遣は、「自己（派遣元）の雇用する労働者（派遣労働者）を、当該雇用関係の下に、かつ、他人（派遣先）の指揮命令を受けて、当該他人のために労働に従事させることをいい、当該他人に対し当該労働者を当該他人に雇用させることを約してするものを含まない」ものをいうと定義されています（労働者派遣法第2条第1号）。

　したがって、労働者派遣においては、派遣元、派遣先および派遣労働者の3者が登場しますが、この3者間の関係は、次のような関係です。

　①　派遣元が派遣労働者を雇用していること
　②　派遣元と派遣先との間に労働者派遣契約が締結され、この労働者派遣

契約に基づき、派遣先は派遣労働者を指揮命令し、派遣先のために労働に従事させることができること
　③　派遣先は派遣労働者を指揮命令し、派遣先のために労働に従事させること
(2)　出向
　出向は、一般的にいえば、出向する労働者が出向元と何らかの関係を保ちながら、出向先との間の新たな雇用関係に基づき、相当期間継続して出向先で仕事をする形態で、出向する労働者と出向元との関係から、①在籍出向（出向労働者は、出向元と出向先の双方と雇用関係がある）、②転籍（出向労働者は、出向先とのみ雇用関係がある）、に分類されています。
　このうち、在籍出向については、「出向元が、出向する労働者との間の労働契約に基づく関係を継続すること、出向先が出向労働者を使用すること及び出向先が出向労働者に対して負うこととなる義務の範囲について定める契約（出向契約）を出向先との間で締結し、出向労働者が、出向契約に基づき、出向元との間の労働契約に基づく関係を継続しつつ、出向先との間の労働契約に基づく関係の下に、出向先に使用されて労働に従事すること」をいいます。なお、この場合に、出向元との関係では、出向労働者は出向中は休職となり身分関係のみが残っているものや身分関係だけでなく出向中も出向元が出向労働者に賃金の一部を支払っているものなど様々です。また、出向先との関係では、出向元と出向先との間の出向契約によって、出向先は出向労働者と労働契約を締結します。
(3)　派遣店員
　派遣店員については、一般的に、派遣元の業務命令により派遣され、その指揮命令を受けて、派遣元のために就業するもので、就業の場所が派遣先であるに過ぎず、派遣先の指揮命令を受けるものではありません。

2　ご質問のケースの雇用形態

　ご質問のケースでは、当事者は、CはB社からA社へ出向しているものではないという意識のようですが、CはA社員としてA社の就業規則に基づき日常業務をこなし、本人もA社員だと名乗っていることからすれば、A社とCとの間には労働契約があると考えられます。一方、賃金はB社から支払われており、B社の賃金規程によっていることからすれば、B社とCとの間にも労働契約があると考えられます。したがって、法的にみれば、ご質問のケースは在籍出向の1つの類型であると理解するのが適当であると考えられ

ます。
3　在籍出向に対する関係法令の適用
(1)　労働者派遣法の適用

　在籍出向は、出向元の雇用する労働者を、当該雇用関係の下に、出向先に雇用させる出向契約をして、出向先の指揮命令の下で出向先のために労働に従事させるものであるので、労働者派遣には該当しません（労働者派遣法第2条第1号）。

(2)　職業安定法の適用

　一方、労働者供給は、供給契約に基づいて労働者を他人の指揮命令を受けて労働に従事させることをいい、労働者派遣法に規定する労働者派遣に該当するものを含まないものをいいます（職業安定法第4条第6項）ので、在籍出向は一般に労働者供給の1類型であると考えられます。

　職業安定法第44条は、労働組合等が、厚生労働大臣の許可を受けて無料で行う場合（同法第45条）を除くほか、何人も、労働者供給事業を行い、またはその労働者供給事業を行う者から供給される労働者を自らの指揮命令の下に労働させてはならないと規定しています。しかし、禁止されているのは、労働者供給事業であって、労働者供給ではありません。

　このため、在籍出向を行う目的が、①関係会社において雇用機会を確保するため、②経営指導や技術指導の実施のため、③人材開発の一環として、④企業グループ内の人事交流の一環として行われる限りは、仮に在籍出向が形式的に繰返し行われたとしても、社会通念上、事業として行われていると評価されることはないと解されています。したがって、このような目的で行われる在籍出向は、違法ではありません。

　ただし、在籍出向を偽装して、実質的に事業として行っていると評価される場合には、職業安定法違反の問題が生じることになります。

(3)　労働基準法などの適用

　在籍出向に対する労働基準法や労働安全衛生法などの適用については、出向元、出向先および出向労働者の三者間の取り決めによって権限と責任が定められていますので、その定められた権限と責任に応じて、出向元または出向先の使用者が出向労働者に対して負うものと解されています。

問196　出向した技術社員がライン内で働くということがあったとしても「目的が技術の習得」「出向先に請求は一切せず、給料は出向元の

当社持ち」ということで運営すれば、「事業性はない」と判断することも可能かと考えますが、如何でしょうか。

答　職業安定法第44条は、労働組合等が、厚生労働大臣の許可を受けて無料で行う場合（同法第45条）を除くほか、何人も、労働者供給事業を行い、またはその労働者供給事業を行う者から供給される労働者を自らの指揮命令の下に労働させてはならないと規定していますが、禁止されているのは、労働者供給事業であって、労働者供給ではありません。

出向を行う目的が、①関係会社において雇用機会を確保するため、②経営指導や技術指導の実施のため、③人材開発の一環として、④企業グループ内の人事交流の一環として行われる限りは、仮に在籍出向が形式的に繰返し行われたとしても、社会通念上、事業として行われていると評価されることはないと解されています。

したがって、出向の目的が技術の習得を目的とするのであれば、問題ありません。

問197　大手メーカーからの依頼で、本年4月に大手メーカーに入社した社員を、本年10月から来年3月まで当社の請負作業所で働かせ、現場実習の経験を積んでもらう予定となっております。この際、「出向契約」のようなものを締結した方が良いでしょうか、あるいは、大手メーカーから「教育計画」なるものを出してもらうだけで良いでしょうか。

答　本件については、法的には出向に当たると思いますが、労働契約法第14条は「使用者が労働者に出向を命ずることができる場合において、その出向の命令が、その必要性、対象労働者の選定その他の事情に照らして、その権利を濫用したと認められる場合には、その出向の命令は、無効となる」と規定していることや職業安定法第44条との関係を考慮すれば、人材開発目的であることを明確にするためにも、「出向契約」を結んでおいた方が問題が発生するリスクは軽減できるのではないかと考えます。

問198　取引先のある部署で「余剰人員が5名程発生し、当該5名を当社で受け入れてくれないか」との依頼がありました。人件費は全て取引先の支払いで、当社の請負工程で働いてもらう予定ですので、当社と

しては「願ったりかなったり」の状況なのですが、注意すべき点がありましたら、教えてください。

答　ご質問の件ですが、

職業安定法との関係では、出向は、一般に労働者供給（職業安定法第4条第6項）の1類型に該当します。

出向を行う目的が、①関係会社において雇用機会を確保するため、②経営指導や技術指導の実施のため、③人材開発の一環として、④企業グループ内の人事交流の一環として行われる限りは、出向が形式的に繰返し行われたとしても、社会通念上、事業として行われていると評価されることはないという取扱いが行われています（労働者派遣事業業務取扱要領）ので、おそらく①になると思いますが、出向を行う目的を明確にすることが重要です。ただし、労働局の担当者によっては、①の関係会社を限定する可能性があります。

取引先というのも関係会社の1つなのですが、そうは言わないと言い出すおそれもあります。できれば人材会社以外で取引先において雇用機会を確保するために出向させているような他の類似の事例なども説明できればよいかと思います。

また、これは労働局は関係がありませんが、出向命令が有効であるためには、出向元の就業規則などで出向義務を明確にし、出向先での労働条件の基本事項を就業規則などで定めたり、出向の実情や採用時の説明と同意、他の労働者の同種出向の受入れなどによって出向が労働契約の内容となっていることが必要です。

さらに、労働契約法第14条に「使用者が労働者に出向を命ずることができる場合において、その出向の命令が、その必要性、対象労働者の選定その他の事情に照らして、その権利を濫用したと認められる場合には、その出向の命令は、無効となる」との規定があり、最高裁判例（新日本製鐵事件　第二小法廷平成15年4月18日労判847-14）は、出向を命じる時には、①出向を命ずる業務上の必要性があること、②出向対象者の人選基準に合理性があり、具体的な人選についても不当性をうかがわせるような事情はないこと、③出向中の身分や賃金、退職金、各種手当、昇格・昇給などの査定、労働時間、休暇などの待遇、出向期間、復帰の仕方や復帰後の待遇などにおいて著しい不利益を受けるものではないことが必要であるとしています。

職業安定法との関係以外は、民事の問題ですが、できるだけこれらの点に

も留意した方が良いと考えます。

問199 受け入れる出向者は当社の請負現場作業に慣れるまでの本年12月末日限りは研修期間として設定し、当該期間の給与は全て出向元が支払う予定になっております。単純にいえば１労働者として請負現場で働いてもらう訳ですが、「役務提供料」などを出向元に支払わなくても利益供与と解釈されることはないでしょうか。労働者としてのスキルは全くない人物で、「雇用の確保」だけが目的ですので、問題はないのではないかと思います。

答 ご質問の件ですが、

出向先と出向労働者との間に労働契約関係が存するか否かは、出向先と労働者との間の実態、具体的には、<u>出向先が賃金の全部又は一部の支払いをすること</u>、出向先の就業規則の適用があること、出向先が独自に出向労働者の労働条件を変更することがあること、出向先において社会・労働保険へ加入していること等を総合的に勘案して判断することになります（昭和61年６月６日基発第333号）ので、あるいは出向（労働者供給）ではなく、労働者派遣に該当すると判断される可能性がないとは言えませんが、この場合でも雇用調整に当たって労働者を離職させるのではなく、関係会社において雇用機会を確保することを明確にしていれば、社会通念上業として行われていると判断されることは少ないと考えられます。

したがって、労働者派遣法や職業安定法に抵触することはないと考えられます。

ただし、法人税法の取扱いについては、出向元企業による出向先企業に対する贈与という評価を受ける可能性がないとは言えません。この点について、国税庁のタックスアンサーには、次のようなものがありました。

「出向元の法人が出向先の法人との給与条件の較差を補てんするため出向者に対して支給した給与は、出向期間中であっても、出向者と出向元の法人との雇用契約が出向期間中であっても依然として維持されていることから、出向元の法人の損金の額に算入されます。

また、次のような場合も、給与較差補てん金として取り扱われます。
(1) 出向先の法人が経営不振等で出向者に賞与を支給することができないため、出向元の法人がその出向者に賞与を支給する場合

(2) 出向先の法人が海外にあるため、出向元の法人が留守宅手当を支給する場合

この給与較差補てん金は、出向元の法人が出向者に直接支給しても、出向先の法人を通じて支給しても同様に取り扱われます（法基通9-2-47）。」

問200 A社より「旋盤工が20名程余剰となっているので、当社の請負作業所で、出向で受け入れてくれないか」との依頼がありました。それとほぼ時期を同じくして違うB社より「旋盤工を25名程派遣して欲しい」旨のオーダーがありました。A社は労働組合の意向もあり、「あくまで労働者との雇用は定年まで継続したい」と話していますので、当社は労働者（旋盤工）がA社からB社へ出向する旨の仲介をし、コンサルティング料のような金員を「A社ないしB社」から受領したいと考えているのですが、そのようなビジネスは許されるものでしょうか。

答 出向の仲介については、現在公益財団法人産業雇用安定センターが無料で行っています。

産業雇用安定センターは、無料職業紹介の許可を受けて、無料職業紹介として、斡旋しているはずですから、有料職業紹介の許可を受けている会社が有料職業紹介として、斡旋することは可能であると考えます。

問201 親会社から移籍した社員（60歳以上）で、業務上、親会社への出向が必要となった場合、出向契約は可能でしょうか。可能の場合、給与を子会社が支給するとしたら、給与計算・社会保険手続き等々の手数料として1割程度の管理費を上乗せして出向先（親会社）へ請求することは、利益と見做されるのでしょうか（いわゆる労働者供給事業と見做されるのでしょうか）。

答 出向（在籍出向）は、一般に「出向元が①出向させる労働者との間の雇用関係を継続すること、②出向先が出向労働者を使用すること、および③出向先が出向労働者に対して負う義務の範囲について定める出向契約を出向先との間で締結し、④出向労働者がその出向契約に基づき出向先との間の雇用関係の下に、出向先に使用されて労働に従属すること」をいいます（図参照）。

図　在籍出向の形態

```
        出向契約
出向元 ←――――――→ 出向先
  ↕                    ↕
 雇用関係            雇用関係
       ↘         ↙
         労働者
```

　したがって、出向する労働者にとっては、出向元および出向先の双方との間に雇用関係があります。

　出向は、出向元との間に雇用関係があるだけでなく、出向元と出向先との間の出向契約により労働者を出向先に雇用させることを約して行われますので、「当該他人（派遣先）に対し、当該労働者（派遣労働者）を当該他人（派遣先）に雇用させることを約してするものを含まない」と規定されている労働者派遣には該当しません（労働者派遣法第2条第1号）。

　一方、労働者供給には、供給元と雇用関係があり、供給先とも雇用関係がある場合を含みますので、出向は一般に労働者供給の1類型です。

　ただし、出向を行う目的が、①関係会社において雇用機会を確保するため、②経営指導や技術指導のため、③人材開発の一環として、④企業グループ内の人事交流の一環として行われている場合には、出向を形式的に繰返し行ったとしても、事業として行われていると評価されることはありません。

　職業安定法で原則禁止されているのは労働者供給事業であって労働者供給ではないので、出向が事業として行われていなければ、違法ではありません。

　ご質問の親会社から移籍した社員（60歳以上）を親会社に出向させることについては、その目的が業務上の必要としか記載がありませんが、上記①から④までのいずれかに該当する場合には、事業として行われていると評価されることはありませんので、違法と評価されることはないと考えられますが、これ以外の目的の場合には、違法と評価される可能性があります。

　また、一般に、出向を事業として行っているか否かについては、出向に伴う利益の有無などを含め、一定の目的と計画に基づいて経営する経済活動として行われるか否かについて、総合的に判断されます。

　ご質問の1割程度の管理費を上乗せして出向先（親会社）へ請求すること

は、貴社に利益が発生するものとして事業性（労働者供給事業に該当すること）の判断にあたっての重要な要素となります。

2．転籍

> **問202** 取引先Ａ社において当社従業員がセキュリティ違反を起こしてしまい、当社の対応が許容できる状態ではないと判断され、就業をストップしています。そこで次のような方法がとれないか検討しています。現在当社にいる従業員をＡ社の派遣子会社Ｂ社に一時的に転籍させ、Ｂ社からＡ社に派遣を行う。但し、当社の体制が整い次第、Ｂ社から当社に戻ってくるという方法が労働者供給事業や職安法、その他法令に抵触することは無いかをご教示頂ければ幸いです。従業員の同意があることが前提となります。

答 ご質問の件ですが、

転籍の場合には、一般的にいえば、転籍する労働者は転籍元との雇用関係は終了しており、転籍先とのみ雇用関係がありますが、転籍と労働者供給事業や職業安定法との関係については、転籍元と転籍する労働者との間に事実上の支配関係がある場合には労働者供給に該当する場合があり、また、転籍元が転籍する労働者と転籍先との間の雇用関係の成立をあっせんするものとして、職業紹介に該当する場合があります。

このため、転籍の場合にも、業として行われているか否かが問題となりますが、転籍の目的が、①関係会社において雇用機会を確保するため、②経営指導や技術指導の実施のため、③人材開発の一環として、④企業グループ内の人事交流の一環として行われる限りは、出向が形式的に繰返し行われたとしても、社会通念上、業として行われると評価されることはなく、職業安定法による労働者供給事業や職業紹介事業に対する規制の対象とはなりませんが、転籍を偽装している場合には、職業安定法違反の問題が生じます。

このようなことからすれば、貴社からＢ社への転籍については、転籍する労働者の雇用機会を確保することを目的としていることを明確にした方が良いと考えます。

問題は、転籍期間中に貴社と転籍する労働者との間に事実上の支配関係が

ある場合には労働者供給事業に該当する場合がありますので、その期間中は転籍する労働者との間に事実上の支配関係がないようにする必要があります。

　貴社からＢ社に完全に転籍していれば、Ｂ社からＡ社に派遣を行っても問題はありません。

　もう１つの問題は、貴社の体制が整い次第、転籍する労働者がＢ社から貴社に戻ってくるという点です。この点については、転籍労働者がＢ社から貴社に必ず復帰するという前提であれば、転籍期間中に貴社と転籍する労働者との間に事実上の支配関係があると評価される可能性があります。したがって、この点については、転籍労働者がＢ社から貴社に必ず復帰するというのではなく、将来貴社がＡ社に派遣を再開する場合には、転籍労働者が貴社に復帰することも可能だとしておいた方が無難ではないかと考えます。

　このほか、転籍に関しては、次のような裁判例があることにもご留意ください。

ア　転籍の意義
　①　転籍とは、労働契約上の地位の譲渡（日立製作所横浜工場事件　最高裁第一小法廷昭和48年４月12日集民109-53）で、在籍出向と転籍との本質的な相違は、出向元との労働契約関係が存続しているか否かという点にある（新日本製鐵事件　最高裁第二小法廷平成15年４月18日労判847-14）が、実際には、在籍出向か転籍かが争われる場合もある（ニシデン事件　東京地裁平成11年３月16日労判766-53、玉川機械金属事件　東京地裁昭和61年４月25日労判473-6）
　②　転籍の場合には、一般に、元の会社を退職することによってその従業員としての身分を失い、移籍先の会社との間に新たに雇用関係を生じさせることで、元の会社との関係においていわば新労働契約の締結を停止条件とする労働契約の合意解除に該当する（ミロク製作所事件　高知地裁昭和53年４月20日労判306-48）が、転籍の法律手段としては、現労働契約の合意解除と新労働契約の締結という方法と労働契約の使用者の地位の譲渡という２つの方法があるとする裁判例もある（ブライト証券・実栄事件　東京地裁平成16年５月28日労判874-13）

イ　転籍の根拠
　①　転籍が労働契約の合意解除に該当する場合には、労働者はその労働契約の合意解除について契約締結の自由が保障されなければならないた

め、転籍は、労働者の同意がなければ行うことができない（千代田化工建設事件　横浜地裁平成元年5月30日労判540-22）
② 　就業規則に定めがある場合でも、これに基づき業務命令として転籍を命ずるためには、特段の事情がない限り、転籍する労働者の転籍することについての個々の同意が必要であり、このため、雇用条件が折り合わず、労働者が転籍に同意しない場合には、転籍先との間に労働契約は成立しない（生協イーコープ・下馬生協事件　東京高裁平成6年3月16日労判656-63）

ウ　転籍からの復帰
① 　転籍の場合には、転籍元との労働契約関係は解消されており、復帰することはないので、転籍元の指揮命令の下に労務を給付するという当初の労働契約における合意は消滅しているため、再び転籍元で労務を給付させるためには、特段の事由がある場合を除き、原則として労働者の同意が必要となる（日鐵商事事件　東京地裁平成6年3月17日労判662-74）
② 　ただし、移籍出向ではあるもののあたかも在籍出向のごとき身分を約束するような事情がある場合には、移籍出向期間満了により移籍出向という効果がなくなり、移籍出向前の状態に復帰するとする裁判例もある（京都信用金庫事件　大阪高裁平成14年10月30日労判847-69）

第7節　服務規律

問203　職員にカルト教団の信者がおり、当該職員は通勤途中の職員を捕まえ、布教活動をしており、職員の間でかなり被害者が出ています。通勤途中ということは就業中ではないかと思いますが、会社として介入することは出来ないのでしょうか。

答　一般論として言えば、職場外でされた職務遂行に関係のないものであっても、なお広く企業秩序の維持確保のために、これを規制の対象とすることが許される場合もありうる（国鉄中国支社事件　最高裁第一小法廷昭和49年2月28日労判196-24）と解されています。

このため、当該布教活動が貴社の社員を専ら対象としていて、企業の円滑な運営に支障を来すおそれがある場合には、就業規則の服務規律として当該活動を禁止し、違反があった場合には就業規則の規定に基づき懲戒処分を行うことが考えられます。

現時点では服務規律として就業規則にそのような規定がない場合には、規定を定めるところから始めるしかありませんが、規定があれば、懲戒処分に必要な手続きと相当性の原則を満たした上で、相応の懲戒処分を行うことは可能と考えられます。

問204　社員で昨年8月に酒酔い運転で免許取り消しとなっていた者が、昨日、スピード違反及び無免許運転で摘発されました。昨年8月から免許が取り消されたことを会社に黙っていたことになり、またその期間、業務車両を無免許で運転していたことになります。当社の就業規則では上記行為は降格事由に該当はします（当該社員は主任職）が、解雇事由には該当しません。公務員でしたら上記のような行為があれば免職は間違いないかと考えますが、「上記のような行為があった場合、免職とする」旨の規定が公務員にはあるのでしょうか。また、上記のような行為に対し、降格処分ですませて良いのかについてご意見を賜れれば幸いです。社内の意見としては「解雇にすべき」と考えている者が多いようです。

答　公務員について調べてみると、国家公務員については、懲戒処分の指針について（平成12年3月31日職職68）というのがあり、飲酒運転・交通事故・交通法規違反関係については、次のようになっています。
・酒酔い運転をした職員は、免職または停職とする（人を死亡させ、または人に傷害を負わせた職員は、免職とする）。
・飲酒運転以外の交通法規違反については、著しい速度超過などの悪質な交通法規違反をした職員は、停職、減給または戒告とする（物の損壊に係る交通事故を起こして措置義務違反をした職員は、停職または減給とする。

地方公務員については、交通法規違反は、次のようになっています（懲戒処分の基準一覧）
① 　酒酔い運転または酒気帯び運転をした職員　免職
② 　無免許運転をした職員　停職または減給
③ 　著しい速度超過などの悪質な交通法規違反をした職員　減給または戒告
なお、無免許で公用車を運転することについては、直接記載したものはありません。

したがって、公務員の場合にも、免職とするためには、酒酔い運転または酒気帯び運転をしたことを理由にすることになると考えられます。

貴社の場合には私企業ですので、公務員ほど厳しい規律を求めることには無理があると考えられます。

特に、酒酔い運転で免許取り消しにあったことを把握していなかったことについては、会社側に問題がないとは言えません。

また、就業規則の解雇事由に該当しないとなると、解雇は難しいような気がしています。

ただ、降格だけでは十分ではないような気がしますので、例えば、停職や減給にする事由がないか調べて頂いて、対応して頂く方が良いように思います。

もし該当する懲戒事由がないのであれば、就業規則が不備ですので、その見直しを行うしかないように思います。

問205　就業規則に「退社する者はしっかり引き継ぎを行う」旨規定していますが、引き継ぎを行わず、有給消化に入ろうとしている者がいます。その者に対し、強制的に引き継ぎを行わせることは就業規則を根拠に出来るのでしょうか。

答 ご質問の件ですが、「強制的に引き継ぎを行わせる」程度次第だと思います。

強制労働に該当するようなことが出来ないことは当然ですが、就業規則に規定がある以上、その違反に対しては制裁を伴っていると思いますので、そのことを示して引き継ぎを行うよう求めることは可能であると考えます。

なお、退職前の有給消化については時季変更権の行使ができませんので、その点もご留意ください。

問206 工程配置図や発注書を複写して持ちだすものが多いので、退職時に誓約書にサインをさせようと思っていますが、如何でしょうか。

答 一般論として言えば、労働契約終了後に秘密保持義務を一定の範囲で負担させる旨の合意は、その秘密の性質・範囲、価値、労働者の退職前の地位に照らし、合理性が認められるときは、公序良俗には反しない（ダイオーズサービシーズ事件　東京地裁平成14年8月30日労判838-32）と解されていますが、その基準である秘密の性質や範囲、価値、労働者の退職前の地位などによって、その効力が判断されますので、誓約書を出させたとしても、100％その効力が認められる訳ではないことはご認識ください。

ただ、秘密の漏えいを防止するためには、このような誓約書も必要と考えます。

第8節 賃金

1．派遣先ごとの賃金

問207 現在製造派遣現場でもあくまでモデルケースとして、無期雇用の契約を派遣労働者と交わそうと考えています。上記の派遣労働者の場合、現場によって給料が異なるのでどのように就業条件を明示したら良いものか、思案しています。安めの月給制にして、会社として足が出ない方法も考えていますが、やはり労働者としては高い給料（A大手メーカー⇒1,500円、B大手メーカー⇒1,300円）が魅力なようで現場ごとに給料が変わる時給制にしようと考えています。就業条件明示についてご教授いただければ幸いです。
① A大手メーカー⇒1,500円
② B大手メーカー⇒1,300円
③ 部品会社⇒1,200円
　イメージとしては上記①ないし③のいずれかの派遣現場で就労しているイメージですが、他の派遣現場が加わる可能性もあります。

答　無期労働契約の派遣労働者の賃金をどうするかは派遣会社の経営の基本方針そのものだと思います。

1つの方法としては、お考えのように派遣先の現場ごとに時給を異ならせるという方法もあると思いますが、製造派遣の場合には、派遣受入期間が最長3年という制約がありますので、抵触日が来た後の時給をどうするのかという問題があります。

もう1つの方法は、月給か時給かは別にして、貴社として保障できる基本給を定めておいて、業務により業務手当を上乗せすることにより、貴社として保障する給与を明確にしながら、高い給与を支払うことにより、応募者にとって魅力のあるものにするという方法もあるのではないかと思います。

ただ、この場合には、業務手当として支払う金額についての根拠が必要であると思われます。

派遣先の会社の違いによるというよりも、極めて困難な業務や重筋労働の業務の場合には高額な業務手当、通常の業務よりも困難な業務や重筋労働の

業務の場合にはやや高額な業務手当、通常の業務よりもやや困難な業務や重筋労働の業務の場合には少額の業務手当、通常の業務の場合には業務手当を支給しないというやり方です。

問題は、貴社として業務についてそのような区分けが可能かといった問題があります。

この方法の場合には、貴社として保障するのは基本給だけだと主張できるので、採用時にきちんと説明すれば、抵触日が来た後に別の業務に従事させ、その結果給与を引き下げることになったときに、貴社として主張はできると思います。

2．雇用期間の違いによる賃金の違い

問208 現在当社では、ある現場で雇用期間が2月以内の社会保険加入適用除外者と、3月以上の雇用期間の者の賃金を異なるものにしようと考えています。具体的には2月以内の雇用期間の者の時給を1,200円、3月以上の雇用期間の者の時給を1,100円にしようと考えています。上記のような条件の差をつけることは許されるのでしょうか。

答 ご質問の件ですが、

労働契約の内容である労働条件は、法令に違反しない限り、労働者と使用者の合意によって定めることができます。

時給1,200円、1,100円は最低賃金を上回っていますし、健康保険および厚生年金保険の被保険者であることを理由として賃金や労働条件について不利益な取扱いが禁止されている訳でもありませんから、2月以内雇用される者の時給を1,200円、2月を超える期間を超えて雇用される者の時給を1,100円とすること自体は違法ではありません。

ただし、健康保険および厚生年金保険の被保険者については、2月以内の期間を定めて使用される者は日雇特例被保険者となる場合を除き被保険者となることができませんが、2月を超え引き続き使用されるに至った場合には被保険者となりますので、2月以内の労働契約で雇用された者であっても労働契約を更新したときには被保険者となります。

この場合に、時給が1,200円から1,100円に引き下げるということであれ

ば、労働条件の不利益変更の問題が発生します。労働契約法第8条は「労働者及び使用者は、その合意により、労働契約の内容である労働条件を変更することができる」と規定していますので、労働者の同意があれば引き下げは可能でしょうが、同意が得られなければ、同法第9条および第10条の就業規則による労働契約の内容の変更を満たす必要があります。

したがって、2月以内雇用される者の時給を1,200円とする場合に、労働契約を更新したときにはどのように取り扱うのかについて検討された上で、結論を出された方がよいと考えます。

3．業務の変更による役職手当の不支給

問209 現在、間接部門の社員が余剰気味で、管理職の営業マネージャーを現場作業の応援に出す予定となっています。営業マネージャーには就業規則により2万円の役職手当がついていますが、営業マネージャー職を離れるので、役職手当の支給はやめる予定ですが、現場応援という異動により役職手当の支給をやめることは問題ないでしょうか。

答 ご質問の件ですが、純粋に民事の問題で、裁判になった場合には、個別の事情に応じて判断されることになると思いますが、一般論としては、次のように考えられます。

使用者には、その事業の目的ないし業務遂行のため、雇用している労働者に対し、その者の能力や資質に応じて、組織の中で労働者を位置付け役割を定める人事権があり、①就業規則などに業務上の都合により労働者に配置転換を命ずることができる旨の定めがあり、②実際にもそれらの規定に従い配置転換が頻繁に行われており、かつ、③採用時に職種などを限定する合意がなされていなかった場合には、企業は、労働者の個別の同意なしに配置転換を命じる権限があり、④配置転換命令が業務上の必要性がない場合や業務上の必要性があっても当該命令が他の不当な動機や目的でなされたものであるとき、労働者に対し通常甘受すべき程度を著しく超える不利益を負わせるものであるときなどの特段の事情がない限りは、配置転換命令は権利の濫用にはならない（東亜ペイント事件　最高裁第二小法廷昭和61年7月14日労判477-6）と解されています。

このため、管理職の営業マネージャーを現場作業職に配置転換することは、人事権の行使が社会通念上著しく妥当を欠くと認められない限り、違法とはなりません。
　本件役職手当については、就業規則に営業マネージャーに2万円支給すると規定していて、現場作業職に支給するとは規定していませんので、当該配置転換に伴って、当然に不支給になるものと解されます。
　ただ、これに関して、配置転換と賃金とは別個の問題で、法的には相互に関連していないので、労働者が使用者からの配置転換命令に従わなくてはならないことが直ちに賃金の減額に服しなければならないということを意味するものではないから、使用者は、より低額な賃金が相当であるような職種への配置転換を命じた場合であっても、特段の事情のない限り、賃金については従前のままとすべき契約上の義務を負っているとする裁判例（デイエフアイ西友事件　東京地裁平成9年1月24日労判717-87）もありますので、民事訴訟となった場合に必ず上記のような取扱いになるとまでは断定できません。
　ちなみに、公務員の場合には、役職から外れたときには役職手当が支給されなくなるというのはごく普通のことですので、役職から外れるときには役職手当が支給されなくなるというのは社会通念上妥当性を欠くとは考えられません。
　何か問題があれば、公務員の事例を挙げてご説明頂いた方が良いかと考えます。

4．時間外手当

> **問210**　6所の通所介護施設を運営しています。介護施設での労働はやはりきつく、入社をしても直ぐに退社をしてしまうのが現実です。そこで退社抑制の方策として、30時間分の時間外手当を「業務手当」という名称で支払うことを検討しています。仮に30時間の時間外労働がなかった場合も当該業務手当を支払い、30時間以上の時間外労働があった場合は、当該業務手当以外にも別途申請された残業手当を支払う予定です。決して労働者の労働時間の管理を放棄している訳ではありませんので、上記業務手当を支払うことは特に問題ないかと考えますが、ご助言

いただければ幸いです。

答　割増賃金に関しては、次のような取扱いが行われていますので、本件業務手当を支払うことは特に問題はないと考えます。
① 固定残業代込みの年俸制については、年俸に時間外などの割増賃金が含まれていることが労働契約の内容であることが明らかであって、割増賃金相当部分と通常の労働時間に対応する賃金部分に区分することができ、かつ、割増賃金部分が法定の割増金額以上支払われている場合は労働基準法第37条に違反しない（平成12年3月8日基収第78号）
② 時間外労働および深夜労働に対する割増賃金分をも含めた賃金の合意をすることは労働基準法第37条に違反するものではない（オーク事件　東京地裁平成10年7月27日労判748-91）

ただし、①に関して、年俸に割増賃金を含むとしても割増賃金相当額が不明である場合や労使双方の認識が一致していない場合は、同条違反となる（平成12年3月8日基収第78号）旨の記載がありますので、本件業務手当について、労働者に十分説明し、理解させておくことが必要と考えます。

問211　月曜日から金曜日まで「1日8時間、週40時間」働いている現場従業員が土曜・日曜に清掃業務にスポット就労することになりました。土曜・日曜のスポット就労は、週40時間を超えての就労ゆえ、当然の如く割増賃金を支払う必要があると思いますが、割増しのベースとなる賃金は何処に求めたら良いのでしょうか。月曜から金曜までの就労は半導体製造に関するもので「請負部署は時給1,000円」、「派遣部署は時給1,100円」となっています。一方、清掃業務は時給1,200円となっています。

答　割増賃金の算定の基礎となる賃金は、「通常の労働時間または労働日の賃金」ですが、この賃金は、例えば所定労働時間や所定労働日中に甲作業に従事し、時間外や休日に乙作業に従事したような場合には、その時間外や休日労働についての「通常の労働時間または労働日の賃金」について定められている賃金です（労働基準法コンメンタール）。

したがって、本件では清掃業務の時給1,200円となります。

問212 マイカーを使って業務をしてもらうのですが、「マイカー手当」を支払えば問題ないものでしょうか。また、マイカー手当は通勤手当とは異なるので、残業単価に反映すべきでしょうか。

答　労働者が自家用車を使って業務を行ってはならないという法令の規定はありませんので、そのこと自体は問題はないと思います。

この場合には、業務遂行に必要な費用の実費弁償として支払う場合と賃金として支払う場合の両方があり得ます。

マイカー手当が賃金として支払うというのであれば、割増賃金の算定の基礎となる賃金から除外されるのは、①家族手当、②通勤手当、③別居手当、④子女教育手当、⑤住宅手当、⑥臨時に支払われた賃金、⑦賞与など1月を超える期間ごとに支払われる賃金に限られています（労働基準法施行規則21条）ので、マイカー手当は割増賃金の算定の基礎に含めなければなりません。

一方、業務遂行に必要な費用の実費弁償として支払う場合には、そもそも賃金ではありませんので、割増賃金の算定の基礎に含まれることはありません。

いずれにせよ、当該労働者の納得ずくで行うことが、紛争の防止のためには、必要と考えます。

第3部 労務の管理

第9節 労働時間

1．労働時間の範囲

問213 「『着替え』という準備行為は労働時間に該当するので給料を支払うように」との指導票を出されました（根拠は、『労働基準法コンメンタール上巻』401頁とのことです）。とりあえず「検討するとして」指導票はもらいませんでしたが、場合によってはかなりの出費が予想されます。上記コンメンタールにある通り、着替えの態様一つひとつについて検討して行く、という基本スタンスをもった方が良いのでしょうか。

答　『労働基準法コンメンタール上巻』401頁は、作業服への更衣、安全靴の着用等の時間が労働時間であるか否かについては、労働時間であるとするものと労働時間としなくてもよいとするものとがあるという書き方ですので、指導の直接の根拠となるものではありません。

問題は400頁に引用されている三菱重工業長崎造船所事件（最高裁第一小法廷平成12年3月9日労判778-11）判決です。

同判決では、作業服および保護具などを装着するよう義務付けられ、その装着を事業所内の所定の更衣所等において行うものとされていた場合には、当該作業服および保護具などの装着および脱離などに要した時間は労働基準法上の労働時間に該当すると判断しています。

以上のことからすれば、『労働基準法コンメンタール上巻』401頁は、作業服への更衣、安全靴の着用などの時間が労働時間であるとは断定していません。したがって、これを根拠とする指導に従う義務はありません。

一方、三菱重工業長崎造船所事件最高裁判決は、事業所内の所定の更衣所などにおいて作業服および保護具などを装着するよう義務付けている場合には、労働基準法上の労働時間に該当するとしていますので、使用者側が作業服および保護具などを装着するよう義務付けていて、しかもその装着を事業所内の所定の更衣所などにおいて行うよう義務付けている場合に限って労働基準法上の労働時間に該当するとして取扱う法的義務が発生することになると思われます。

このため、逆に言えば、使用者側が作業服および保護具などを装着するよう義務付けていない場合や使用者側が作業服および保護具などを装着するよう義務付けているにしても、その装着を事業所内の所定の更衣所などにおいて行うよう義務付けていない場合については、三菱重工業長崎造船所事件最高裁判決は何も触れていませんから、このような場合には労働基準法上の労働時間に該当するとして取扱う法的義務は発生していないと主張することは可能だと考えられます。

なお、使用者側が作業服および保護具などを装着するよう義務付けていて、しかもその装着を事業所内の所定の更衣所などにおいて行うよう義務付けている場合の取扱いについては、所定時間が法定の週40時間、1日8時間よりも若干でも下回っていれば、所定時間を法定労働時間まで延長し、実作業時間との隙間の時間に作業服および保護具などの装着および脱離などを行わせることによって、人件費増とならないように工夫することは可能だと考えられます。

2．複数就業者の労働時間

> 問214　派遣労働者のA子は、派遣元のB社と労働契約を結び、派遣先C社に勤務しています。勤務は月曜日から金曜日の9：30～17：30で、拘束8時間、実働7時間です。A子はもっと稼ぎたいと考え、派遣元D社に土日勤務可能で登録し、連絡待ちの状態となっていました。ある日、派遣元D社から土日勤務希望の労働者を探している旨の連絡がありました。すでに月～金で働いていることをD社の担当者に打ち明けると、「週40時間をオーバーしてしまうね」と指摘されました。D社の担当者はA子さんが既に月曜日から金曜日の9：30～17：30で働いていることを知り、土日も働けば確実に週40時間の法定労働時間をオーバーするとわかっていて派遣先に派遣するのは問題がないのでしょうか。また、仮にD社の担当者がA子さんの勤務実態を知らずに労働契約を結び、後日、C社勤務の実態と40時間オーバーの現実が判った場合、D社は法的責任を問われるのでしょうか。

答 **1 複数就業者に対する労働基準法の適用**

A子さんはいわゆる複数就業者に該当しますが、複数就業者に対する労働基準法などの適用は次のようになっています。

労働基準法などは事業所単位で適用されますので、複数就業者の場合には、それぞれ就業する事業所において同法の「労働者」に該当する場合には、それぞれの事業所ごとに適用されるのが原則です。

ただし、労働時間は、事業所が異なる場合にも、通算することになっています（同法第38条第1項）。ここでいう「事業所が異なる場合」とは、1日のうちに甲事業所で働いた後に乙事業所で働くことをいい、この場合には、同じ事業主の異なる事業所で働く場合だけでなく、事業主が異なる事業所で働く場合も含まれます。

また、「労働時間については通算する」とは、時間外労働に関しては、B社に雇用されてC社に勤務する労働時間とD社に雇用されてその派遣先に勤務する労働時間を通算して、時間外労働に関する制限を受けるということで、労働時間の通算の結果、時間外労働に該当する場合には、割増賃金を支払わなければなりません。

2 D社の使用者責任

この場合に、時間外労働について時間外・休日労働協定（36協定）を締結し、労働基準監督署に提出する手続をとり、また割増賃金を負担しなければならないのは、原則として時間的に後で労働契約を締結したD社です。

したがって、D社においては、A子さんが週35時間（7時間×5日）、5日間勤務していることを前提に36協定を締結し、労働基準監督署に届け出なければなりません。仮に土・日も拘束8時間、実働7時間で、変形労働時間制がないとすれば、週9時間の時間外労働および週1日の休日労働を内容とする36協定を締結し、労働基準監督署に届け出る必要があります。

「労働基準法36条第1項の協定で定める労働時間の延長の限度等に関する基準（平成10年労働省告示154号）」では、次の表のような限度時間を定めていますので、B社に雇用されてC社に勤務する場合に時間外労働がなければ、このような36協定を結ぶことは可能となります。

表　労働時間の延長の限度基準に定める限度時間

期間	一般労働者の場合	対象期間が３月を超える１年単位の変形労働時間制の対象者の場合
１週	15時間	14時間
２週	27時間	25時間
４週	43時間	40時間
１月	45時間	42時間
２月	81時間	75時間
３月	120時間	110時間
１年	360時間	320時間

　また、この場合に、週９時間の時間外労働については25％の割増賃金を、週１日の休日労働については35％の割増賃金を支払わなければなりません。
　このため、Ｄ社において、このような内容な36協定を締結し、労働基準監督署に届け出ていない場合や法定の割増賃金を支払っていない場合には、労働基準法の規定に違反します。この場合に、Ｄ社の担当者がＡ子さんの勤務実態を知って雇用した場合には、法違反の責任を問われることはもちろんですが、仮に知らなかった場合にも、最低限労働基準法の規定に抵触するので、労働基準監督署からは是正勧告は出されると思われ、この勧告にも従わない場合には、法違反の責任を問われることになります。

３　複数就業者に関するその他の留意点

(1)　複数就業者の現状

　複数就業者の数は増加しており、平成19年には102万９千人が本業も副業も雇用者であり、このほかに、本業が雇用者で副業が自営業である者が69万８千人、本業が自営業で、副業が雇用者である者が20万３千人います。

(2)　労働者の兼業に関する取扱い

　労働者は労働契約により１日のうち一定の限られた時間のみ労務に服するのを原則としており、就業時間外は本来その自由な時間ですので、特別な場合を除き、就業規則などで兼業を全面的に禁止することはできません。ただし、競業的な兼業や就業時間とは重複しないものであっても余暇利用のアル

バイトの域を越える、場合によっては会社の就業時間と重複するおそれがあるなど兼業することによって、企業秩序をみだすおそれが大きく、あるいは会社に対する労務提供が困難になることを防止する必要がある場合には、兼業を禁止することができますが、企業秩序に影響せず、労務の提供に格別の支障を生じないような場合には、禁止の対象とすることはできないと解されています。

一方、労働者の兼業を会社の許可などにかからせることは、就業時間外において適度な休養をとることは誠実な労務の提供のための基礎的条件であり、兼業の内容によっては会社の経営秩序を害することもありうることなので、一般的には許されると考えられています。

(3) 労災保険の通勤災害に関する取扱い

労災保険は、複数の事業所において働く場合には、それぞれの事業所で適用されますが、複数就業者の事業所間の移動、すなわち、甲事業所から乙事業所への移動については、通勤災害の対象となり、この場合の保険関係の取扱いは、乙事業所の保険関係で処理されます。

3. 事業場外のみなし労働時間

問215 現在、当社では営業担当の労働時間を事業場内外合せて所定労働時間でみなしていますが、事業場外をみなし、事業場内は別途把握し、当該時間を超えた分については割増賃金を支払う方法で改善を検討していましたが、労働基準監督署から次の内容の指導票が出されました。
1. 貴事業場では、みなし労働時間について本社で労使協定しているが、業務の実態を一番分かっている労使間で、その実態を踏まえて協議した上、労働時間を決定すること。
2. 実際の就労実態から、事業場外での業務を遂行するために通常必要とする時間が所定労働時間であるか否かの確認を随時事業場で行い、記録を作成すること。
3. 労働時間の一部について事業場外で業務に従事した場合には、事業場外での業務にのみみなし労働時間制の適用があるので、事業場内で業務に従事した時間は別途把握する必要があること。

これに関して、アドバイスを頂きたいと思います。

答　ご質問の件ですが、現在労働基準監督署の重点指導事項は過重労働・メンタルヘルス対策ですので、こういう形の監督指導はどこの事業所でも行われると考えて頂いた方が良いと考えます。

　労働基準監督署から今回出されたのは指導票で、是正勧告ではないので、労働基準監督署としては法違反とは認定しなかったことになります。

　指摘事項の内容ですが、

　事業場外のみなし労働時間に関する労使協定については当該事業所で協定を行うことが原則ですので、1．の指摘事項もやむを得ないものです。もし、そのような取扱いができないのであれば、貴社の側でその合理的な理由を明らかにしなければなりません。

　また、労働時間の把握は使用者の責務とされており、かつ、客観的なデータで把握することが原則ですので、2．の指摘事項もやむを得ないものです。事業場外で業務に従事して、労働時間を算定し難い場合であっても、当該業務を遂行するためには通常所定労働時間を超えて労働することが必要となる場合には当該業務の遂行に通常必要とされる時間労働したものとみなすことになっていますので、当該業務の遂行に通常必要とされる時間数については、適切に把握する必要があります。

　さらに、労働時間の一部について事業場外で業務に従事した場合には、事業場内で業務に従事した時間は別途把握して、事業場外のみなし部分に付け加えて、労働時間数を計算する必要がありますので、3．の指摘事項もやむを得ないものです。

　以上のように今回の労働基準監督署からの指摘事項の内容は的外れのものは1つもありません。また、他業種や他社と比較して厳しいものでもありませんので、それに沿って対応して頂くしかありません。

　したがって、労働基準監督署への対応についても、指摘事項を踏まえて改善を図っていくとしか言いようがないと思います。また、期日を守って報告をすることも重要です。

　また、他の事業所においても、同様の指摘を受ける可能性は極めて高いので、本社でこれらの問題に対する対処方針を明確にした上で、全国の事業所に展開することが重要です。

　いつも申し上げていることですが、労働局の需給調整部門は法令に沿って

運用していませんが、労働基準監督署の場合法令に沿って指導を行うことが通常ですので、それぞれの組織の性格の違いに応じて対応するということも意識して頂いた方が良いと考えます。

第10節　年次有給休暇

問216　ある会社から転籍して来る者が10名おり、年休の残数全てを引き継ぐのですが、皆20日以上の年休を持っています。年休を引き継ぐか否かに関してはあくまで自由意思に基づくものかと考えますが、引き継いだ年休の消滅時効を１年半とすることに問題はありますでしょうか。労働基準法第115条が引き継いだ年休についても適用されて、消滅時効は２年としなくてはならないのではないかと悩んでおります。

答　ご質問の件ですが、労働基準法コンメンタールに「継続勤務」に関して、「いわゆる移籍出向の場合についていえば、出向元との労働関係はいったん消滅し、労働関係は新たに出向先との間に成立するので、継続勤務とみることは困難であろう」という記載があります。

　ご質問の転籍者の年休の引き継ぎについても、同様に貴社にとって法的義務があるとは解されませんので、労働基準法は適用されません。したがって同法第115条の時効も適用されませんので、時効を１年半とすることが法的に問題があるということではありません。

　したがって、任意に決めることは可能ですが、転籍者とのトラブルを防止するためには、貴社には年休を引き継ぐ労基法の義務はないこと、したがって、引き継がれた年休については労働基準法第115条の時効は適用されないことをきちんと説明した上で、引き継がれた年休については時効を１年半とする貴社の方針を明確にした方が良いのでないかと考えます。

　なお、余計な話かもしれませんが、転籍者がこれまでも20日以上の年休を持っているということは、これまで年休の消化に熱心だったということではないのではないでしょうか。そうなると、転籍すると突然年休を完全消化するとは考え難いような気がします。

　もしそうなら、時効を１年半としなくても貴社にとって大きな負担にはならないような気がしますが、いかがでしょうか。

　逆に、時効を１年半とすることを明確にすることによって、年休の消化促進につながる可能性というのはないのでしょうか。

　そこら辺りもご検討頂いた方が良いような気がしております。

第3部　労務の管理

問217　喫緊の課題は現場従業員の採用人数を増やす事です。ところでリーマン・ショック前まで、「年休は期間満了日までに必ず取得するよう」、現場従業員には伝えていました。しかしながらその後、「労働者有利になるのであれば、退職時に残った年休に対し、金銭給付をしても構わない」旨の見解を幾つかの労働基準監督署からもらった事を受け、現在では全社の約3分の1の作業所で、退職時に年休が残った場合は「時給×所定労働時間×0.6」の金員を慰労金として支払っています。労働基準法コンメンタールには、「なお、労働者が年次有給休暇権を行使せず、その後時効、退職等の理由でこれが消滅するような場合に、残日数に応じて調整的に金銭の給付をすることは、事前の買上げと異なるのであって、必ずしも本条に違反するものではない。しかし、このような取扱いによって年次有給休暇の取得を抑制する効果をもつようになることは好ましくなく、むしろ、年次有給休暇を取得しやすい環境を整備することが重要である」との記述がありますが、「時給×所定労働時間×0.6」程度の金銭給付では事実上、年休取得を抑制する効果は出ていないので、労働基準法違反にはならないと考えています（ほとんどの労働者が「6割補償なら年休を取得する」方を選んでいます）。そこで当社としては採用面接時に応募者に対し、「期間満了まで生産に協力していただいて、万が一、年休が残った場合は、『年休残日数×時給×0.6』を慰労金として支払います」と説明したいと考えていますが、そのような説明は許されるものでしょうか。なお、全事業所で残年休に対する補償を実施している訳ではありませんので、就業規則には前記慰労金については記述していませんが、就業規則についてもご助言いただければ幸いです。

答　年休については、事前の買上げは、年休を与えないことになりますので違法ですが、未消化の年休がある場合に事後的に買い上げることは違法ではありません。

　問題は、このような取扱いによって年休の取得を抑制する効果をもつか否かということについての評価です。

　現在の状況を言いますと、労働基準監督署はメンタルヘルス・過重労働対策を重点項目にして、監督指導を行っていて、年休の取得促進もその項目と

して含まれていますので、年休の取得を抑制する効果をもつと判断する範囲が広がっていると考えられます。

そうなると、法違反として是正勧告を受けることはないと思いますが、行政指導として指導票が出る可能性はあります。

そのような状況にあることを考えると、ご質問のような説明は避けた方が良いのではないかと考えます。したがって、面接時には何もお話しされない方が良いと考えますが、もし面接時にお話をせざるを得ないとすれば、口頭で「当社では年休は期間満了日までに必ず取得するよう推進しています。ただ、残念ながら、万が一年休が残った場合は、『年休残日数×時給×0.6』を支払うという取扱いはしています」と、淡々と説明する程度ではないでしょうか（この場合でも微妙ですが）。

就業規則の件ですが、本来休暇に関する事項は就業規則の絶対的な記載事項（労基法第89条第1号）です。しかし、未消化の年休がある場合の事後的な買い上げについては、休暇そのものではありませんので、絶対的な記載事項には含まれないと考えます。

むしろ、臨時の賃金等（労基法第89条第4号）に入るのではないかと考えます。この場合にも、定めをする場合にはこれに関する事項について定めをする必要がありますが、問題は「定めをする場合」に該当するか否かです。

確定的に「定めをする場合」には就業規則に記載しなければなりませんが、確定的に「定めをする」とまではいかない一般的な取扱いであれば、就業規則に記載する必要はないと考えます。

したがって、年休の取得を抑制する効果をもつと判断されるおそれのある本件のような取扱いについては、就業規則に記載しない方が良いと考えますが、一方相対的な絶対記載事項である「臨時の賃金等」について就業規則に記載していないとして是正勧告が出される可能性が全くないとはいえません。

その場合には、確定的に「定めをする」とまではいかない取扱いに過ぎないと説明するよりほかはないと考えます。

ご質問は微妙な問題を含んでいるために歯切れの悪い回答をさせて頂きましたが、これらの要素を考慮して、ご対応頂くしかありません。

第11節　安全衛生

問218　無期雇用の派遣労働者でA社における派遣就業を終了し、次の派遣先への派遣を開始するまでの期間待機していたものが自殺をしてしまいました。原因は不明ですが、このような場合には死傷病報告書を労働基準監督署に提出しなければならないのでしょうか。

答　労働者死傷病報告書を労働基準監督署に提出しなければならない場合について、労働安全衛生規則第97条第1項は「労働者が労働災害その他就業中または事業場内もしくはその附属建設物内における負傷、窒息または急性中毒により死亡し、または休業したとき」と規定していますので、労働災害に該当するか否かについては、自殺の原因を精査するしかありませんが、事業所外で自殺していますので、少なくとも「就業中または事業場内もしくはその附属建設物内における負傷、窒息または急性中毒により死亡したとき」には該当しません。

したがって、労働者死傷病報告書を労働基準監督署に提出することまでは必要ないと考えます。

問219　労働基準監督署から、「衛生委員会においては、適正な労働衛生管理のため、労働者の健康保持のため、産業医の意見を踏まえて対策の樹立について議論すること」との指導票が出されました。これに関して、アドバイスを頂きたいと思います。

答　衛生委員会に産業医を参画させるようにすることとの指導票も最近では多くの事業所に出されています。更に、衛生委員会でメンタルヘルス問題について審議したかどうかについて確認を行い、衛生委員会でメンタルヘルス問題について審議を行っていない場合には、指導票が出される事例も増えています。

これらの指導内容は、労働安全衛生規則の内容に沿うものですので、それらの指導に沿って対応していく必要があると考えます。

第12節　送迎

問220　発注者の保全設備を請け負っている会社の社員が運転免許を持っておらず、「当社の送迎バスに乗せて欲しい」旨、発注者から依頼がありました。発注者の工場は交通の便が悪く、公共交通機関がありません。現在、当社は発注者の工場で自社送迎バス（白ナンバー）と業者バス（委託送迎）を運行していますが、通勤災害などを考えた時に「乗せて良いものか」、思案しています。また、料金を支払う旨を相手が言っているので、その場合は料金を頂いてもよいのでしょうか。

答　通勤災害に関しては、「合理的な経路および方法により行うこと」とされており、「合理的な方法」については、「鉄道やバスなどの公共交通機関を利用し、自動車、自転車などを本来の用法に従って使用する場合、徒歩の場合など通常利用されている交通方法は、その労働者が通常利用しているか否かにかかわらず一般に合理的な方法と認められます」とされていますので、本件においては、保全設備を請け負っている会社の方で「貴社の送迎バスを利用することが合理的な方法である」と位置づけ、できれば労働基準監督署の労災担当の方に確認を取って置く方が無難であると考えられます。

料金の支払いに関しては、道路運送法は他人の需要に応じ、有償で、自動車を使用して旅客を運送する事業を「旅客自動車運送事業」と規定し、特定の者の需要に応じ、一定の範囲の旅客を運送する特定旅客自動車運送事業について、国土交通大臣の許可と定めていますので、自社送迎バスについては、本件のような形態が特定旅客自動車運送事業に該当しないことを運輸局に確認する必要があると考えられます。

業者バス（委託送迎）の場合には、国土交通大臣の許可は取っていると思われますので、保全設備を請け負っている会社の方で当該バス業者に委託するという方法も考えられるのではないかと思われます。

問221　利益を圧迫している現場従業員の送迎料を軽減するために、派遣先に少しでも送迎料を負担していただく取り組みを行っています。このために覚書を派遣先と締結しようと考えておりますが、所謂、「紐付き」と指摘されることはないでしょうか。

答　ご質問の件ですが、

　労働者派遣法においては、派遣料金について直接規制する規定はありませんし、まして派遣労働者の送迎料を派遣先に負担させることを禁ずる規定もありませんから、派遣労働者の送迎料を派遣先に負担させる覚書を締結しても違法にはならないものと考えられます。

　ただし、貴社の事業として考えたときには、このように派遣労働者の送迎料を派遣先に直接負担させることにした方が良いのか、あるいは派遣料金に必要経費の一部として加算するのが良いのかについては、検討を要すると考えられます。

　派遣労働者の送迎料を派遣先に負担させる覚書を締結するためには、当該覚書の締結に当たり、派遣先においては費用の負担が発生しますので財務部門の決裁を要すると思われますが、派遣料金に加算する場合には、当該契約の締結だけで済みます。

　このような観点からも、どちらの方が契約の締結が容易なのかもご検討頂いた方が良いのではないかと考えます。

第13節　継続雇用

問222 取引先を60歳で定年退職する者を当社の管理者として受け入れたいと考えていますが、幾つもの取引先より、「高年齢者雇用安定法第9条があるので、当社から貴社への転籍を勧めることは出来ない」旨言われ、困惑しています。高年法第9条は制度設計を義務付けているだけで、自由意思による転籍は全く問題ないと考えますが、どのように取引先に説明したら良いものでしょうか。

答　高年齢者雇用安定法第9条第1項は「65歳未満の定年の定めをしている事業主は、その雇用する高年齢者の65歳までの安定した雇用を確保するため、①定年の引上げ、②継続雇用制度の導入、または③定年の定めの廃止のいずれかを講じなければならない」旨規定していますので、②によってこの規定を履行しようとする場合には、継続雇用制度を導入しさえすれば、履行したことになります。

この継続雇用制度については、「現に雇用している高年齢者が希望するときは、当該高年齢者をその定年後も引き続いて雇用する制度をいう」と定義していますので、現に雇用している高年齢者が希望しないときは、当該高年齢者をその定年後も引き続いて雇用する必要はありません。

したがって、貴社に転籍することを希望するということは、定年後も引き続いて雇用されることを希望していないことになりますので、継続雇用制度の対象とする必要はありません。

このため、高年齢者雇用安定法第9条第1項の規定を示した上で、定年退職者に、希望すれば継続雇用制度の対象となることもできるが、一方定年退職者を転籍して受け入れたいという会社もあるので、どちらを希望するのか明確にして欲しい旨示して頂けないかと打診してみてはいかがでしょうか。

第14節　雇止め

問223　当社では有期間社員として複数の雇用形態があります。準社員・契約社員・パート・アルバイトと言った内容です。雇用形態に合わせて1回の雇用契約の期間を最短で10日～最長6月としています。短期の一時的なアルバイトは別として、長期雇用を前提とした準社員・契約社員・パートとの雇用契約です。しかし、稀に出勤率や作業性、勤務態度が悪い有期間雇用者の雇止めをする場合があります。雇用契約書については、契約更新の有無について、行政からの助言にもとづき、更新「有」「無」の2種類の契約書を運用していますが、基本的には契約更新「無」の契約書を主に運用し、更新なしで雇用契約を締結し、必要に応じて継続雇用したい人については、雇用契約終了1月以上前に都度面談を実施して次の雇用契約を締結するようにしています。会社を経営する上で会社が本来求めている仕事が出来ない人を継続して雇用することはできないということと、退職時の契約上のトラブルを回避するためというのが理由で、このような方法をとっています。このような方法は行政からの指摘・指導の対象となるのでしょうか。

答　労働基準法第14条第2項および第3項は、有期労働契約の締結、更新、雇止めについて、基準を定め、この基準に関し、期間の定めのある労働契約を締結する使用者に対し、必要な助言・指導を行うことができる旨規定し、これに基づき、「有期労働契約の締結、更新及び雇止めに関する基準」第1条第1項は、「使用者は、有期労働契約の締結に際し、労働者に対して、当該契約の期間の満了後における当該契約に係る更新の有無を明示しなければならない」旨規定していて、同法第15条第1項の規定により、更新する場合の基準に関する事項については、労働契約の締結の際に書面の交付により明示しなければなりません。

したがって、有期労働契約の更新がない場合には、契約更新「無」の契約書を締結しても、有期労働契約基準に抵触することはありませんので、指導の対象となることはないと考えられます。

しかしながら、ご質問にあるように、準社員・契約社員・パートとの雇用契約について、長期雇用を前提としていながら、契約更新「無」の契約書を

締結しているとすれば、本来契約更新が有りであるにもかかわらず、無しと明示していることになりますので、不正確な記載、場合によっては虚偽の記載をしていると評価される可能性があります。このため、例えば「有期雇用契約の更新の有無については、正確に記載すること」といった趣旨の指導が行われる可能性はあると考えられます。

特に、契約更新「無」の契約書を締結しながら、その大部分について実際には更新しているような場合には、そのように評価される可能性があります。

このため、有期雇用契約の更新の有無について正確に記載することに留意して頂いて、実際に原則更新しないが、例外的に特に優秀な者に限って更新するのであれば、現状のやり方でも問題はないと考えられますが、仮に大部分について実際には更新しているような場合には、契約更新が有り得るとした上で、更新する場合の基準または更新しない場合の基準をできるだけ正確に記載すべきと考えます。

問224 平成25年11月30日、従業員に対し、「平成25年12月31日限りにて雇止めする」旨を口頭にて伝えました。その後同年12月3日、当該従業員に「平成25年11月30日付の雇止め通知書」を渡しました。当該従業員より「雇止め通知を渡されたのは12月3日で、雇止めの日まで30日をきっていた。告示357号の雇止め基準では『口頭での予告』は許されていないので、本件雇止めは告示違反である」との内容証明が届きました。雇止め理由の明示は書面が要求されているが、雇止め予告については口頭でも良いのではないかと考えておりましたが、やはり予告も書面でなければならないのでしょうか。

答 「有期労働契約の締結、更新及び雇止めに関する基準」第2条の雇止めの予告については、その方法についての規定はありませんが、解雇予告を定めた労働基準法第20条第1項について、労働基準法コンメンタールは、次のように記載しています。

「予告は、直接個人に対して解雇の意思表示が明確に伝わる方法でなされるべきであり、文書で行うのが確実な方法であるが、口頭で行っても有効である。ただし、口頭で予告した場合には、……それに加えて労働者に書面を交付することにより解雇予告することが望ましい。」

第3部　労務の管理

　以上のように罰則付きで定められている解雇予告でも口頭で行っても有効ですから、助言指導を行うものとして定められた上記基準の雇止めの予告について口頭で行っても基準違反ということはありません。
　また、労働基準法コンメンタールにあるように口頭で予告したことに加えて書面を交付することにより予告するという望ましい方法も取っていますので、問題はありません。
　ただ、この種の無用なトラブルを防止するためには、30日前までに文書で行った方が良いことは間違いありません。

> **問225**　腰を痛めて休んでいる者がいます。労災の申請もしており、1月18日に労基署の現場検証があります。実は、この者の働いている部署で減産があり、更に余り作業能力が高くないこともあって、1月31日限りで雇止めする旨既に通知をしております。腰については、もともと腰痛持ちであることから、私傷病とも労災とも現在の時点では判断できない状況ですが、「腰を痛めて働けない」ということを雇止めの理由としても良いものでしょうか。この者は、昨年3月入社で更新は1回しかしておりませんので、所謂、更新常態者ではありません。確かに余り作業能力は高くないのですが、同レベルで高くないものも数名おり、「何故、自分が雇止めの対象なんだ。やはり、腰を痛めたからか」と主張し、労働局のあっせんを申立てるようです。所謂、労災の解雇制限にからむものではないので、「私傷病か労災か分からないが、腰を痛めて働けないので雇止めをした」と会社が主張しても構わないのではないかと考えますが、ご指導の程宜しくお願いします。

答　労災休業期間中およびその後30日間の解雇制限については、雇用期間の満了には直接適用されませんが、これはあくまで労働基準法の最低基準に過ぎませんので、労働局のあっせんや労働審判のような民事紛争になると、そのまま主張するのは適当ではないと思います。
　このため、業務上の事由で腰を痛めて労災の申請をしている者について、その腰を痛めていることを理由に雇止めをするというのは避けるべきだと考えます。
　むしろ、有期労働契約基準により、有期労働契約を更新する場合またはしない場合の判断の基準を明示していると思いますので、その明示した基準で

適当な項目を理由とすべきと考えます。

問226 景気が低迷する中で、派遣先からの派遣契約の解除が続いているために有期契約で雇用している派遣労働者を中途で解雇したり、雇用期間の満了によって雇止めしなければならない状況に追い込まれています。このような解雇や有期雇用労働者の雇止めについては、どんなことに留意しなければならないのでしょうか。

答 解雇や有期雇用労働者の雇止めについては、次のような点に留意する必要があります。

1 解雇

(1) 労働者派遣契約が解除された場合の派遣労働者の解雇

派遣元と派遣先の間の労働者派遣契約と派遣元と派遣労働者の間の労働契約は別個の契約ですから、労働者派遣契約が解除された場合であっても、派遣元は、即座に派遣労働者を解雇できるものではなく、労働者派遣契約の解除を理由として派遣労働者を解雇する場合にも、労働基準法や労働契約法、判例法理などの規制を受けます。

(2) 解雇権の濫用

解雇は、客観的に合理的な理由を欠き、社会通念上相当であると認められない場合には、その権利を濫用したものとして、無効となります（労働契約法第16条）。

解雇の客観的合理的な理由としては経営上の理由ということになると思われますが、社会通念上の相当性については、その事実関係の下で労働者を解雇することが過酷に過ぎないかなどが考慮されます。

特に、人員整理のための解雇の場合には、労働者に何ら責めに帰すべき事由がないにもかかわらず、使用者側の事情によって、一方的に従業員の地位を失わせるものですから、使用者が整理解雇をするに当たっては、労使間の信義誠実の原則に従って解雇権を行使すべきことが強く要請され、整理解雇が解雇権の濫用に当たるか否かについては、①人員削減の必要性が認められるか、②解雇を回避する努力を尽くしたか、③解雇対象者の人選は合理的なものであったか、④解雇手続は妥当なものであったかの4つの要素が総合考慮して判断されます。

(3) 有期雇用労働者の解雇

使用者は、期間の定めのある労働契約について、やむを得ない事由がある場合でなければ、その契約期間が満了するまでの間において、労働者を解雇することはできません（労働契約法第17条第1項）。

この場合の「やむを得ない事由」については、労使間の信頼関係が破壊される程度の不誠実な事実（債務不履行）、解雇に関する「客観的に合理的な理由を欠き、社会通念上相当である」場合よりも狭いと解されています。

この「やむを得ない事由」に関しては、次のような判断をした裁判例があります。

> どんなに、業績悪化が急激であったとしても、労働契約締結からわずか5日後に3月間の契約期間の終了を待つことなく解雇しなければならないほどの予想外かつやむをえない事態が発生したと認めるに足りる疎明資料はない。会社の立場からすれば、労働契約を更新したこと自体が判断の誤りであったのかもしれないが、労働契約も契約である以上、会社は、期間3月の労働契約を更新したことについての責任は負わなければならない（安川電機八幡工場事件　福岡高裁平成14年9月18日労判840-52）。

(4) 解雇の予告

労働者を解雇しようとする場合には、原則として、30日前までにその予告をしなければなりません。30前に予告をしない場合には、30日分以上の平均賃金を支払わなければなりません。なお、解雇予告の日数は、平均賃金を支払った日数だけ短縮できます（労働基準法第20条）。

(5) 解雇の理由などについての証明書の交付

労働者から請求があった場合には、使用者は、解雇の理由などについて、証明書を交付する必要があります（労働基準法第22条）。

2 有期雇用労働者の雇止め

(1) 雇止めが無効となる場合

次のいずれかに該当する有期労働契約の契約期間が満了する日までの間に労働者が有期労働契約の更新の申込みをした場合または契約期間の満了後遅滞なく有期労働契約の締結の申込みをした場合で、使用者が労働者からの申込みを拒絶することが、客観的に合理的な理由を欠き、社会通念上相当であると認められないときは、使用者は、従前の有期労働契約と同一の労働条件

で当該申込みを承諾したものとみなされます（労働契約法第19条）。
① 有期労働契約が過去に反復して更新されたことがあるもので、その契約期間の満了時に有期労働契約を更新しないことにより終了させることが、期間の定めのない労働契約を締結している労働者に解雇の意思表示をすることにより労働契約を終了させることと社会通念上同視できること
② 労働者が有期労働契約の契約期間の満了時に当該有期労働契約が更新されるものと期待することについて合理的な理由があるものであること

このほか、有期雇用契約の雇止めの効力に関する裁判においては、個々の事情に応じて判断されますが、一般に①業務の客観的内容（従事する業務の種類、内容、勤務の形態（業務内容の恒常性・臨時性、業務内容について正規労働者と同一性の有無など））、②契約上の地位の性格（地位の基幹性・臨時性（嘱託、非常勤など））、労働条件について正規労働者と同一性の有無、③当事者の主観的態様（継続雇用を期待させる使用者側の言動・認識の有無・程度など（採用に際して有期契約の期間や、更新の見込みなどについての使用者側からの説明など））、④更新の手続き・実態（契約更新の状況（反復更新の有無、回数、勤続年数）契約更新時における手続きの厳格性の程度（更新手続の有無・時期・方法、更新の可否の判断方法など））、⑤他の労働者の更新状況（同様の地位にある他の労働者の雇止めの有無など）、⑥その他（有期契約を締結した経緯、勤続年数・年齢などの上限の設定）などが考慮されます。

(2) 有期労働契約の締結、更新及び雇止めに関する基準

有期労働契約の場合には、原則としてその期間の満了により終了しますが、その期間の満了後も更新し、反復継続する場合があり、このように反復継続した有期の労働契約の更新を使用者側が拒否する雇止めに関する紛争が生ずることを未然に防止するため、有期労働契約における使用者が講ずべき措置について「有期労働契約の締結、更新及び雇止めに関する基準」において、次のようなことが定められています。

ア　雇止めの予告

契約を3回以上更新し、または1年を超えて継続勤務している者との有期契約を更新しない場合には、契約を更新しない旨明示されている場合を除き、少なくとも契約の期間の満了する日の30日前までに、その予告をしなければなりません。

ここでいう「1年を超えて継続勤務している」とは、①1年以下の契約期間

の労働契約が更新または反復更新され、雇用関係が初回の契約締結時から継続して通算1年を超える場合、②1年を超える契約期間の労働契約を締結している場合のいずれかです。

　なお、30日未満の契約期間の労働契約の更新を繰り返して1年を超えた場合の雇止めに関しては、30日前までにその予告をするのが不可能な場合であっても、できる限り速やかにその予告をしなければなりません。

イ　雇止めの理由の明示

　契約を3回以上更新し、または1年を超えて継続勤務している者との有期契約を更新しない場合に、本人から更新しない理由について証明書の請求があったときは、遅滞なく交付しなければなりません。

　更新しない理由については、契約期間の満了とは別の理由を明示することが必要で、例えば、①前回の契約更新時に契約を更新しないことが合意されていたため、②契約締結当初から更新回数の上限を設けており、契約が上限に当たるものであるため、③担当していた業務が終了または中止したため、④事業縮小のため、⑤業務を遂行する能力が十分ではないため、⑥職務命令に対する違反行為を行ったこと、無断欠勤をしたことなど勤務不良のため、などが考えられます。

第15節 社会・労働保険

1. 労災保険

問227 労働者は「腰を痛めたことが労災と認められない可能性が高い」と判断したのか、「解決金に３日分の休業補償相当額を上乗せして欲しい」旨主張してきました。その労働者が腰を痛め、休み始めたのが、平成25年10月１日ですので、「平成25年10月１日から同年10月３日の期間の休業補償相当額を支払う」旨合意書に定めて、「何ら債権債務がない」旨を合意しても良いのですが、若し、労災が認められ、休業補償の支払いが発生した場合、更に当社には３日分の休業補償の支払義務が発生するのでしょうか。あるいは「腰をいためた状況を特定し、何ら債権債務がない」旨を合意し、３日間の休業補償相当額をも支払った場合は、今後、労災になろうとも私傷病になろうとも債務を負わないと考えてよいのでしょうか。

答 合意書の趣旨如何によると考えられますので、支払われる３日間の休業補償相当額は、労災の業務上の認定を受けて、労災保険に基づく休業補償が支給される場合には、当該３日間の休業補償相当額の支払は、労働基準法に基づき使用者として貴社が支払うべき休業補償に充当する旨の文書を当該合意文書または別途覚書により交わした方が良いと考えます。

2. 再就職手当

問228 採用担当者として１年の有期契約で入社した者が雇用契約書に「更新あり」と記述してある為か、再就職手当を受給しています。もし、この者が１年で雇止めとなった場合、当該労働者からハローワークへ金員の返還が必要となるでしょうか。

答 再就職手当の要件に「再就職手当の支給決定の日までに離職していないこと」というのがありますので、再就職手当の支給決定の日までに離

職していなければ、再就職手当の受給資格があることになります。

また、「再就職手当支給後に万一離職し、失業状態となった場合は、再就職手当分を除く残日数分を受給できる可能性がある」という取扱いになっていますので、再就職手当の受給後離職しても返還ということにはならないと考えられます。

3．社会保険の適用

問229 入社に至らないケースで最近多いのは、「自分は親の扶養家族となっており、当社で勤務し続けるかどうかは、2月程働かないと分からない。また、そもそも2月以内の労働契約を結んだ場合、適用除外で社会保険に入れないはずなのに、社会保険に入れるという事自体がおかしいのではないか」というクレームです。確かに健保組合の資料を見ると、「2月以内の労働契約の場合は、当初、社会保険に入れない」旨書かれています。そこで、派遣先と2月の個別契約（例：本年4月1日～5月末日）を締結し、労働契約も2月以内とし、「入社時に、2月以内の雇用契約を締結した者は、全て厚生年金、健康保険の適用除外とする」ことも考えていますが、許される行為なのでしょうか。2月以内の労働契約を締結し、「不更新条項」が労働契約書の中に入っていれば、確かに適用除外かと思いますが、「更新する場合があり得る」との文言が労働契約書の中に入っていても「適用除外」となるのでしょうか。許されるのであれば、労働者派遣個別契約とあわせ2月以内の労働契約とし、入社時は皆を適用除外にしようと考えています。

答 ご質問の件ですが、

厚生年金保険法第9条は適用事業所に使用される70歳未満の者は厚生年金保険の被保険者とするとした上で、同法第11条は2月以内の期間を定めて使用される者については厚生年金保険の被保険者としないとしつつ、所定の期間（2月）を超え、引き続き使用されるに至った場合を除くと規定していて、健康保険法第3条も「被保険者」とは適用事業所に使用される者……をいうとした上で、2月以内の期間を定めて使用される者については厚生年金保険の被保険者としないとしつつ、所定の期間（2月）を超え、引き続き使用さ

れるに至った場合を除くと規定しています。

　したがって、厚生年金保険および健康保険の被保険者とならないのは、2月以内の期間を定めて使用される者で、かつ、2月を超え、引き続き使用されるに至らない場合に限られます。

　このため、2月以内の労働契約で採用した者については、厚生年金保険および健康保険の被保険者とはなりませんので、そのような者については厚生年金保険および健康保険の被保険者としないという取扱いになります。

　ただし、2月以内の労働契約であっても、労働契約を更新して2月を超えて引き続き雇用するに至った場合には、厚生年金保険および健康保険の被保険者となります。

　なお、労働契約書に「更新する場合があり得る」という条項があったとしても、実際に更新するためには貴社と労働者間で労働契約を更新する旨の合意が必要ですので、その合意がなく、実際にも2月を超えて引き続き雇用するに至らない限りは、これらの法律に規定する「所定の期間を超え、引き続き使用されるに至った場合」には該当しませんので、その段階では「2月以内の期間を定めて使用される者」として、厚生年金保険および健康保険の被保険者とはならないと解するほかはありません。

　また、派遣先との労働者派遣個別契約の期間は直接の関係はありません。ただし、例えば、派遣先との労働者派遣個別契約の期間を3月として、労働契約の期間を2月とした場合には、派遣元として労働契約を更新するか、または別の者と1月の労働契約を結んで労働者派遣を行う義務は生じます。

第4部

労働行政機関への対応

第4部
労働行政機関への対応

第1節　労働局の派遣、請負などに関する指導

> 問230　労働局の派遣、請負などに関する指導は、局により、担当者によって大きく違っており、指導を受ける側としては対応に苦慮しています。なぜこのようなことが起こるのか、何が問題なのか教えて頂けますか。

答

1　問題の所在

　労働局の需給調整部門の行政指導は、局により、担当者によって違うという指摘は、多くの関係者から寄せられています。基本的には、各局、各担当者が職務を行うに必要な知識を身に付けているか、そのための努力をしているのか、組織的な対応が十分に行われているかなどにあると思われますが、構造的な問題として、組織の性格や行政の在り方に関する基本的な認識の不足があるように感じられます。

　労働局の需給調整部門のこれらの問題に、関係の事業者の理解不足や関係業界における誤解や曲解のために、労働者派遣法や職業安定法が産業社会の中でのインフラとしての機能を十分発揮できていないという印象をもっています。

　法律は、言うまでもなく、行政のものでも、関係の事業者や業界のものでもなく、社会全体が共有するインフラであり、法令の解釈については、行政の裁量や細部において見解に違いはあるにせよ、基本的には、同じ土俵に立たなければなりません。

2　労働局の需給調整部門の組織の性格

　労働局の需給調整部門は職業安定行政の一翼を担っていますが、都道府県単位の職業安定行政は、都道府県労働局が設置されるまでは、長く都道府県に属していました。都道府県は自治体ですから、それぞれの地域の実情に応じて行政を展開するという考え方がありました。そのために、職業安定行政は分権的であり、その性格は需給調整部門にも引き継がれており、全国斉一

による行政というよりは、地域によって異なる対応をする性格が強いということができます。

　加えて、職業安定行政は、一般にサービス行政であるために、法律に基づく行政を行うことが少ないのです。このため、特に職業安定行政関係者が需給調整部門に就くと、法律に基づく行政になかなか適応できないという問題があります。

　一方、需給調整部門で所管する行政は、労働者派遣法や職業安定法などの法律の施行事務であるために、ずれが生じているのが実情です。

3　行政の在り方

　行政は、法律に基づいて、その所掌事務を行い、その権限も法律で定められた範囲内で行使することができるのであって、その範囲を超えて行うことはできません。労働局の権限も、厚生労働省設置法や労働者派遣法、職業安定法などの法律に基づいて行使しなければなりません。

　ところが、労働局の需給調整部門で行っていることを見ると、法律に基づく行政が行われているのか疑問に思われるケースが多々あります。それは、法律に基づく行政という意識が希薄であるために、そのようなことになっているのではないかと推測しています。言うまでもなく、法律に根拠のない権限を行使することは、違法です。いくつか例を見てみましょう。

(1)　請負に関する指導

　　労働法の中にも、例えば、労働安全衛生法や「建設労働者の雇用の改善等に関する法律」などにおいては請負に関する規定が定められており、これらの規定に基づいて、労働局などが権限を行使することは問題ではありません。これに対し、労働者派遣法や職業安定法には、平成27年10月施行予定のいわゆる労働契約の申込みのみなし規定を除き、請負に関する規定はありません。告示第37号はありますが、告示第37号は労働者派遣法で定める労働者派遣事業の範囲を明確にしたもので、請負の範囲を定めたものではありません。民法を所管している訳ではない労働行政において、請負の範囲を定める権限はないのです。

　　労働行政にできることは、請負契約による事業であっても労働者派遣事業に該当する場合には、労働者派遣法の規制を受け、同法に定める規制に従って、事業を行わなければならないことを指導監督できるだけです。

　　ところが、例えば、労働局の需給調整部門で労働者を雇用していない個人請負事業主の問題を取り扱っている事例があります。例えば、労働基準

部門で、個人請負事業主が労働者に該当するか否かの指導を行うことについては、労働基準法などの適用があるか否かという観点から必要ではありますが、労働者派遣法とはまったく関係のないことで、少なくとも需給調整部門で関与する問題ではないのです。

ここからは想像ですが、偽装請負という言葉が流布したために、いつの間にか、労働局の需給調整部門で請負に関する事務まで所管していると勘違いしているのかもしれません。労働局の需給調整部門では、請負に関する指導については、労働者派遣法などとの関係でのみ権限があることを認識する必要があります。

同様に、労働局によっては、自主点検表などを作成している例も見られますが、これについても、労働者派遣法、すなわち告示第37号との関係でのみ可能であって、それを超えた権限は付与されていないことを認識する必要があります。

(2) 出向に関する指導

出向に関しては、労働契約法に規定はありますが、労働局の需給調整部門との関係でいえば、労働者派遣事業や職業安定法で原則禁止する労働者供給事業との関係が問題となります。すなわち、在籍出向は、一般的にいえば、労働者派遣には該当せず、労働者供給に該当します。事業性があれば労働者供給事業として、職業安定法違反の問題となります。したがって、指導を行うにしても、職業安定法などに基づいて行う必要があります。

(3) 二重派遣

二重派遣についても、労働者派遣には該当せず、労働者供給に該当します。事業性があれば労働者供給事業として、職業安定法違反の問題となります。したがって、こちらも、指導を行うにしても、職業安定法などに基づいて行う必要があります。

4　ご質問に関連して

労働局の需給調整部門の行政指導に関しては、法律に基づいて行われるべきです。そして、その法律の解釈に当たっては、正確性を期す努力が必要です。

自主点検表などの事例をみると、関係者が抱いている不安は理解できるものであり、労働局の需給調整部門の誤った行政指導によって、産業社会の健全な発展が阻害されないようにする必要があります。そのためには、行政関係者の一層の努力が求められています。

問231 労働局が企業に対して派遣・請負に関する監査・臨検に入る場合、何をベースに監査・臨検を行っているのでしょうか。また監査・臨検に対して、どのような対応すればよいのでしょうか。

答　労働局によって違いはありますが、労働者派遣事業業務取扱要領をベースに監査・臨検を行うのが原則で、そのように行っている指導官もいます。

どのように対応するかについては、労働者派遣事業業務取扱要領をよく理解しておくことと、請負に関しては、労働者派遣法第2条第1号の「労働者派遣」の定義と告示第37号を用意し、もし、指摘された場合は、労働者派遣法の「労働者派遣」の定義と告示第37号を提示して、労働者派遣法の「労働者派遣」の定義および告示37号のどこに抵触するのかを確認すべきです。

現実の問題として、行政の担当者が派遣法や告示第37号に精通している訳ではありません。指導をする指導官が労働者派遣法や告示第37号上の根拠を示すことが出来ない場合には、その指導官の主観で言っている可能性が高いので、労働局としての見解を求めるということも考えられます。

いずれにしても、最近は企業側のほうが法令に対して正しい理解をしていて、行政側が間違っているケースもありますので、主張すべきことは主張すべきです。そのためにも、労働者派遣法の「労働者派遣」の定義と告示第37号は用意して、これに基づいて話をする方が適切です。

派遣か請負かの違いを分けているのが告示第37号であり、告示第37号の基準を満たしていれば労働者派遣事業にはなりませんので、告示第37号の基準を満たしていると判断できる場合には、堂々と請負事業として行って差し支えありません。

問232 労働者派遣事業や請負事業に関する行政指導がどのような行政組織により、どのような仕組みで、どのような内容で行われているのでしょうか、行政指導にどのような問題があるのでしょうか、これに対してどのように対応したらよいですか。

答　**1　労働者派遣・請負事業に関する行政指導の種類**
労働局の需給調整事業部門が行う労働者派遣事業や請負事業に関する行

指導を行う方法については、大きく①定期の指導監督、②申告に基づく指導監督、③労働災害の発生時における指導監督、④厚生労働省からの指示に基づく指導監督などに分かれます。

(1) 定期の指導監督

定期の指導監督とは、労働局の側で実施する事業所や時期などを計画して行うものです。

定期の指導監督がどの程度行われるかは、各労働局の人的能力の規模に左右されます。

特に、労働局の中に需給調整事業室もないところや需給調整事業室しかないようなところでは、定期の指導監督を行う余裕のないところが多いようで、規模の小さい労働局の需給調整事業室長が企業を対象としたセミナーにおいて、需給調整事業室の定員が減らされたので、定期の指導監督は基本的に行わない旨発言していたこともあります。

逆に、需給調整事業部のあるような労働局においては労働者派遣事業などの許認可を行っている部署と指導監督に当たる部署が分離されていますので、定期の指導監督を行う人的能力は大きいといえます。このような労働局においては、かなりの規模で定期の指導監督が行われる可能性があります。

(2) 申告に基づく指導監督

おそらく最も行われる頻度が高いのが申告に基づく指導監督ではないかと考えられます。労働者派遣法第49条の3第1項は、「派遣元または派遣先が労働者派遣法令の規定に違反する事実がある場合には、派遣労働者は、その事実を厚生労働大臣に申告することができる」旨規定していますので、派遣労働者は法律上申告する権利があります。

しかし、実際に労働局に申告しているのは個々の派遣労働者（場合によっては請負労働者）ではなく、派遣労働者が加入する労働組合である場合が多いようです。

派遣労働者は申告するのは権利として保障されていますが、問題は労働局側の対応の仕方にあります。

労働局の指導官が自らの役割を理解していないために、労働組合などから指摘を受けると、それに沿った行動をしたり、労働組合の言っていることをオウム返しに事業主などに指導してくるという例がありますので、申告に基づく指導監督については、労働局の対応に特に注意する必要があり

ます。
(3) 労働災害の発生時における指導監督
　　労働災害の発生時においては、労働基準監督署が立入調査を行うのが原則ですが、構内請負が労働災害に関連する場合には、労働局と合同で、指導監督に入る場合があります。
(4) 厚生労働省からの指示に基づく指導監督
　　厚生労働省からの指示に基づいて指導監督が行われることもあります。2010年の専門26業務派遣適正化プランに関する指導監督などは、その例です。

2　派遣・請負事業に関する行政指導の方法

　労働者派遣事業や請負事業に関する行政指導は、労働局の指導官が事業所などに立ち入り、必要な書類や就業実態を調査し、法令に照らして問題がある場合には、是正のために口頭による指導を行う、あるいは指導票、是正指導書などを交付して是正の報告を求めるというのが建前です。
　行政指導の対象となるのは、労働者派遣事業を行っている事業所のほか、工場の構内で請負を行う構内請負などがいわゆる偽装請負に該当しないかなどについて指導の対象となります。
　なお、他の組織でも同じような面がありますが、労働局の指導官が事業所などに立入調査をする場合には、立入調査をした証しとして、指導票や是正指導書などの文書を交付しようとする傾向が見られます。一定のマンパワーを投入したのですから、何らかの成果を残しておきたいという意図があるものと考えられます。

問233　当社はメーカーで製造業務に派遣労働者を受入れています。先日労働局から派遣労働者受け入れに関する立入調査を受けたところ、(1)同一ラインで昼夜二交代勤務において、日勤・夜勤で抵触日が違っていたこと、(2)派遣元への月１回の通知をタイムカードだけで行っていたこと、の２点について是正指導を受けました。どのように対応すれば良いでしょうか。

　答　労働者派遣法第51条第１項は「厚生労働大臣は、この法律を施行するために必要な限度において、所属の職員に、労働者派遣事業を行う事業主及び当該事業主から労働者派遣の役務の提供を受ける者の事業所その他の

施設に立ち入り、関係者に質問させ、又は帳簿、書類その他の物件を検査させることができる」と規定していますので、この規定に基づき、労働局の指導官は、派遣元のみならず、派遣先にも立入調査を行い、派遣先の関係者などに質問を行い、派遣先管理台帳や派遣元への通知書などの帳簿、書類などを検査します。

派遣先に対する立入調査は、労働者派遣法やこれに基づく政省令、指針などに基づいて派遣先が行わなければならない全ての事項を対象として行いますので、これらの事項に違反がある場合には、同法第48条の助言・指導や第49条の2の勧告・公表の対象となるほか、第5章の規定により罰則が適用されることもあり得ます。

特に、「派遣先に法違反があった場合の是正の勧告について、指導・助言の前置を要しない」ことになっていますので、是正指導を行うことなく、勧告が行われることも出てきますので、ご注意ください。

1　派遣受入期間の制限（抵触日）について

労働者派遣法第40条の2第1項は「政令第4条第1項及び第5条に定められている28業務、有期プロジェクト業務、日数限定業務及び産前産後・育児・介護休業代替業務以外の派遣受入期間の制限のある業務については、派遣先は、派遣労働者が就業する場所ごとの同一の業務について、派遣受入期間の制限（抵触日）を超えて継続して労働者派遣を受け入れてはならない」旨規定しています。

派遣受入期間の制限（抵触日）の単位は「就業する場所ごとの同一の業務」については、次のような取扱いが行われています。

「就業の場所」については、次により実態に即して判断する。

① 課、部、事業所全体など場所的に他の部署と独立していること。
② 経営の単位として人事、経理、指導監督、労働の態様等においてある程度の独立性を持っていること。
③ 一定期間継続し、施設としての持続性があること。

また、「同一の業務」については、次により判断する。

① 労働者派遣契約を更新して引き続き労働者派遣契約に定める業務に従事する場合は同一の業務に当たること。
② 派遣先の事業所における最小単位の組織内で行われる業務は原則として同一の業務とすること。
③ 派遣労働者を受け入れたために形式的に班、係などで区分しても、同一

の業務に該当すること。
④ 意図的に回避するために組織を変更する場合には従来からの実態により判断すること。

したがって、同一ラインの昼夜二交代勤務の場合の日勤と夜勤では、同一の組織内で行われると考えられますので、その派遣受入期間の制限（抵触日）は同一でなければならず、その抵触日はその業務について最初に労働者派遣を受け入れた日から、原則１年、派遣先の過半数代表者（過半数労働組合がある場合は過半数労働組合）の意見を聴いて、あらかじめ１年を超え３年以内の期間を定めている場合はその期間の満了日の翌日になります。

２　派遣元への通知

労働者派遣法第42条第３項は「派遣先は、次の事項を派遣元に、１月ごとに１回以上、一定の期日を定めて派遣労働者ごとに書面の交付などにより通知しなければならない」旨規定しています。
① 派遣労働者の氏名
② 派遣労働者が就業した場所
③ 派遣労働者が就業した日
④ 派遣労働者が就業した日ごとの始業・終業の時刻、休憩時間
⑤ 派遣労働者が従事した業務の種類

この派遣元への通知をタイムカードだけしか行っていない場合には、上記のうち①、③および④のうち派遣労働者が就業した日ごとの始業・終業の時刻だけしか通知していないことになります。

このため、②派遣労働者が就業した場所、④派遣労働者が就業した日ごとの休憩時間および⑤派遣労働者が従事した業務の種類を派遣元に毎月１回通知するようにする必要があります。

問234 このところ労働局のホームページで派遣会社の事業停止命令や改善命令が会社名の公表とともに掲載されています。内容をみると、事業報告や決算報告が提出されていないことが多いようです。「命令」というのは非常に重たい処分だと思いますが、「指導」「勧告」「命令」の行政処分の違いはどのようなものでしょうか。

答　労働局の指導監督は法律に基づいて行われますが、労働者派遣法第48条第１項は「同法の施行に関し必要があるときは、派遣元および派遣先

に対し、労働者派遣事業の適正な運営または適正な派遣就業を確保するために必要な指導・助言をすることができる」旨規定していて、この規定に基づいて交付されるものに「指導票」と「是正指導書」の2つがあります。

「指導票」は法令違反には該当しないが、改善することが望ましいとして、行政指導を行うときに行います。

一方、「是正指導書」は法令違反があると認定した上で、是正を求めるときに行うのが建前です。いずれも、所定の期日までに報告するよう求められます。

勧告は指導よりも重い措置で、労働者派遣法においては、次のような場合に行われます。

① 労働者派遣事業が専ら労働者派遣を特定の者に提供することを目的として行われている場合に、派遣元に対して労働者派遣事業の目的・内容を変更するように勧告すること（第48条第2項）
② 派遣先が禁止業務への派遣などの規定に違反している場合に、派遣先に対して違法な就業を是正するための措置や違法な就業を防止するための措置をとること、労働契約の申込みをすることを勧告すること（第49条の2第1項）
③ 派遣先が派遣受入期間（抵触日）の制限の規定に違反して労働者派遣を受けている場合に、派遣先に対して派遣労働者を雇い入れるように勧告すること（第49条の2第2項）

このうち、②および③については、勧告に従わなかったときには、企業名が公表されます。

また、命令については、次のような場合に行われ、最も重い行政処分です。

① 派遣元が労働者派遣法その他労働に関する法律の規定に違反した場合に、派遣元に対して事業改善命令を行うこと（第49条第1項）
② 派遣先が禁止業務に派遣労働者を就業させている場合に、派遣元に対して当該派遣の停止命令を行うこと（第49条第2項）
③ 派遣元が労働者派遣法や職業安定法の規定に違反した場合に、派遣元に対して事業停止命令を行うこと（第14条第2項、第21条第2項）

これらの命令違反には罰則があり、事業停止命令に違反したときは1年以下の懲役または100万円以下の罰金が、事業改善命令や派遣の停止命令に違反したときは6月以下の懲役または50万円以下の罰金が、それぞれ課されます。

なお、「指導」「勧告」「命令」については、それぞれの法律や行政で取扱いが異なり、例えば、労働基準監督署では、労働基準法や労働安全衛生法違反があるときには「是正勧告」を行い、なお改善が行われないときには、検察庁に送検するという手続が行われています。

問235 労働局の指導内容は次のようなものです。
① 労働者派遣個別契約書で安全衛生を確保するための項目について、必要事項を具体的に定めていない。
② 製造業務専門派遣元責任者が明記されていない。
③ 就業条件明示書に労働者を派遣する旨明示していない。
④ 上記③の理由で、明示を適正に履行させていないことで、派遣元責任者を選任しているとは言えない。
⑤ 労働者派遣契約で、実際に便宜供与している施設名を具体的に定めていない。
ご意見をお聞かせ願いたいと思います。

答 ご質問の件ですが、次のように考えます。
1 「労働者派遣個別契約書で安全衛生を確保するための項目について、必要事項を具体的に定めていない」との指導について

労働者派遣法第26条第1項は、「厚生労働省令で定めるところにより、安全及び衛生に関する事項を定める」とされているところ、厚生労働省令では、①当該事項の内容の組合せが1つであるときは当該組合せに係る派遣労働者の数を、当該組合せが2つ以上であるときはそれぞれの組合せの内容および当該組合せごとの派遣労働者の数を定めること、②書面に記載しておくこと、とされているだけで、それ以外の事項は規定がないので、「労働安全衛生法その他関連法規に従う」と記載しても、労働者派遣法第26条第1項第6号を満たしていて、同項違反はないと主張することは可能だと思います。

ただ、内容を具体的に定めるべきだというのはその通りなので、是正指導書ではなく、指導票であれば、やむを得ないと考えます。

対応としては、上記のように主張して、法令違反ではないが、安全衛生の重要性から、具体的な事項を書き込むよう修正すると報告するのでしょうか。

2 「製造業務専門派遣元責任者が明記されていない」との指導について

労働者派遣法施行規則第22条第1号は「派遣元責任者に関する事項」とし

か規定しておらず、「製造業務に該当する場合は、製造業務専門派遣元責任者に関する事項」と規定している訳ではありませんので、「派遣元責任者」と記載しても、労働者派遣法第26条第1項を満たしていて、同項違反はないと主張することは可能だと思います。

また、実態としても、派遣人員は1名であり、その者は製造業務に従事しているのですから、その者が製造業務専門派遣元責任者であることは明白であると主張することも可能だと思います。

ただ、製造業務専門派遣元責任者を明確にすべきだというのはその通りなので、是正指導書ではなく、指導票であれば、やむを得ないと考えます。

対応としては、上記のように主張して、法令違反ではないが、製造業務専門派遣元責任者であることを明確にすると報告するのでしょうか。

3 「就業条件明示書に労働者を派遣する旨明示していない」との指導について

就業条件明示書には「労働者派遣を行います」と明記していますから、労働者派遣法第34条第1項第1号に違反することはないと主張して、その旨報告した方が良いと考えます。就業条件明示書には「労働者派遣を行います」と明記していないのであれば、タイトルの「派遣就業条件明示書」という記載が「労働者派遣を行う」旨の明示であると主張した上で、より明確にするために、「労働者派遣を行います」と明記する旨報告するのでしょうか。

4 「上記3の理由で明示を適正に履行させていないことで、派遣元責任者を選任しているとは言えない」との指導について

労働者派遣法第36条は、「次に掲げる事項を行わせるため、派遣元責任者を選任しなければならない」と規定していて、労働安全衛生法第10条〜第14条などのように、「……を選任し、その者に……事項を行わせなければならない」と規定している訳ではありませんから、派遣元責任者を選任していれば、労働者派遣法第36条に違反することはないと主張して、その旨報告する方が良いと考えます。

5 「労働者派遣契約で、実際に便宜供与している施設名を具体的に定めていない」との指導について

労働者派遣法施行規則第22条第3号は「便宜を供与する旨の定めをした場合における当該便宜供与の内容及び方法」と規定していますので、便宜供与の内容と方法を契約に明記していないと、労働者派遣法第26条第1項違反になります。このため、是正指導書が出てもおかしくないと思います。

派遣先と協議して頂いて、便宜供与の内容と方法を定めて、契約を是正して、報告するしかないと考えます。

> **問236** 工場内の機械設備やレイアウト・生産工程の関係上、自社社員と請負会社の社員が同フロアーで作業しています。工場内の作業環境上、作業服を請負会社も含め同一のものを使用し、名札に会社名を入れて対応している状況下で、作業場はラインテープや掲示板を利用して作業場レイアウト図で区分けを明確にしています。特に請負会社の作業場については、作業場レイアウト図や組織図で指揮命令系統等も判り易く明示していただいています。しかし、作業の関係上、自社と請負会社とは生産活動において連携が密であり、現場で日常の会話の中で互いの社員が頻繁に業務の進捗などを話し合っている状況が見受けられます。生産計画や生産状況の確認については協議会や定例会議で会社間の打合せを実施し、現場で自社社員から直接的な指示などが行われないようにしていますが、行政の立入検査で偽装請負と判断されるでしょうか。また、行政の立入検査などでの検査ポイントや留意すべき点があればご指導ください。

答　1　混在について

混在になること自体が告示第37号に抵触する訳ではありません。

告示第37号に関する疑義応答集（第1集）Q5においても、「適正な請負と判断されるためには、請負事業主が、自己の労働者に対する業務の遂行に関する指示その他の管理を自ら行っていること、請け負った業務を自己の業務として契約の相手方から独立して処理することなどが必要です。

前記の要件が満たされているのであれば、パーテーション等の区分がないだけでなく、発注者の労働者と請負労働者が混在していたとしても、それだけをもって偽装請負と判断されるものではありません」と記載しています。

しかしながら、労働局の職員が必ずしもそのことを熟知している訳ではなく、そのために、告示第37号に関する疑義応答集（第1集）が出された後でも、「発注会社と請負会社のエリアがラインで区分されているだけでは十分ではなく、パーテーションなどで区分を明確にすべきだ」と是正指導が行われた例もあります。

2　現場での日常会話について

　現場での日常会話も、本来「請負労働者に対する業務の遂行方法等に関する指示その他の管理」を発注者の労働者が行っているものでない限り、告示第37号に抵触する訳ではありません。

　告示第37号に関する疑義応答集（第1集）Q1においても、「発注者が請負労働者と、業務に関係のない日常的な会話をしても、発注者が請負労働者に対して、指揮命令を行ったことにはならないので、偽装請負にはあたりません」と記載しています。

　しかしながら、告示第37号に関する疑義応答集（第1集）の記載は「業務に関係のない日常的な会話」をしている場合に関するものですので、日常の会話の中で業務の進捗などを話し合っている場合には、反対に解釈され、偽装請負に該当すると指導を受ける恐れがないとはいえません。

3　会社間の打合せでの生産計画や生産状況の確認について

　会社間の打合せで生産計画や生産状況の確認を行い、現場で発注者の労働者から直接請負労働者に対して指示等が行われないようにしていれば、「請負労働者に対する業務の遂行方法等に関する指示その他の管理」を発注者の労働者が行っていない訳ですから、本来告示第37号に抵触することはありません。

　告示第37号に関する疑義応答集（第2集）問9においても、「発注者と請負事業主との打ち合わせ会議に、請負事業主の管理責任者だけでなく請負労働者も出席した場合」の取扱いについて、「発注者・請負事業主間の打ち合わせ等に、請負事業主の管理責任者だけでなく、管理責任者自身の判断で請負労働者が同席しても、それのみをもって直ちに労働者派遣事業と判断されることはありません。ただし、打ち合わせ等の際、作業の順序や従業員への割振り等の詳細な指示が行われたり、発注者から作業方針の変更が日常的に指示されたりして、請負事業主自らが業務の遂行方法に関する指示を行っていると認められない場合は、労働者派遣事業と判断されることになります」と記載しています。

　この回答については、「作業の順序や従業員への割振り等の詳細な指示」や「作業方針の変更の日常的な指示」が発注者から請負労働者に対してではなく、請負事業主に対して行われる限りにおいて、告示第37号に抵触することはないと考えられますが、いずれにせよ、このような見解が示されていることにはご留意ください。

労働局の実際の指導では、発注者と請負事業主との打ち合わせ会議に、請負事業主の管理者が不在であったために、実際に作業に従事するチームリーダーが出席していたことを理由に、告示第37号に抵触するのではないかと指摘してきた事例があります。

　これについては、請負事業主の側で、当該チームリーダーは請負事業主の代表として打ち合わせ会議に出席したものであり、発注者の指示も請負事業主に対するものであって、当該チームリーダーの作業に対するものではないという説明を行い、ようやく労働局の指導官の理解が得られたということがありました。

4　行政の立入検査などでの検査ポイントについて

　3の説明で、あるいはお気づきになったかもしれませんが、疑義応答集などの解釈は必ずしも告示第37号に適合した内容になっておらず、告示第37号に定められた規定よりも相当広く、場合によっては告示第37号にない事項や告示第37号の規定の文言を別のものに置き換えたりしているものがかなり見られます。

　したがって、厚労省の解釈を鵜呑みにできる状況にはありません。

　加えて、事業所に対して立入検査などを行うのは労働局ですが、統一的に行われている訳ではなく、それぞれの労働局、場合によってはそれぞれの指導官によってばらばらな対応をしているのが実情です。

　そのことについては、「今後の労働者派遣制度の在り方に関する研究会」においても、委員の中から「労働局によって運用に差が生じているという指摘を踏まえ、……制度を考えていく必要がある」とか、「派遣と請負の区分については、労働局によって判断が異なるという指摘もある。判断の統一を図っていくことも重要」という発言があり、また、審議会においても使用者側委員から「労働局の指導官の判断が人により異なり困った」という発言が出ています。

　また、具体的に報告を受けた事例でも、労働局により、指導官により、異なる見解が出されていることは決して珍しいことではありません。

　特に、請負に関する行政指導について感じることは、個々の指導官が思い描く「請負とはこういうものだ」というイメージで行政指導を行っているように思われることです。

　また、以前は、労働組合などが労働局に指摘すると、それに沿って行政指導を行っている事例も見受けられました。

そうなると、告示第37号に基づいて行政指導を行う訳ではありませんので、なかなかこういう観点から検査を行うというのは申し上げられない状況にあります。

5　留意すべき点について

　労働局の指導が4のような状況にありますので、対応には困難な面がありますが、重要なことの1つに、現場の見た目というのがあります。つまり、できるだけ整然と請負が行われているように外部から見えるようにすることです。

　その意味では、作業服はできるだけ請負会社独自のものを使用する、どうしても同じものを使わなければならないときは、名札、腕章、ゼッケンなどで明確に区分する、作業場のエリアはできるだけ区分し、かつ、看板などで明確にする、作業場のレイアウト図や組織図、指揮命令系統図だけでなく、発注者と請負事業主間の連絡調整図を作業場に掲げ、誰と誰とが連絡調整を行うのか明確にし、それ以外の者の間での連絡調整を禁ずる、会社間の打合せには必ず請負事業主の管理者（管理者不在の場合には代理者を事前に指名しておく）が出席するといったことが重要と考えます。

　それでも、指摘を受けるようなことがあれば、労働者派遣の定義規定（労働者派遣法第2条第1号）や告示第37号の規定そのものに沿って説明を行うようにすべきと考えます。

　これに加えて、告示第37号に関する疑義応答集の第1集や第2集の中には使える部分もありますので、そういった部分は最大限使うことが重要です。

　また、告示第37号の規定の内容について最も詳しい資料は、実は上記疑義応答集や労働者派遣事業関係業務取扱要領ではなく、労働者供給事業業務取扱要領なのです。これも、厚生労働省のホームページに掲載されています。

　とにかく、事前に良く勉強して頂いて、理論武装を行うことは重要です。

　また、労働局の指導官が告示第37号などに精通しているとは考えない方が良いと思います。逆に、どの程度知っているのか把握した上で対応した方が良いように思います。

　なかなかご期待に沿うような助言ができなくて恐縮ですが、以上のような点にご留意頂ければと考えます。

第2節　労働基準監督署への対応

問237　労働基準監督署から昨年36協定違反で是正勧告を受け、今後は36協定時間を超える対象者はいないとのことで回答していました。今般、その確認のため再度労働基準監督署の調査を受けますが、前回からの指摘以降で36協定違反の方が数名いることが判明しました。昨年から引き続き是正を受ける可能性がありますが、いきなり行政処分となりますか。また、こちらの対応としては、自主的に、36協定違反者の開示および今後是正策を提出した方がよいか、今回の調査に関して質問事項に回答し、その結果として是正を受けた方がよろしいでしょうか。

答　労働基準監督署の労働基準監督官は特別司法警察員ですので、労働基準法違反などがある場合には検察庁に書類送検（司法処分）する権限があります。

　一般に、労働基準監督官は、労働基準法違反などがある場合には是正勧告を行いますが、繰り返し違反がある場合や重大な労災事故を引き起こした場合、指示に従わなかった場合などについては、検察庁に書類送検（司法処分）を行います。また、証拠隠滅などの悪質な事案の場合には、逮捕される場合もあります。

　したがって、36協定違反で是正勧告を受け、再度36協定違反があった場合には、検察庁に書類送検（司法処分）する可能性が全くないとは言えませんが、企業側で誠実に対応し、2度と法違反がないように真摯に取り組むという姿勢が明確であれば、検察庁に書類送検（司法処分）するということにはならず、再度是正勧告で留まるのではないかと思います。

　このため、誠実に対応し、2度と法違反がないように真摯に取り組むという姿勢で臨む方が良いと考えます。

　したがって、36協定違反がある場合には、そのことを明確にし、抜本的な是正策を提示した方が良いと考えます。変に隠しだてなどすると、司法処分を受ける可能性が大きくなりますので、くれぐれもご注意ください。

　なお、36協定違反は労働基準監督署の重点的な監督指導の対象項目ですので、2度と起こさないよう再発防止策を徹底された方が良いと考えます。

第4部 労働行政機関への対応

第3節 労働基準監督署が作成した「調査復命書」や「鑑定書」の開示

問238 退職した元社員の労災等級9級（鬱病）が昨年認められ、現在、元社員と代理人を通して、調停の話合いをしています。症状固定日は同年なのですが、被災日（最初に会社で倒れた日）がその9年前となっており、余りにも昔なので当時の状況を知る者が既に社内には殆どいません。そこで、どのような労災申請資料が出ているか探りを入れるべく昨日、労働局労働基準部労災補償課を訪ねました。労働基準監督署が作成した「調査復命書」や「鑑定書」は手順さえ踏めば労働局から開示してもらえるものなのでしょうか。労災補償課は「弁護士会を通じて労働基準監督署に送付嘱託すれば『復命書』を含め、全て開示される」と話しているのですが、たとえ弁護士法に基づく請求でも、「黒塗りで塗りつぶす部分は変わらない」のであれば、上手く労災補償課に話して、しっかり手順を踏んで、なるべく黒塗りの部分が少ない情報を開示してもらおうと考えていますが如何でしょうか。

答 労働基準監督署が作成した「調査復命書」というのは労災認定のために労働基準監督署の労災補償担当職員が調査した結果を労働基準監督署長に報告するための書類、「鑑定書」というのは労災認定のために医師などが専門的な立場から鑑定した内容を記載したものだと思われます。

実は、この「調査復命書」とは異なるものだと思われますが、「災害調査復命書」の提出をめぐる最高裁の決定（金沢労基署長事件 最高裁第三小法廷平成17年10月14日労判903-5）があります。

この決定書を読むと、「災害調査復命書」の開示の流れは次のようになっているようです。

弁護士が労災事故に係る調査の概要、調査報告書作成の有無などについて労働基準監督署に対する調査嘱託の申立てをしたところ、労働基準監督署長は、調査嘱託に対する回答書において、災害調査の概要、事業場から改善の報告を受けている事項を回答するとともに、労災事故につき「災害調査復命書」を作成しており、その記載内容（要旨）は回答書に災害調査の概要として記載したとおりである旨の回答をした。

おそらくご質問の「調査復命書」についても、同じような取扱いになるのではないかと思われます。
　前記の事件では、労災事故の災害調査復命書について弁護士が文書提出命令の申立てをしたところ、労働基準監督署の側は「災害調査復命書を提出しなければならないとすると、行政事務、労働災害調査に係る事務の適正かつ円滑な実施が困難になるとして、これを提出すべき義務を負わないと主張したとありますから、ご質問の「調査復命書」の原文が開示されることはないのではないかと思います。
　なお、最高裁は、「災害調査復命書」のうち「調査担当者が職務上知ることができた事業場の安全管理体制、労災事故の発生状況、発生原因等の会社にとっての私的な情報」については、民訴法220条4号ロの「その提出により、公務の遂行に著しい支障を生ずるおそれがあるもの」に該当しないと判断しています。

著者紹介

木村　大樹（きむら　だいじゅ）

　昭和52年東京大学法学部卒業、労働省（現厚生労働省）入省。同省労働基準局監督課（労働基準法を担当）、労政局労働法規課（労働組合法を担当）、職業安定局雇用政策課（労働者派遣法の制定に携わる）、労働基準局安全衛生部計画課長（労働安全衛生法を担当）、同局庶務課長、職業能力開発局能力開発課長、ベトナム・ハノイ工業短期大学(現ハノイ工業大学）プロジェクト・リーダー（ものづくり人材の養成やものづくりに携わる）、中央労働災害防止協会「派遣労働者の安全衛生管理に関する調査研究委員会」委員長、社会保険労務士試験委員などを歴任。現在、国際産業労働調査研究センター代表として、労働問題や国際問題などに関するコンサルティング、講演、執筆などの活動を行う。

主要著書　実務解説・労災補償法、実務解説・労働安全衛生法、チェックポイント・労働者派遣法、請負を行うための実務知識、派遣と請負に関する行政指導と企業の対応（以上産労総合研究所　出版部経営書院）、職場の安全と健康〜会社に求められているもの、現代実務労働法—働き方　働かせ方のルール、非正規雇用ハンドブック（以上エイデル研究所）、実務家のための最新労働法規22、労働者派遣の法律実務（以上労務行政）、派遣と請負、業務請負の適正管理、労働契約法と労働契約のルールわかりやすい労働者派遣法（以上労働新聞社）、過重労働と健康管理　よくわかるQ＆A100、労働者派遣・業務請負の安全衛生管理(以上中央労働災害防止協会)、個人情報保護と労務管理(労働調査会)、高年齢者を活かす職場作り、サービス残業Q＆A、労働者派遣・業務請負の就業管理（以上全国労働基準関係団体連合会）、最新・ベトナムの労働法（日本労働研究機構）、人づくりハンドブック・ベトナム編（海外職業訓練協会）

主要な活動テーマ　偽装請負問題、派遣・請負事業の適正な管理、労働者派遣法、安全配慮義務、労働安全衛生法、メンタルヘルス、非正規労働者の労務管理、個人情報保護と労務管理、建設業の労務・安全衛生管理、ベトナム事情など

派遣・請負の労務管理Ｑ＆Ａ

2014年5月24日　第1版第1刷発行
2023年9月18日　第1版第2刷発行

定価はカバーに表示してあります。

著　者　木村大樹
発行者　平　盛之

発行所　㈱産労総合研究所
出版部　経営書院

〒100-0014
東京都千代田区永田町1-11-1　三宅坂ビル
電話　03(5860)9799　https://www.e-sanro.net

ISBN 978-4-86326-171-6　C2034　　印刷・製本　勝美印刷

本書の一部または全部を著作権法で定める範囲を超えて、無断で複製、転載、デジタル化、配信、インターネット上への掲出等をすることは禁じられています。
本書を第三者に依頼してコピー、スキャン、デジタル化することは、私的利用であっても一切認められておりません。
落丁・乱丁本はお取替えいたします。